KB067702

1등 매장을 만드는 미라클 기획

1등 매장을 만드는 미라클 기획

노동형 지음

머리말

매년 100만 명이 창업을 하고 80만 명이 폐업하는 시대

청년 실업자의 증가와 은퇴 후 제 2의 인생을 위해 창업을 하는 '베이비부머' 세대가 증가하면서 최근 몇 년 동안 개인사업자가 급격히 늘어난 것으로 나타났다.

국세청 통계에 따르면 전국의 사업자는 2009년 말과 비교해 약 100만 명 정도 증가했으며, 국세청 관계자에 따르면 "매년 100만 명이 신규 사업자로 신고를 하고 약 80만 명이 폐업신고를 한다"고 한다.

개인 창업자가 급격히 늘어나는 것은 취업이 어려운 청년세대의 1인창업과 정년퇴직이나 구조조정을 통해 세상으로 나온 사람들이 노후의 안정된 생활을 위해 창업에 나서고 있기 때문이다. 연령별로 보면 회사에서 나온 40세 이상 59세까지의 사람들이 창업하는 비중이 60.6%로 절반을 넘는다.

문제는 창업하면 80%가 실패한다는 것이다. 왜 이렇게 되었을까? 여러 가지 이유가 있겠지만 가장 큰 이유는 경험 부족, 즉 창업에 대해 잘 모르기 때문일 것이다.

이 책에서는 새로 창업을 하는 분들에게 상권 분석에서부터 매장분석, 판촉 이벤트, 고객 관리에 이르기까지 1년, 365일 붐비는 "1등 매장을 만들기 위한 기획" 노하우를 나누고자 하였다.

필자는 1991년부터 지금까지 삼성전자 브랜드 프로모션, 유통 프로모션에 직접 참여하였으며, 삼성전자 한국 총괄 마케팅팀에서 애니콜, 매직 스테이션, 파브, 지펠, 하우젠 등의 브랜드 런칭과 다양한 이벤트를 통해 1등 신화를 만드는 데 조력하였다. 또한 삼성전자 전문유통인 디지털 프라자의 현장 판촉에 이르기까지 전방위적인 판매 촉진 실무를 수행하였다. 또한 특별히 운이 좋게도 1991년 7월 삼성전자와 첫 인연을 맺고 현재까지 25년 동안 판매 촉진한 분야에 종사하면서 이런 경험을 바탕으로 대학에서 21세기 최고의 관심사인 문화 콘텐츠 기획 및 기업 적용에 대해 강의하고 있으며, 온오프라인 마케팅에 대한 컨설팅을 하고 있다.

비록 부족함이 있을지라도 필자의 경험을 나눔으로써 1인 창업에서부터 중소형 매장 운영에 이르기까지 창업자 및 매장 경영자들에게 미력하나마 성공의 디딤돌이 되었으면 하는 바램을 가져본다.

지혜를 주신 하나님께 영광 돌리며 늘 곁에서 사랑과 격려를 해주는 아내 유지연과 사랑하는 딸 시온, 성은에게 열 번째 책의 기쁨을 나누고자 한다.

2016년 4월 새봄에

노동형

차례

들어가는 글

생존을 위한 매장 변신

불황을 이기는 매장

일신우일신日新又日新, 시장 환경이 격변하는 시대다. 통신, 정보기술의 발달과 인터넷으로 대변되는 디지털 환경의 급격한 변화, 글로벌화된 국내 시장, 복잡하고도 세분화된 소비자들의 기호와 가치관 등이 원인이다. 그렇다면 이처럼 패러다임이 급변하고 있는 디지털 시대에 고객의 마음을 매장으로 이끌어 구매를 일으키기 위해서는 무엇을 어떻게 해야 할까?

단순히 제품을 진열해 고객을 맞이하던 과거와 결별하고 고객을 중심 가치로 둔 맞춤매장으로의 변신이 절실하다고 할 수 있다. 특히 현재와 같은 불황 시기에서는 매장의 특수성 및 상황을 고려하여 지역 상권과 고객의 기호, 트렌드에 맞춘 고객 밀착형 영업을 전개해야 한다. 즉 모든 매장 임직원들의 역량을 모아 매장과 상권의 현황을 분석하고 이를 토대로 차별화된 마케팅을 기획해야 하는 것이다.

불황을 이기고 성장하는 매장의 특징

◆ 고객의 방문이 끊이지 않는다. 매장 자체적으로 고객을 만족시키는 독자적 방침이 세워져 있기 때문이다.

◆ 매장 자체적으로 영업 활동 계획을 세워 착실히 실천해 간다. 계획을 달성하기 위한 행동 기준이 명확하다.

◆ 판매가 잘 되는 제품을 특화하여 영업 이익을 확보할 수 있도록 역량을 발휘한다. 제품에 대한 해박한 지식을 바탕으로 고

객의 기호를 잘 파악해 구매로 이끌며, 언제나 충분한 판매 물량을 확보하고 있다.

◆ 매장에 대한 충성도 강화를 통한 스위칭 코스트(Switching Cost : 전환 비용, 현재 사용하는 브랜드나 특정 제품을 마케팅 커뮤니케이션에 의해 새롭게 제안된 다른 브랜드나 제품으로 바꿀 때 발생하는 소비자의 비용) 창출로 고정고객을 만든다.

◆ 상권 내의 고객들을 끌어들여 고정고객으로 확보할 수 있는 지속적인 판촉 행사를 시행함으로써 고객들이 계속해서 매장을 찾도록 하는 유인을 제공한다. (예 : 마일리지, 포인트, 쿠폰 도장 등)

즉 불황을 극복하면서 성장하는 매장은 시장과 고객의 변화에 따라 유연하고도 신속하게 변화하며 전 임직원의 '뜨거운 열정'과 마음속으로부터 '우러나오는 정성과 친절'이 존재하는 매장이라고 할 수 있다.

매장을 탈바꿈시키는 6가지 원칙

매장의 중심 가치가 언제나 고객만을 의미하는 것은 아니다. 행사를 기획하는 기획자, 참여하는 임직원, 마지막으로 고객이 함께 만족할 때 진정한 '매장'이 된다.

◆ 전 임직원 간에 일체감을 조성하고 신뢰를 유지하기 위한 노력을 함께 기울여야 한다. 한 가족, 한 팀이라는 공동체 의식이 필요하다.

◆ 매장 임직원의 의식이 달라져야 한다. 한번 해 보겠다는 '열정'을 이끌어내는 것이 무엇보다 중요하다.

- ◆ 현장(상권, 경쟁자, 고객)에 대한 정확한 이해를 바탕으로 고정관념을 깨고, 새로운 시각(남과 다른 생각, 객관적 시각)으로 접근함으로써 기반을 구축해야 한다.
- ◆ 정보를 데이터화하고 분석함으로써 문제점 도출 및 다양한 접근 방법을 찾아낼 수 있도록 하며, 급변하는 시장 상황에 대응하기 위한 유연성을 발휘해야 한다.
- ◆ 효과 분석과 활용을 통해 차후에 또 다시 실수를 반복하지 않기 위한 노하우를 축적시켜야 한다.
- ◆ 임직원들의 자발적인 참여, 강력한 의지와 추진력, 그리고 '열정'을 이끌어내기 위한 공감대 형성이 반드시 필요하다.

고객만족을 위한 매장의 전개 방안

단계별로 고객에게 접근함으로써 자발적인 고객이 되도록 유도하며, 이를 구매로 연결시키기 위한 다양한 온오프라인 판촉 활동이 필요하다.

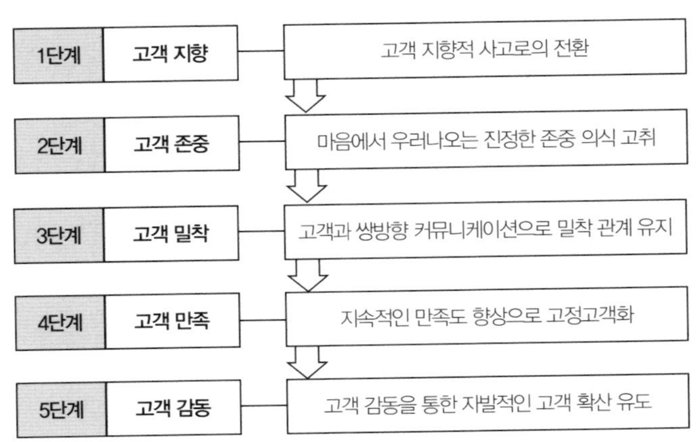

성공적인 매장 판촉을 위한 10계명

1. 판촉의 원리를 올바로 이해하자!
   판촉은 목적과 상황에 따라 선택되어지는 수단이다. 따라서 철저한 상황 인식과 명확한 목표 설정이 무엇보다 중요하다.
2. 반드시 고객의 입장에서 하라!
   영업 활동은 고객의 입장에서 계획하고 실천할 때 성공이 보장된다. 특히 영업 활동의 여러 요소 중에서도 고객과의 최접점에서 전개되는 수단인 판촉의 중요성이 더욱 더 커지고 있다. 판촉을 기획할 때에는 고객의 입장에서 판촉 프로그램을 시행해 보고 수정해야 한다. 그랬을 때 고객은 기대 이상으로 응답을 해 준다.
3. 현장 '접점'을 중시하라!
   고객은 매장에서 기획한 판촉 행사가 어떻게 준비되었고 얼마의 예산이 들어갔는지에 대해서는 조금도 관심이 없다. 오직 고객 접점인 행사 현장에서 받게 될 혜택에만 관심이 있다. 따라서 고객과의 접점을 중시해야 하며 특히, 접점에 있는 임직원 및 행사 관련 요원(아르바이트생, 이벤트 대행사, 도우미 등)들의 참여 의욕을 고취시키는 배려가 필요하다.
4. 혼자서 다 하려고 하는 것이 바로 실패의 지름길이다!
   이제는 남보다 더 많은 혜택을 주지 않으면 고객이 찾지 않는다. 문제는 우리 매장 자체만의 역량으로는 한계가 있다는 데 있다. 따라서 관련 업종과의 제휴 판촉을 시행함으로써 적은 비용으로 고객에게 보다 많은 혜택을 줄 수 있으며, 경쟁 매장과의 차별화가 가능해진다.

5. 내부 고객을 먼저 만족시켜라!

1차 고객인 내부 임직원들의 자발적인 참여도를 높이는 것이 판촉 행사의 성공 포인트이므로 내부 고객인 임직원들의 '혼'과 '열정'을 이끌어낼 고객만족 프로그램이 선행되어야 한다.

6. 영업 활동과의 적절한 조화 속에서 전개하라!

판촉은 매장 영업 활동을 위한 하나의 요소이므로 다른 영업 활동 요소와 조정을 통해 긴밀한 협조를 이끌어낼 때 더욱 힘을 발휘할 수 있다.

7. 판촉의 기본적인 구조와 효과를 숙지하자!

판촉의 여러 가지 방법 중에서 어떤 경우와 상황에 더 효과적인지를 잘 알고 있어야 한다. 즉 판촉의 장단점과 특징들에 대한 사전 지식을 갖추고 있어야 한다. 향후 매장 경쟁력의 중요한 요소는 신속한 의사 결정이기 때문에 이러한 기초지식을 보다 많이 구축하고 있는 매장이 경쟁 매장보다 한 발 앞서 성공률이 높은 판촉을 수행할 수 있다.

8. 철저한 효과 분석에 의한 차후 활용을 극대화하라!

판촉의 기획 단계에서부터 평가 항목과 방법을 정하고 준비하여 판촉 결과에 대한 면밀한 평가를 하고 이를 차기 행사에 적극 반영함으로써 보다 나은 행사를 전개할 수 있다.

9. 끊임없이 변신하자!

끊임없는 변화만이 지속적인 성공을 보장할 수 있다. 더불어 참여하는 임직원들의 뜨거운 열정은 판촉 수단의 부족을 극복할 수 있는 방법이므로 임직원들을 변화시켜 열정을 끌어내도록 한다.

10. 이상의 9가지 계명을 깨뜨릴 수 있는 유연한 사고를 갖자!

위에서 소개한 10가지 계명은 현장 판촉을 성공적으로 이끌어내기 위한 필수 요소라 할 수 있다. 그러나 이것은 다른 사람들도 할 수 있는 것이다. 따라서 '남과 다름'이 성공의 포인트가 되는 현실에서 고정관념을 과감히 깨뜨리는 발상의 전환과 유연한 사고가 절대적으로 필요하다고 할 수 있다.

고객이 원하는 매장

영업 환경이 점점 더 치열해지고 있다는 말은 이제 진부할 정도의 표현이다. 특히 고객들의 니즈가 더욱 더 다양해지고 세분화되는 지금과 같은 상황에 적응하고 살아남기 위해서는 시장 환경의 변화에 맞춘 스마트한 변신이 반드시 필요하다. 즉 상권 특성과 고객 성향에 대해 명확히 파악해야 하고, 이를 바탕으로 고객만족을 극대화시키기 위한 서비스 개선과 구매의욕을 자극하는 다양한 판촉 및 매장 환경을 만들기 위한 노력이 절실한 것이다. 따라서 상권 내의 고객들에게 우리 매장의 존재를 분명하게 인식시키고 좋은 이미지를 구축하기 위해서는 먼저 고객이 원하는 매장의 모습을 깊이 통찰하고 고민해야 한다.

그렇다면 고객들이 원하는 매장의 모습은 어떤 것일까? 여기서는 이에 대해 살펴보고 실천하기 위한 방안을 간략하게 알아보도록 한다.

고객이 원하는 매장의 모습

◆ 제품 구색이 좋은 매장

- 사고 싶은 제품이 다양하게, 체계적으로 진열되어 있고, 직접 사용해볼 수 있고, 고르기 쉽게 진열이 되어 있는 매장
- 신제품에 대한 정보를 항상 안내(제공)할 수 있는 매장
- 제품의 활용도를 높일 수 있는 관련 제품 및 옵션 제품들에 대한 원스톱 쇼핑이 가능하도록 진열되어 있는 매장

◆ 친절하고 풍부한 제품 지식을 갖춘 임직원이 있는 매장

- 제품에 대해서 고객의 의견을 잘 들어주고, 친절하게 상담해 주는 매장
- 고객의 사용 환경에 맞는 제품 활용 방법을 친절하게 설명하고 제안해 주는 매장
- 물건의 구매 여부와 관계없이 항상 웃는 얼굴로 고객을 맞이하고 상담해 주는 매장
- 고객에 대한 정보(이름, 가족 현황, 취미 등)를 충분히 인지하고 그에 맞는 제품을 안내해 줄 수 있는 매장

◆ 서비스가 좋은 매장

- 구입 후 배달/설치를 친절하고 신속하게 해 주는 매장
- 구입한 후에도 지속적으로 서비스를 해 주는 매장
- 구입 제품에 문제 및 하자가 발생하면 즉각 대응을 해 주는 매장

◆ 스마트 라이프를 제안할 수 있는 매장

- 상담 제품을 중심으로 관련 제품까지 제안 판매할 수 있는 매장
- 디지털 환경 및 문화에 맞춘 새로운 스마트 라이프를 제안해 줄 수 있는 매장

고객을 만족시키는 영업 활동

앞에서 이야기했던 여러 활동 중 어느 한 가지라도 부족하게 되면 고객을 만족시키는 것은 요원하다. 매일 매일 반복되는 영업 활동 중에서도 늘 고객의 목소리를 경청함으로써 좋은 점은 더욱 발전시키고, 문제점이 드러나면 원인을 분석해 신속하게 대응할 수 있어야 한다.

앞에서 알아본 고객을 만족시키기 위한 6가지 활동을 계속 업그레이드시키는 것이 곧 고객만족이며, 결국 매출 활성화로 이어지는 유일한 길이다.

성공하는 매장 만들기

고객의 의견에 귀를 기울여 다른 매장보다 한 걸음 앞서 영업 활동을 계속 업그레이드시키고 실천해야만 보다 많은 고객을 우리 매장으로 끌어들일 수 있고, 그에 따른 매출 상승을 일으킬 수 있다.

구입 고객수 UP	=	방문객수 UP * 판매성공률 UP * 재방문 고객수 UP

◆ 방문 고객수 UP 대책 → 매장 외부 활동력 UP *방문율 UP

고객을 찾아 나서는 매장 외부 영업 활동의 강화를 통해 고객의 매장 방문을 유도하며 특히, 고객들이 매장을 찾아들어오기 쉽도록 하기 위해 매장 입구의 분위기를 눈에 잘 띄고 고객들의 감각에 맞도록 꾸며야 한다.

- 매장 외 영업 활동 UP : 임직원별로 지역상권의 책임 지역을 정한 뒤 월 1회 이상 매장에서 제작한 홍보물(전단, 할인쿠폰 등) 배포
- 고객 방문 UP : 매장 외부, 쇼윈도 및 간판의 청결 유지와 매월 매장 입구 및 쇼윈도에 현수막, 포스터를 활용한 각종 판촉 행사를 차별화되도록 안내

◆ 판매 성공률 UP 대책 → 제품력 UP * 매장 입구 연출력 UP * 접객력 UP

매장은 고객에게 맞는 제품을 정확하게 설정해 시선을 끌기 위한 진열을 해야 하며, 친절한 설명을 통해 방문 고객의 구매를 적극적으로 유도해야 한다.

- 제품력 UP : 월별 이슈에 맞춘 주력제품을 집중판매 제품으로 선정한 후 매장 입구 및 내부에 집중해서 진열하도록 하며, 철저하게 제품에 대한 지식을 습득하도록 한다.
- 매장 입구 연출력 UP

- 출입구 중심의 진열 연출 강화 : 고객이 가벼운 마음으로 매장에 들어와서 편리하게 제품을 구입할 수 있는 제품을 입구 / 쇼윈도에 연출(계절 제품, 소프트 제품, 소모품 등)
- 집중판매 제품의 진열 차별화 : 비교표, 가격표, 쇼 카드 등 POP 연출 강조를 통한 차별화 전시
- 기획 제품의 차별화 전시 : 재고, 미끼상품을 대상으로 박스 전시, 한정판매 스티커 부착
- 신제품 홍보 강화 : 테마 코너, 신제품 코너로 별도 구성
- 접객력 UP
- 집중판매 제품을 결정한 후 이에 대한 매장 임직원의 판매 방법 및 제품 지식(주요 기능 및 특장점) 습득

구입 객단가 UP	=	구입 건수 UP * 구입 건당 평균 단가 UP

◆ 구입 건수 UP 대책 → 제품력 UP * 매장 연출력 UP * 정보 제공력 UP

- 제품력 UP : 주력판매 제품과 특별 기획판매 제품과의 세트 제품화
- 점포 연출력 UP : 패키지 제품, 관련 제품 묶음, 중복 전시, 이벤트 안내
- 제품 결정시 직원의 정보 제공력 UP : 판매할 제품을 다양하게 패키지화하여 판매할 수 있는 고객 대응 시나리오의 작성 및 숙지

◆ 구입 건당 평균단가 UP 대책 → 주력제품 판매력 UP * 과다한 할인 판매 지양

- 주력제품의 판매력 UP : 집중판매 제품의 결정 → 중점 진열 연출 → 매장 임직원의 제품 지식 습득 → 판매 계획과 판매 실적 중간 점검, 판매 대책 수립
- 무리하고 반복적인 할인 판매 지양
  제품 지식 및 접객력 부족으로 인한 가격적인 대응에 그치는 접객 판매 지양
- 경쟁 매장과의 가격 경쟁으로 인한 출혈 판매 지양
- 고객의 요구에 따른 무리한 염가 판매 지양
- 가격 이외의 비가격 경쟁 요소(진열, 접객, 서비스, 이벤트) 확보

지역 1등점이 되기 위한 매장력 강화 방법

지역 1등점이 되기 위해서는 매출을 구성하는 요소를 면밀히 살펴보고 이를 영업 활동 및 판촉 계획에 반영해야 한다. 즉 매출을 만들어 주는 요소들을 살펴보고, 영업을 더욱 활성화시키기 위해서는 어떻게 대응할 것인지, 단기, 중기, 장기의 3단계별 매출 향상 방안을 수립해야 한다. 그리고 단계별 매출 향상 계획이 수립되면 이를 참고한 후 상권 특성, 고객 특성, 경쟁 현황 등을 고려하여 매장에 맞는 매출 향상 전략을 수립하도록 한다.

매출 결정 요소

- 매출 = 방문객수 × 접객수(율) × 판매 성공률 × 구매 단가

매출을 결정짓는 요소는 방문객수, 접객수, 판매 성공률, 구매 단가의 4가지 요소로 구성된다. 이는 '+' 조건이 아니라 '×' 조건으로서 어느 한 요소가 낮아지게 되면 전체 매출이 감소하게 되므로 4개 요소를 항상 일정하게 유지될 수 있도록 주의를 기울여야 한다. 또한 매출을 확대하기 위해서는 매장의 강점이 되는 요소를 집중적으로 강화하여 경쟁 매장과 차별화시키는 요소로 활용하여야 한다.

매출을 결정하는 4가지 요소

◆ **방문객수** : 매장을 방문하는 고객수로서 매일 체크하여 전산관리하고 요일별, 일자별로 고객의 흐름을 파악하여 판매 계획을 수립하도록 한다. 단, 서비스 방문, 기타 문의 등 구매와 상관없는 고객은 방문객수에서 제외하도록 한다.

◆ **접객수** : 방문 고객 중 상담한 고객수

◆ **판매 성공률** : 구매 고객수를 접객 고객수로 나눈 것으로 '%'로 표시. 매장 임직원 별로 판매 성공률을 체크한 후 성공 사례를 공유하고 취약점은 개인별로 개선하여 판매 능력을 향상시키도록 한다.

◆ **구매 단가** : 방문 고객이 회당 제품을 구매한 금액으로, 판매액을 판매 건수로 나눈 것을 말한다. 판매 금액은 가격표 금액이 아닌 실제 판매 가격을 기준으로 기입해야 한다.

단계별 매출 향상 방안

매출 결정 요소를 파악한 후에는 단기, 중기, 장기별로 매출 향상 방안을 수립하여 매장력을 강화시키도록 한다.

단기 매출 향상 방안

• 단기 매출 = 접객수 × 판매 성공률 × 구매 단가

단기에 매출을 향상시키기 위해 가장 중요한 것은 고객 응대 및 판매에 임하는 임직원의 열정과 의욕이다. 전 임직원이 '할 수 있다'는 열정적인 마음과 도전 의식 그리고 자발적인 실천이 있어야만 단기 매출을 향상시킬 수 있기 때문이다.

단기 매출의 구성 요소인 접객수, 판매 성공률, 구매 단가에 대한 포인트와 실행 방안은 다음과 같다.

구분	포인트	비고
접객수 증대	• 접객 건수를 높이기 위해서는 방문한 고객을 최선을 다해 응대하여야 하며, 판촉 행사와 관련된 고객을 추출하여 매장 방문을 유도해야 함	• 담당 코너 정위치 • 고객 응대 집중 • 단골고객 TM
판매 성공률 증대	• 고객 방문시 인사 철저 • 전문적 제품 지식 및 설명 능력 배양 • 품목별 접객 화법 개발 • 고객 접객 매너 교육	• 첫인상을 좋게 • 제품 및 직원을 신뢰할 수 있게
구매 단가 증대	• 구매 고객 관련 상품 추가 구매 유도 • 고부가 제품으로 구매 유도	• +1 판매 • 관련 상품 추천

중기 매출 향상 방안

• 중기 매출 = 방문 고객수 증대

중기 매출을 증대시키기 위해서는 고객들에게 좋은 매장 이미지를 전달함으로써 자연스럽게 매장을 방문하도록 유도하는 것이 중요하다. 이를 위해서는 전 임직원이 상권 및 고객에 대해 정확하게 파악한 후에 매장을 효율적으로 알리고 차별환된 이미지로 기억될 수 있도록 지속적인 홍보를 하는 것이 중요하다.

구분	포인트	비고
점포연출력 강화	• 진열 : 이슈, 고객별 코너 구성 • 연출 : 계절별, 판촉 행사별 차별화	• 신제품 강조
정보 제공 강화	• 제품 및 생활 정보 수시 안내 • 매장 내 고객 정보 코너 마련	• 고객 기호 파악 • 구매 유도형 POP
고객 정보 분석 및 활용	• 고객별 기호 및 구매성향 분석 • 방문 고객 분석 후 대응 방안 수립	• 시간대별, 성별, 연령대별 분석
판촉 강화	• 주말 초청 행사 적극 시행 • TM 및 고객 발굴 포스팅	• 단골, VIP 고객 • 가망 고객 대상

장기 매출 향상 방안

• 장기 매출 = 재방문 및 재구매율 증대

장기적으로 매출을 증대시키기 위해서는 한 번 방문하거나 구매한 고객이 다시 매장을 방문하도록 유도하는 것이 중요하다. 이를 위해 매장에서는 제품을 구매한 고객을 대상으로 해피콜(happy call : 특별한 목적이나 권유 없이 인사차 방문하거나 고객서비스의 증진 등을 통해 판매 활동을 활성화시키는 간접 마케팅 방식, 출처 : 네이버 지식 백과_두산 백과)을 중심으로 철저한 사후 고객 관리를 함으로써 고객으로부터 신뢰를 받는 매장으로 자리매김하도록 해야 한다.

구분	포인트	비고
고객만족 활동 강화	• 해피콜 철저 시행 • 임직원 친절 교육 • 지역 상권 봉사활동	• 정례화 • 불우이웃 돕기
단골고객 특별 서비스	• 무료 점검 서비스 • 이벤트 행사 무료 초대 • 배달(또는 설치) 및 A/S 우선 제공	• 봄/ 가을 영화, 스포츠

판매력 강화를 위한 매장 변신 전략

매장 경영자들은 한목소리로 경기가 침체되고 소비지수가 하락하고 있으며, 더욱이 영업 활동에 마이너스 요소가 되는 뉴스들이 많아짐으로써 방문 고객들의 발걸음이 줄어들어 매출 부진이 더욱더악화되고 있다고 말한다.

하지만 기본적인 영업 역량을 충분히 갈고 닦아, 현장 영업 활동에 적용함으로써 어려운 영업 환경을 지혜롭게 극복하는 매장들 또한 적지 않다. 즉 매장의 전 임직원이 도전 의식과 비전을 가지고 영업 활동에 임하면 불황과 비수기를 극복하고 활기찬 영업을 할 수 있다는 반증이다.

경기 불황, 비수기는 한 걸음 앞서 갈 수 있는 기회!

대부분의 매장에서는 '경기침체나 소비심리 위축'이라는 뉴스 보도를 접하게 되면 판촉 활동과 경비를 줄이는 식으로 소극적인 영업을 하게 된다. 하지만 성공적인 성과를 올리는 매장에서는 불황기일수록 더 과감하게 투자를 하고 적극적인 영업 활동을 전개하는 사례를 많이 본다. 장사가 안 된다고 많은 매장들이 손을 놓고 있을 때 비어 있는 시장을 공략하는 것이 경기가 좋을 때의 치열한 시장 경쟁 상황에서보다 고객을 확보하고 판매율을 높이기가 훨씬 더 쉽기 때문이다.

사례를 들어보자면, ○○대리점에서는 1년 365일 동안 하루도 거르지 않고, 제품을 구입한 고객 리스트를 만들어 방문 스케줄을 작성한 후 매장 경영자가 직접 고객을 방문해 감사 인사와 함께 제품 사용에 대한 만족도를 확인하면서 기념품을 증정하는 행사를 하고 있다. 기본적인 고객 밀착 관리 활동을 통해 고객이 무엇을 원하는지 직접 눈으로 보고 몸으로 느끼며 매장 영업과 판촉 행사에 반영함으로써 고객들이 먼저 매장을 찾고 있다. 비수기가 없는 매장으로 입지를 굳히게 된 것이다.

이 대리점과 마찬가지로 경기 변화와 상관없이 시행하는 꾸준한 영업 활동은 성공하는 매장을 만드는 기본 요건이라고 할 수 있다.

혁신적인 경영 마인드를 가져야 한다!

혁신적인 경영이라고 해서 일시적으로 커다란 변화를 일으키는 것은 아니다. 매장의 전 임직원이 가지고 있는 통념(일반적인 생각)을 바꾸는 것에서부터 시작된다. 근본적인 사고의 전환 없이는 행동의 변화도 기대할 수 없다.

매장 경영에 있어서도 고착된 사고에서 과감하게 벗어나게 되면 새로운 판로를 발견할 수 있다. 잘 팔리지 않는 시기에 오히려 팔 수 있는 방법을 발견할 수도 있다. 에어컨은 여름에만 팔린다는 생각을 버림으로써 겨울철에 예약판매를 실시해 비수기를 없애고 연중 판매를 일으킨 것이 좋은 예라고 할 수 있다. 즉 이와 같이 계절 제품의 경우, 제철이 지나가면 비수기로 접어든다고 생각을 바꾸어 연중 판매를 할 수 있는 방안(제품의 연중 활용 제안, 미리 구입하는 것에 따른 혜택 강조 등)을 모색하고 이를 가망 고객들에게 적극적으로 제안하도록 하는 것이다. 또한 연중 수요가 발생하는 결혼, 이사와 같은 경우에는 지역 관련업체와의 연간 계약을 통한 공동 판촉 체계를 구축하여 효율적으로 가망 고객을 공략하도록 한다.

"불황기에 더 투자하라"는 아이아코카Lido Anthony Iacocca의 말처럼 당장에는 효과가 없더라도 미래고객을 확보하고, 이후 성수기 시장에서 타깃 고객을 보다 효율적으로 공략키 위해서는 혁신적인 마인드 변화가 필요하다.

고객맞춤형 매장으로 변화해야 한다!

고객의 니즈가 다양해지고 잘게 세분화되면서 제품도 다양화되고 있다. 매장 또한 이런 추세에서 자유롭지 않다. 빠르게 변하는 고객들의 니즈와 트렌드에 대응해 우리 매장은 어떻게 변화해야 할까? 다소 평이한 답일 수도 있지만 바로 고객의 관심을 촉발하고 끌어들이는 매장, 한번 방문했던 고객이 또다시 방문하고 싶어지게 하는 매장, 즐거움과 행복을 제안하는 매장이다.

따라서 이와 같이 고객에 초점을 맞춘 맞춤형 매장을 만들기 위해서는 먼저 매장 환경 개선을 통한 차별화된 서비스가 필요하다. 즉 매장을 찾은 고객들이 편리하게 쇼핑을 할 수 있도록 여유로운 고객들의 동선을 확보해야 하고, 편안하게 제품을 살펴볼 수 있도록 편안한 환경을 제공해야 한다. 즉 적정한 실내온도, 시원한 느낌의 웰빙 방향제 등 쾌적한 분위기를 조성해야 한다.

살아 있는 생선은 죽은 물고기보다 비싸다. 매장 또한 마찬가지다. 고객의 구매욕구를 직접적으로 자극하기 위해서는 생동감 있는 매장을 만들어야 한다. 다양한 제품의 기능을 고객들이 자연스럽게 체험하고 이를 통해 고객이 만족감을 느낄 수 있도록 고객의 입장에서 쉽게 작동시켜 볼 수 있도록 준비를 해 놓아야 하며, 다른 제품과의 연결을 통해 활용도를 높이도록 제품을 융합 연출하여 패키지 구매를 유도하도록 한다. 또한 각 제품의 특장점을 설명하는 POP와 가격표, 계절 연출 소품들을 제품과 적절하게 믹스하여 디스플레이함로써 자연스럽게 관심을 갖도록 유도한다. 고객들의 구매 포인트가 섬세해지고 제품의 기능 또한 세분화되고 있는 추세에 맞춰 매장의 영업 환경도 세련되고 섬세해져야 하는 것이다.

우리 매장만의 특징을 만들어야 한다!

냉장고를 구매하려는 고객이 있다고 해보자. 그 고객은 냉장고를 구매하기 위해 우리 매장뿐 아니라 경쟁 매장, 백화점, 할인점, 온라인 쇼핑몰 등 냉장고를 판매하는 모든 장소와 구매 방법들을 고려할 것이다. 그리고 가격이 가장 저렴하거나 호의적인 사용 후기, 친절한 서비스가 제공되는 곳 등을 고려해 구매를 결정하게 될 것이다.

이러한 점에 착안해서 본다면, 제품을 구매하고자 하는 지역 상권 내의 고객들로 하여금 우리 매장을 가장 먼저 머리에 떠올리도록 하는 방법은 다른 경쟁 매장들과 차별화되는 우리 매장만의 특징을 고객들에게 인식시키는 것이다. 많은 비용이 들고 누구나 할 수 있는 가격 할인이나 사은품 제공과 같은 서비스보다는 감사 인사, 이벤트 초대, 신제품과 관련된 생활 정보 발송, 제품 활용도를 높이기 위한 아카데미 개최 등 고객을 만족시키기 위한 차별화된 마케팅 활동이 필요하다. 더불어 지역 내 소외된 계층들을 위한 봉사활동, 장학회 운영, 청소년 선도 활동, 지역 행사 후원(협찬) 등 매장의 이미지를 높일 수 있는 다양한 활동 또한 지속적으로 실시해야 한다.

1 단계

우리 매장의 위치는 어디인가?

영업 인프라 구축을 위한 상권도 작성

활기차고 견고한 영업 활동을 운영하기 위해서는 먼저 확고한 기반이 구축되어야 한다. 이를 위해서는 1차적으로 전 임직원이 참여하는 워크숍을 통해 수립된 영업 전략을 바탕으로 우리 매장이 위치한 상권(온라인의 경우, 포지셔닝)을 어떻게 전략적으로 운영함으로써 최고의 매출을 거둘 수 있을 것인가에 대한 상권도를 작성해야 한다. 즉 탄탄하고 활기차게 영업 활동을 실행하기 위해서는 무엇보다 그 기반이 되는 인프라를 점검하고 업그레이드하는 것이 매우 중요하다.

고객은 영업 인프라 중 가장 중요한 핵심 가치이다. 따라서 영업 인프라 구축을 위해서는 매장을 중심으로 고객이 어떻게 존재하고 있는지, 다른 경쟁 매장과 어떻게 시장을 나눠가지고 있는지를 알아보는 상권 분석이 최우선적으로 시행되어야 한다.

과거 경험을 통해 익힌 감感에 의한 영업 활동이 아니라 이제부터는 구체적인 데이터를 활용한 상권 분석을 통해 과학적이고 체계적인 고객 공략 방법을 계획함으로써 영업을 효율적으로 시행하는 기초를 마련하도록 한다.

상권도의 개념

우리 매장 위치를 중심으로 관리 고객이 분포되어 있는 지역을 상권이라고 하며, 지역 상권 내에 경쟁 매장, 유사 매장, 고객 세대수, 고객 점유율, 주요 거래선 등 상권과 관련된 일반 현황을 일목요연하게 나타낸 지도(그림)를 상권도라고 한다.

상권 분석의 필요성

상권 내 인구수, 가구수, 관리 고객수 및 매출 금액을 파악하여 경쟁 매장과 비교해보고, 지역별 고객 비중 및 상권 점유율을 파악할 수 있다. 상권 및 고객에 대한 실질적인 분석을 통하여 효과적인 영업 활동 추진과 고객 밀착형 판촉을 시행할 수 있다.

상권도 작성 단계

◆ 단계 : 매장을 포함하는 지역 지도 입수(구글이나 네이버와 같은 온라인 지도도 가능)

- 축적 1:9500 이상 지적도 구입
- 구입처 : 서점, 지적도 제작 인쇄소(전화 주문 구입)

◆ 2단계 : 상권 구역 설정 및 경쟁 및 관련 매장 표기

- 상권 설정 : 목표 상권과 실제 상권으로 구분
- 목표 상권 : 고객의 입장에서 차량(자가용, 대중교통)을 이용하여 쉽게 매장을 방문할 수 있는 거리 및 시간을 감안하여 결정하며, 대체적으로 매장을 기준으로 1.5킬로미터 이내
- 실제 상권 : 영업 활동을 통해 나타난 고객 동향을 중심으로 결정

1차 상권	• 매출액의 50%를 차지하는 지역 • 매장을 중심으로 500m~1km 이내 지역 • 영업사원 1인당 커버할 수 있는 지역(300~500세대)
2차 상권	• 매출액의 80% 정도를 차지하는 지역 • 매장을 중심으로 1~1.5km 이내 지역 • 전단, 지역 광고가 도달할 수 있는 상권
잠재(가망) 상권	• 거리상으로 2km 이내 지역으로 매출 확대를 위해 매장을 알려야 할 지역

◆ 3단계 : 상권 현황표 작성

- 상권별 고객 및 매출 현황과 상권 내 경쟁 매장을 중심으로 작성
- 고객 및 매출 현황
  - 1, 2차, 잠재 상권으로 분류
  - 상권별 인구수, 가구수, 고객수, 매출액에 따라 구분
- 경쟁 현황
  - 1, 2차 상권 내에 위치한 경쟁 유통의 유형, 매장명, 평수, 거리, 월 매출액 표시
  - 경쟁 유통 : 경쟁사 매장, 할인점, 양판점, 백화점, 온라인 쇼핑몰 등

◆ 4단계 : 상권도 전체 구성 : 작성 사례

유통명	개점일	평수	거리	월매출	경쟁력
A(●)	2015년 2월	30	30M	3천만 원	120%
B(▲)	2014년 7월	20	20M	1천5백만 원	150%
C마트(★)	2013년 1월	50	200M	5천만 원	90%
D백화점(■)	2014년 2월	200	500M	8천만 원	110%

• 상권 현황

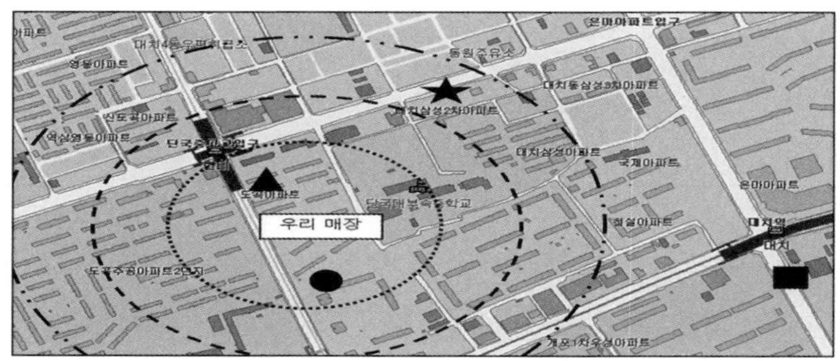

◆ 5단계 : 상권별 고객 현황 표시

• 상권 내 전체 고객의 분포 현황 또는 월별, 계절별 고객 추이를 살펴봄으로써 집중적으로 공략해야 할 상권과 타깃 지역을 설정

 – 객별 구매 금액 분포

 – 제품별 고객 분포

• 현황 체크 : 판매 시점에 매일 표시. 매월 1회 총 고객 현황 분석

• 상권 개요

상권	인구수	가구수	고객수	월 매출액
1차 상권	35,000	10,500	5,800	3억 원
2차 상권	21,000	6,300	3,480	1억 4천만 원
잠재 상권	14,000	4,200	2,320	6천만 원
총계	70,000	21,000	11,600	5억 원

상권 관리

매장이 목표로 하는 상권을 지역별로 나눈 후 보다 효율적인 상권 관리를 위해 상권별 관리 담당자를 지정한다. 즉 상권 내의 고객을 대상으로 지역별 상권 담당자를 지정하여 상권에 대한 밀착 관리 및 방문, 제안 영업을 통해 매출을 확대함과 동시에 상권 장악력을 높이도록 한다.

◆ 상권 담당자의 역할

- 경쟁 매장의 동향 파악 및 상권 내 매장 알리기
- 주간, 월간 담당 상권 분석(매출, 시장점유율)
- 일별 판매 및 배달(또는 설치)건 관리
- 담당 상권 내 가망 고객 발굴 및 관리
- 상권 내 주요 유통 및 고객 정보 수집 및 분석

영업 활성화를 위한 상권 분석

영업 목표를 성공적으로 달성하기 위해서는 경쟁 매장과 차별화된 영업 활동을 전개하며, 판촉 활동에 최선을 다해야 한다. 이를 위해서는 1차적으로 영업 활동의 기초가 되는 부분을 견고히 해야 영업을 성공적으로 운영할 수 있다.

영업의 가장 기초가 되는 것은 상권이며, 이 상권이 영업 활동의 바탕이 된다. 상권이란 우리 매장이 영업 활동을 해야 할 지역을 말하며, 매장에서 관리할 수 있는 최대 영업 활동 범위를 말한다. 즉 상권이란 모든 영업 행위 및 판촉 활동의 범위로서 매장을 중심으로 주거 환경의 변화, 경쟁 매장의 진입, 고객 동선 등에 따라 상권의 크기가 결정된다. 그러므로 영업 활동의 기초가 되는 상권에 대해 보다 면밀하고 체계화된 분석을 통해 우리 매장만이 가지고 있는 독특한 상권 공략 방안을 수립하고 실천해야만 1등 매장으로서의 위치를 확고히 할 수 있다.

상권 분석의 필요성

상권 분석은 1차적으로 경쟁 매장에 능동적으로 대응하고 고객과의 접점에서 경쟁력 확보 및 미래 가망 고객의 발굴을 위해 필요하다. 그리고 정확한 상권 분석을 통해 상권의 규모를 살펴보고 지역 상권 내에서 경쟁력 우위를 확보하기 위해 경쟁 매장에 대한 강점과 약점 그리고 고객의 니즈를 파악하여 대응 전략을 수립해야 한다.

상권 분석의 기초

상권은 제품을 팔 수 있는 지역을 정하는 것이다. 상권을 분석할 때는 반드시 아래의 항목을 확인하고 파악해야 한다.

상권 분석을 할 때 사전에 체크해야 하는 항목

① 경쟁 매장은 어디에 있는가?

② 경쟁 매장의 매출은 어느 정도인가?

③ 상권에서 우리 매장은 어느 정도의 경쟁력이 있는가? (우리 매장의 매출 순위는 몇 등인가?)

④ 고객은 어디에서 제품을 구입하는가?

경쟁 매장에 대한 체크 항목

① 우리 매장보다 좋은 위치에 있는가?

② 우리 매장보다 진열이 잘 되어 있는가?

③ 우리 매장보다 가격이 싸거나 구매 조건이 좋은가?

④ 우리 매장의 직원보다 접객 및 판매 능력이 좋은가?

정확하게 상권을 파악하고 경쟁 매장과 차별화하기 위해서는 매장의 전 임직원이 매월 한 번 이상 경쟁 매장과 상권을 직접 체크함으로써 경쟁 매장의 장단점 및 고객의 기호, 인프라의 변화 등을 확인해야 한다.

상권 설정

상권은 매장을 기준으로 하여 거리, 시간을 중심으로 아래 4가지로 구분될 수 있으며, 상권 특성에 따라 타원형, 다변형 등 다양한 형태로 표현될 수 있다.

목표 상권

지리적으로 정한 상권이며, 고객이 차량을 이용하여 매장을 방문할 수 있는 거리상, 시간상의 상권으로서 매장을 기준으로 1~2킬로미터 이내에서 결정

완전 제압 상권

매장을 기준으로 500미터 이내의 상권을 말하며, 고객이 도보를 이용하여 부담 없이 방문할 수 있는 거리로, 매출의 30% 이상을 점유하는 상권

1차 상권

매장을 기준으로 1킬로미터 내외의 상권으로 완전제압 상권을 포함한다. 고객이 도보, 차량 등을 활용하여 매장을 방문할 수 있는 거리로 매출의 50% 이상이 가능한 상권

2차 상권

매장을 기준으로 2킬로미터 내외의 상권으로, 1차 상권을 포함한다. 매장의 최대 상권이며 매출의 80%를 차지하는 상권

상권 운영을 위한 상권 지도 만들기

① 지도 준비

- 규격 : 축적 1:9,500 이상 지번도, 반경 3킬로미터 이상 지도상에 표기

- 아파트, 주요 시설 등 집단 건물 입체 표시

② 상권도 표시

- 지역 상권 구획 : 지도상 상권 경계선을 기준으로 컬러 펜을 활용하여 상권 구획 표시(예> 완전 제압 상권(파랑색), 1차 상권(빨간색), 2차 상권(검은색))
- 색인표 작성 : 경쟁 매장(관련 매장, 할인점, 백화점 등) 및 영업 관련 주요 시설에 대한 색인표 작성 및 스티커 부착

③ 마킹Marking 작업

- 고객수, 판매 금액, 판매 건수, 객단가 등을 고려하여 매장을 중심으로 상권 내 고객 구매 현황 마킹(체크)

상권 분석표

상권 분석표란 상권 환경, 경쟁 매장 현황, 지역 분석 등을 통해 매장의 현 상황 및 강·약점을 분석하여 이를 매장 경쟁력 향상에 활용하는 표로서 3개월마다 확인하여 수정, 보완하여야 한다.

- 상권 분석표 내용
  - 상권 환경 : 상권 총인구, 가구수, 주택 상황, 소득 수준 등에 대한 변동 사항 체크
  - 경쟁 매장 현황 : 매출, 평수, 인원, 진열 현황 비교 및 분석
  - 지역 분석 : 상권별 구입 금액, 구입 세대, 금액 점유율 분석 및 전단 포스팅, 신문 삽지, 홍보 등 지역을 구분해서 표시

성공적인 판촉 전개를 위한 설문조사 및 분석

매장을 방문하는 고객과 특별한 수요(입학, 졸업, 결혼, 이사, 수능, 김장, 각종 기념일 등)를 효과적으로 공략하고 성공적인 판촉 행사를 전개하기 위해서는 인프라 정비가 필요하다.

1차적으로 상권 분석을 한 뒤에는 상권 내의 고객, 경쟁 매장에 대한 시장조사 및 분석을 실시한다.

시장조사는 임직원과 고객들을 대상으로 보다 객관적인 방법에 의거하여 매장을 평가받기 위해 설문조사를 시행한다.

먼저 내부 임직원 설문조사를 통해 임직원들의 심리 상태를 파악하여 문제점을 살펴보고 개선 방안을 수립한다. 또한 고객들을 대상으로는 매장에 대한 일반적인 현황에 대해 물어봄으로써 성수기 및 특수를 대비하여 새롭게 변신할 수 있는 대책을 마련하도록 한다. 즉 여러 가지 조사 방법 중 설문조사를 활용하여 매장 내·외부의 현황을 조사하고 분석함으로써 판촉을 성공적으로 전개하기 위한 근간을 구축하도록 한다.

설문조사 방법 및 결과 공유

◆ 설문 대상

- 사내 : 매장 임직원 (직무별)
- 고객 : 방문 고객 및 단골 고객 최소 30명 이상

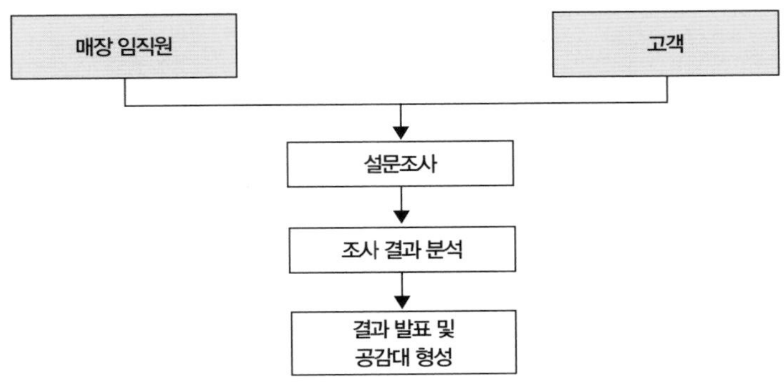

매장 임직원 의식 조사 설문

설문지는 각 매장 임직원의 의견을 청취하고 이를 바탕으로 매장 경영에 도움이 되는 정책을 수립하기 위해 활용하도록 한다. 설문에 참여하는 각 임직원들의 의견을 있는 그대로 작성할 수 있도록 유도해야 한다.

뒤에 첨부한 설문조사 샘플을 참고해 우리 매장에 맞도록 수정한 후 사용하면 좋을 것이다.

설문지를 통해 조사한 임직원들의 의식조사 결과에 대해서는 반드시 임직원과 공유하는 시간을 통해 무엇이 중요한지, 무엇을 보완해야 하는지를 자연스럽게 인지시키고 실천하는 계기를 가질 수 있도록 유도해야 한다.

〈설문내용〉

항목	그렇다	보통이다	아니다
1. 매장에 대한 고객 만족도가 높다.			
2. 고객만족 활동에 들이는 노력만큼 효과가 있다.			
3. 고객만족 활동을 통해 가격차를 극복할 수 있다.			
4. 고객 정보 수집 활동이 영업에 도움이 된다.			
5. 수집된 고객 정보는 잘 활용된다.			

1. 구매를 결정하는 데 가장 큰 영향을 끼치는 것이 무엇이라고 생각하십니까?
   ① 상품 (가격 디자인) ② 친절한 접객 ③ 판촉 행사 ④ 배송 및 A/S

2. 1일 평균 접객 고객수는 몇 명입니까?
   ① 10명 이하 ② 11~20명 ③ 21~30명 ④ 31명 이상

3. 상담 고객 중 판매 성공률은 몇 %입니까?
   ① 10% 이하 ② 10~30% ③ 30~50% ④ 50% 이상

4. 지금까지 확보하고 있는 단골 고객은 몇 명입니까?
   ① 30명 미만 ② 30~50명 ③ 50~70명 ④ 70명 이상

5. 판매 활동에 있어 가장 중요하다고 생각하는 사항은 무엇입니까? (2개 선택)
   ① 상담 기법 ② 고객 응대 ③ 매장 진열 ④ 판촉물 (사은품 /기념품)
   ⑤ 상품 지식 ⑥ 판매 가격 ⑦ 빠른 배송

6. 고객만족도를 높이기 위해 어떤 활동이 필요하다고 생각하십니까? (2개 선택)
   ① 이벤트 ② 해피콜 ③ 고객초청 행사 ④ 사은품
   ⑤ 기념품 ⑥ 친절한 접객 ⑦ 고객 경조사 행사 참여

고객 대상 설문조사

고객을 대상으로 한 설문조사는 매장을 방문하는 고객 및 단골 고객을 대상으로 1주일 정도의 기간 동안 최소 30명 정도를 대상으로 시행한다.

설문지를 작성해 준 고객들에게는 비싸지는 않더라도 정성이 담긴 기념품을 반드시 제공하도록 하며, 매장 내에 편하게 설문을 작성할 수 있는 장소를 마련하도록 한다.

설문 내용에 대해서는 고객의 솔직한 의견을 들을 수 있도록 항목을 구성해야 하며, 설문 작성이 끝나면 "앞으로도 저희 매장에 계속 관심을 가져 주시고 격려해 주십시오. 열심히 하겠다"와 같은 인사말씀으로 마무리한다.

설문조사를 마무리하였다면 설문 결과를 분석하여 임직원들에 대한 제품 교육, 매장 노출도, 효율적인 홍보 매체 운영, 고객 관리 방안 등을 고객의 눈높이에 맞게 업그레이드시키도록 한다.

고객 설문지

저희 매장을사랑해 주셔서 감사합니다.
저희 매장에 대해 평소 느끼셨던 의견을 표시하여 주시면
고객만족을 위한 소중한 자료로 삼겠습니다.
감사합니다.

성명		**생년월일**	
주소		**이메일**	
		결혼 여부	기혼 (　　) 미혼 (　　)
전화번호		**자녀수**	남 (　　) 여 (　　)

1. 저희 매장을 찾으시는 이유는 무엇입니까?
   ① 상품 구입 ② 상품 구경 ③ 가격 비교 ④ 서비스 의뢰

2. 저희 매장은 어떻게 알게 되었습니까?
   ① 전단 ② 인터넷 ③ 간판 ④ 지인 소개

3. 상품은 주로 언제 구입하십니까?
   ① 할인 행사 ② 사은 행사 ③ 필요할 때 ④ 선물할 때

4. 상품이나 판매 행사 정보는 주로 어디에서 얻으십니까?
   ① 전단 ② 인터넷 ③ SMS ④ 이메일

5. 저희 매장 방문시 교통 수단은 무엇입니까?
   ① 도보 ② 대중교통 ③ 자가용 ④ 기타

6. 저희 매장에서 상품을 구입하신 횟수는 몇 회입니까?
   ① 5회 이상 ② 3회 ③ 1회 ④ 없다

7. 저희 매장에서 제품을 구입하신 이유는 무엇입니까?
   ① 친절한 상담 ② 사은품 증정 ③ 저렴한 가격 ④ 편리한 서비스

8. 제품 구매를 결정할 때 가장 중요하게 생각하는 것은 무엇입니까?
   ① 디자인 ② 기능 ③ 가격 ④ 서비스

★ 끝까지 응답해 주셔서 감사합니다.
고객님께 꼭 필요한 매장이 되도록 최선을 다하겠습니다.

2단계

매장력 강화를 위한 기본 만들기

매장 판매 강화를 위한 6가지 법칙

고층빌딩을 짓기 위해서는 기초가 튼튼해야 한다. 마찬가지로 어떠한 시장 변화와 외부 환경에도 흔들림 없이 지속적으로 판매를 증진시켜 성장하기 위해서는 모든 임직원이 갖추어야 할 6가지 법칙이 있다. 우리 매장 또한 이를 적극 실천함으로써 매장의 판매를 극대화시키도록 해야 한다. 다음은 '프로그램식 훈련에 의한 판매 7원칙(정광복 편저, 野實社, 1984년)의 내용 중 6가지 원칙을 참고하여 정리한 것이다.

창조적 판매의 법칙 : 매너리즘을 타파하라!

창조적 판매란 기계적으로 주문을 받아서 영업을 하는 것이 아니라 전 임직원들의 창의적인 아이디어를 통해서 매월 새로운 판매 노하우를 만들어내는 창조적인 영업 활동을 말한다. 즉 매일 매일 반복되는 일상적인 영업 활동의 틀에서 벗어나 일신우일신日新又日新하는 판촉 활동을 계획하고 실행해야 할 것이다.

창조적인 영업을 전개하기 위해서는 전 임직원들의 아이디어 개발력을 높이기 위한 상상력을 높이는 훈련이 필요하다. 아이디어를 개발할 때는 비현실적일지라도 시간을 두고 끊임없이 고민하고 개발하여 실제 현장에 맞는 아이디어로 변환시키도록 모두가 노력하도록 해야 한다.

아이디어 개발법

조회 시간이나 점심/저녁 식사 시간 후 임직원들이 모이는 시간에 함께 시행한다.

① 논의된 아이디어는 반드시 아이디어 수첩에 메모한다.

② 경쟁 매장이나 관련 유통의 영업 활동을 살펴보며 차별화된 아이디어를 추출해본다.

③ 다른 업종(자동차, 보험, 식음료, 프랜차이즈 등)에 종사하는 세일즈맨이 이용하는 아이디어를 우리 매장에 맞게 변화시켜 보도록 한다.

④ 베스트셀러(책, 식품 등), 인기제품에 대한 판매 분석을 통해 아이디어를 개발한다.

고객 개척의 법칙 : 고객 관리를 중시하라!

영업사원은 전적으로 판매 실적에 의해 평가를 받는다. 판매 실적은 영업사원이 만나거나 관리하는 고객수와 관계에 따라 정해지게 되므로 영업사원에게는 가망 고객을 발굴하고 이를 판매로 연결시키는 활동이 매우 중요하다. 구매가 예상되는 유망한 고객, 즉 가망 고객을 찾는 일은 다음의 여러 가지 루트에서 도움을 받을 수 있다.

① 매장 단골 고객 명단

② 서비스 고객 명단

③ 공동 판촉회사(관련 업종, 예: 웨딩, 부동산, 스포츠, 학원, 편의점, 프랜차이즈 등) 고객 명단

④ 비경쟁 관계 제품 또는 서비스를 판매하는 영업사원

⑤ 친인척/지인/친구

우수한 영업사원은 고객을 잊어서도 안 되고 고객에게 잊혀져서도 안 된다. 고객에 대해서는 응석을 부려서도 안 되고 굽실거려서도 안 된다. 진심으로 고객을 생각하고 있다는 사실을 가망 고객에게 전한다면 고객 관계는 확실히 개선될 것이다.

제품 설명의 법칙 : 실연하고 도해하고 입증하라!

이탈리아 경제학자 파레토가 말한 20 : 80의 법칙(파레토 법칙)에 의하면 전체 판매액의 80퍼센트를 20퍼센트의 고객이 구입하고 있다고 한다. 20퍼센트 고객에 대한 판매의 열쇠는 고객에 대한 제품 설명의 방법에 있다. 즉 제품 설명을 잘 하느냐 못하느냐가 매장 영업사원의 판매력을 좌우하는 것이다.

효과적인 제품 설명을 하려면 다음의 5가지 목적을 달성해야 한다.

① 고객의 관심을 늘 붙잡아 두어야 한다.

② 무엇을 팔 것이며, 고객은 어떤 이익을 얻을 수 있는지의 두 가지를 확신에 찬 태도와 어조로 명확히 설명하도록 한다.

③ 고객에게 몇 가지의 구매 동기가 있을 것이나, 그 중 한 두 개의 동기를 자극해서 구매욕구를 일으키도록 한다.

④ 고객의 반대 의견이나 질문에 대해 충분히 이해할 수 있도록 답변하여 구매에 이견이 생기지 않도록 한다.

⑤ 고객이 사고 싶다는 욕망을 일으키고 결정할 수 있도록 유도

한다.

일류 영업사원은 제품 설명을 하기 전에 신중하게 계획을 세워 말이나 표현을 가다듬는다. 결코 즉석에서 즉흥적으로 제품 설명을 하는 법이 없다. 만약 제품 설명이 '화법'에서 벗어나게 되면 곧 계획한 대로 말을 돌려 '표준화법'을 사용해 정확하게 제품 설명을 계속 해야 한다.

반대 극복의 법칙 : 반대에는 이렇게 답하라!

가망 고객에 대한 사전 조사가 충분하고 제품 설명이 확실하다면 구매 상담은 순조롭게 진행될 것이다. 그러나 고객이 언제 어느 때 반대 의견을 통해 거절을 할지 모르므로 고객의 거절을 자연스럽게 판매에 유리하도록 이끌어 가려는 마음가짐이 필요하다.

거절을 성공으로 이끄는 방법에는 다음과 같은 테크닉이 있다.

① 고객의 거절을 가볍게 흘려버리도록 한다.

② 고객의 반대 의견을 역이용하도록 한다.

③ 고객이 반대하는 이유를 찾도록 한다.

④ 고객이 사고 싶은 이유를 잘 볼 수 있도록 해 준다.

고객이 반대하기 시작하면 질문을 하도록 한다. 그리고 반대의 이유를 찾도록 한다. 고객의 반대는 곧 제품에 대해 관심을 가지고 있다는 증거이므로 이 가능성을 구매와 연결시키도록 한다.

상담 체결의 법칙 : 이렇게 해서 주문을 받아라!

상담 체결, 즉 주문을 받는 것은 판매의 최종 단계로서 가장 중요한 포인트이다. 그러나 상담 체결에 소요되는 시간은 전체 판매 시간의 5퍼센트에 불과하다. 다만 이 짧지만 귀중한 시간을 어떻게 써야 할지를 잘 모르기 때문에 많은 영업사원들이 그때까지 소모한 시간의 95퍼센트를 허비해 버리곤 한다.

판매에 성공하기 위한 강한 상담 체결 기술을 사용할 때는 다음 원칙을 따르는 것이 좋다. 즉 고객이 제품 구매에 대한 마음이 결정되었다고 판단되면 가능한 한 빨리 계약을 체결하도록 한다. 일반적으로 다음의 시기를 잘 선택하면 판매에 성공할 수 있다.

① 제품 설명에서 유력한 판매 포인트를 지적한 직후

② 고객의 반대 의견을 극복한 직후

③ 제품 실연實演이 끝난 직후

④ 고객의 구매하려고 하는 마음을 보았을 때

자기 관리의 법칙 : 일을 계획화 하라!

요즘처럼 경쟁이 치열한 상황에서 근면함과 성실한 노력만으로는 성공적인 세일즈를 위한 충분조건이 되지 못한다. 따라서 이를 극복하기 위해 일을 조직화 할 수 있는 아이디어와 실천이 필요하며, 매일 매일 해야 할 일을 미리 계획하고 고객과의 상담에 대해 미리 생각해 보도록 해야한다.

이와 같이 기본적인 자기 관리가 되어 있지 않으면 앞에서 살펴본 5가지의 법칙을 아무리 잘 실천한다 해도 지속적이며 성공적인 영업 활동을 수행할 수는 없을 것이다. 즉 모든 영업 활동에 대해 계획을 수립하고 실천 여부 및 결과에 대한 체크를 통해 매일 매일 진보할 수 있는 자기 관리가 전제되어야 한다.

판매력 강화를 위한 매장 환경 분석

매장 판매력을 강화하기 위해서는 다양한 판촉 활동과 더불어 매장을 둘러싼 내·외부의 환경 분석을 해야 한다. 1차적으로 매장이 안고 있는 내외적인 환경 분석을 통해 강점과 약점, 기회와 위협 요인을 파악하여 매장력을 강화하고, 다음에는 상권, 경쟁 매장, 고객에 대한 세심한 분석을 통해 판매력을 배가시켜야 할 것이다.

이와 함께 매장 내·외부의 환경 분석을 위해 SWOT 분석을 시행함으로써 주변 환경 및 매장의 장단점을 파악해 장점은 발전시키고 단점은 보완하도록 한다.

SWOT 분석

SWOT 분석이란 매장이 안고 있는 여러 상황 중 외적 환경 분석을 통해 기회(Opportunity) 요인 및 위협(Threat) 요인을 도출하고, 내적 환경 분석을 통한 매장의 강점(Strength)과 약점(Weakness)을 파악하여 이를 의사 결정의 지표로 삼는 분석 기법을 말한다.

매장에서는 SWOT 분석을 통해 시장 환경을 감안한 전략 요소를 도출할 수 있다. 즉 SWOT 분석을 통해 내부 환경을 파악함으로써 매장의 강·약점을 바르게 인식하게 된다. 또한 이를 바탕으로 강점을 더욱 강화하고 약점을 보완하는 전략을 수립할 수 있다. 그리고 매장에 미치는 외적 환경 요소인 기회 요인에 대해서는 적극 활용하는 방안과 위협 요인은 제거하는 방안을 수립함으로써 외적 환경을 매장에 유리하게 활용할 수 있게 된다.

SWOT 매트릭스

매장을 중심으로 S(강점), W(약점), O(기회), T(위협) 요인들을 아래의 예와 같이 살펴보고, 이러한 사항들을 다음과 같이 조합하여 경쟁력을 창출하도록 해야 한다.

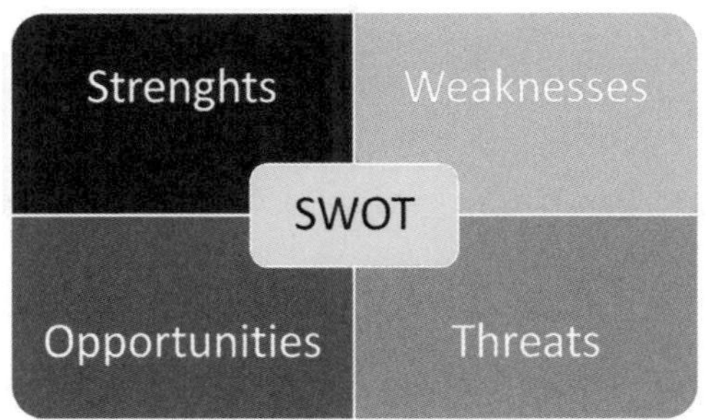

SWOT 분석 사례

위의 예를 바탕으로 우리 매장의 SWOT 분석을 반드시 실행해보고 1등 매장을 향한 전략을 수립하도록 한다.

<table>
<tr><td colspan="2" rowspan="2">내부 요인 / 외부 요인</td><td>강점 (S)</td><td>약점 (W)</td></tr>
<tr><td>• 우수한 인적 자원
• 단결된 맨파워
• 고객 관리 및 접객력
• 경영자 리더십
• 넓고 쾌적한 매장</td><td>• 고객 데이터 관리 미흡
• 고객 인지도 부족
• 매장 외부 환경 취약</td></tr>
<tr><td rowspan="2">기회 (O)</td><td rowspan="2">• 인구 밀집 지역
• 매장 노출도
• 제휴 업체 우수</td><td>SO : 강점 활용/ 기회 공략</td><td>WO : 기회도전/약점 보완</td></tr>
<tr><td>– 매장 차별화
– 고객별 연간 판촉 제안
– 제휴 업체 연계 다양한 공동 마케팅</td><td>– 매장 방문 유도 판촉
– 매장 외부 연출 및 노출도 강화
– 고객 등급별 재분류</td></tr>
<tr><td rowspan="2">위협 (T)</td><td rowspan="2">• 경쟁 매장 신설
• 소비 심리 위축
• 대형 할인점 위치</td><td>ST : 강점 활용 위협 대응</td><td>WT : 위협초래 약점보완</td></tr>
<tr><td>– 매장 차별화로 경쟁 우위 확보
– 제휴 마케팅 강화
– 기획 모델 주말 판촉</td><td>– 고객 관리 취약성 보완
– 서비스 물류 강화
– 비용 효율화 방안 수립</td></tr>
</table>

- **SO : 매장의 강점을 활용하여 기회에 도전하는 전략으로 성공 확률이 가장 높은 중점 전략 도출**
- **WO : 기회에 도전하기 위해서 보완되어야 할 약점 도출**
- **ST : 매장의 강점을 살려 위협에 대응할 수 있는 방안 도출**
- **WT : 위협을 초래할 수 있는 약점 요인들을 파악할 수 있으며 위협에서 벗어날 수 있는 약점을 보완할 수 있는 대책 수립**

환경 분석

1등 매장을 만들기 위해서는 매장을 둘러싸고 있는 다양한 상황에 대한 철저한 분석과 사전 준비를 해야 한다. 분석할 대상은 상권, 경쟁자, 고객이다. 이는 우리 매장의 성공적인 영업 활동 추진을 위한 가장 중요한 요소다.

아래의 표를 참고하여 우리 매장의 환경을 분석해보고 1등 매장을 만들기 위한 전략을 수립하도록 한다.

상권 분석 : 상권도를 활용하여 분석

구분	지역	특징 (주거 현황 / 인구 현황 / 상권 특성)	공략 방안
1차 상권 (고객 70% 포괄 상권)			
2차 상권 (고객 30% 포괄 상권)			
전략 상권 (완전 제압, 경쟁 우위 지역)			

경쟁 분석 : 경쟁자 확인 및 경쟁력 비교

<table>
<tr><td rowspan="3">경쟁자 파악</td><td rowspan="2">현재 경쟁자</td><td>주요</td><td colspan="2"></td></tr>
<tr><td>기타</td><td colspan="2"></td></tr>
<tr><td colspan="2">잠재/미래 경쟁자</td><td colspan="2"></td></tr>
<tr><td rowspan="2">경쟁력 비교</td><td>경쟁점</td><td>강점</td><td>약점</td><td>공략 포인트</td></tr>
<tr><td></td><td></td><td></td><td></td></tr>
</table>

고객 분석

구분	체크 포인트	조사 내용	공략 포인트
고객 확인	누가 구매하는가? (핵심 고객 추출)		
구매 실태	언제 / 어디서 / 얼마나 어떻게 구매하는가?		
잠재 고객	누가 우리 매장의 잠재 / 가망 고객인가?		

집객력集客力 높이기

치열한 경쟁이 벌어지고 있는 영업 환경에서는 고객들이 자신의 생활과 밀착된 서비스를 요구하게 된다. 따라서 '고객을 위한 매장, 고객만족 영업을 실천하는 매장'이라는 이미지가 고객에게 강하게 인식될 때 매장을 찾는 방문 고객이 증가하게 되고 판매도 활성화되게 된다. 이것은 지역 상권 내의 가망 고객들에 대한 깊이 있는 분석과 고객의 니즈를 꿰뚫어 볼 수 있는 충분한 서비스의 개발이 시급함을 의미한다. 즉 지역 상권에서 1등점이 되기 위해서는 매장 자체의 부단한 노력과 자기 체크가 요구되는 것이다.

1차적으로 매출력을 높이기 위해서는 방문 고객이 늘어나야 한다. 집객력을 향상시키기 위해서는 먼저 어떤 점에 관심을 기울여야 하는지 그 포인트를 살펴보고자 한다.

거울과 대화하는 시간을 갖자

매장을 찾는 고객을 상대로 판매 성공률을 높이기 위해서는 무엇보다 해박한 제품 지식, 친절한 접객 매너 그리고 무엇보다도 자신감이 중요하다. 판매사원의 자신감 넘치는 미소와 제품 설명은 기본 요건이라고 할 수 있다.

스스로 자신감을 갖기 위해서는 어떤 노력이 필요할까? 매장 임직원들이 아침에 출근해 거울을 보면서 "오늘 하루도 명랑하고 힘차게 보내자" 또는 "오늘은 ○○제품 3개를 꼭 판매해야지"라든가 "오늘은 고객 ○명에게 전화를 해야지" 등 거울속의 자신과 약속을 하는 시간을 갖도록 하는 것도 하나의 방법이다.(거울 옆에 표어를 부착해 유도할 수도 있다.) 이것은 자기암시를 걸어 정신력을 강화시키는 심리적인 방법(마인드 컨트롤)이다. 처음에는 다소 부자연스럽고 어색하게 느껴질 수 있으나 계속해서 실천하다 보면 커다란 효과를 볼 수 있다.

고객의 발걸음을 멈추게 하라

성공하는 매장, 이름 있는 매장, 고객으로부터 사랑을 받는 매장의 경영자들에게 듣게 되는 공통적인 말은 "매장은 고객을 위해 존재해야 한다"는 것이다. 이러한 관점에서 우리 매장은 과연 상권 내 고객들을 위해 무엇을 하고 있고, 이것을 고객들이 어떻게 생각하는지에 대해 신중히 살펴보아야 할 것이다.

매장 앞을 지나는 수많은 유동 고객들이 우리 매장을 방문하지 않고 그냥 지나친다면 당연히 매출은 떨어지게 마련이다. 결국 지나가는 고객들을 매장 안으로 어떻게 끌어들일 것이냐가 문제가 된다. 따라서 매장의 외적인 환경이 고객들로 하여금 호감을 갖게 하고 자연스럽게 방문할 수 있게 되어 있는지를 먼저 살펴보아야 하며, 계절 및 사회 문화 이벤트에 맞추어 매장 내외의 환경을 생동감 있게 변화시켜야 할 것이다.

월별 이슈에 맞추어 다양한 이벤트 행사와 고객 초청 행사를 주최함으로써 고객들의 머릿속에 우리 매장을 각인시키고 더 나아가 다른 사람들에게 입소문을 내도록 유도할 수도 있다. 물론 다양한 이벤트와 행사는 고객의 입장에서 매력을 느낄 수 있도록 기획해야 하고 시행해야 할 것이다.

들어가고 싶은 매장을 만들라

일반적으로 고객들은 쇼윈도나 점두 진열대, 현수막, POP 등을 본 후에 매장 내부를 보게 된다. 이때 자연스럽게 매장으로 들어오도록 하기 위해서는 마음을 편하게 해 주는 분위기 연출과 매장 안으로 들어가고 싶어지는 내부 연출, 그리고 다양한 최신 인기 제품들이 진열되어 있어야 할 것이다. 즉 편안하게 출입할 수 있는 매장 입구와 점내 분위기를 조성하여 한번 방문한 고객은 꼭 제품을 구입하고 싶은 생각이 들 수 있도록 효과적인 제품 진열과 구색을 갖추어야 한다.

시시각각 변하는 고객의 구매욕구와 기호, 계절, 유행(트렌드)의 변화에 능동적으로 대처해 매장을 변화시킴으로써 고객에게 매력적인 매장의 모습을 보여주어야 할 것이다.

풍부한 제품 지식과 타이밍에 맞춘 접객을 하라

고객을 맞이하기 전에 꼭 알아두어야 할 것은 신제품에 대한 정보와 이와 관련된 생활상의 지식이다. 즉 매장에서 판매하고 있는 제품 하나하나에 대한 모델명, 가격, 사용법, 보관법, 효용성 등 제품에 대한 모든 지식을 충분히 숙지함으로써 방문 고객의 어떠한 질문에도 원활하게 답변할 수 있도록 준비해야 한다.

하지만 아무리 제품 지식이 뛰어나다고 할지라도 판매와 연결시키지 못한다면 아무런 소용이 없다. 따라서 제품 지식을 완전히 마스터하면 그것을 살려서 판매를 일으키는 접객 기술이 중요하게 된다. 매장에 들어오는 고객이 무엇을 요구하며, 무엇을 바라는가를 재빨리 알아차리고 고객에게 맞는 제품을 자신 있게 권유함으로써 자연스러운 구매를 일으키도록 하는 것이다. 특히 판매 시점에서는 제품과 관련하여 다양한 손짓과 몸짓, 표정 등을 총동원하여 실감 있게 연출하해 고객이 꼭 사고 싶은 마음이 일어나도록 유도할 수 있어야 한다.

매일 회의하고 점검하라

매달 세우는 영업 목표는 시간이 지나가면 저절로 달성되는 것이 아니다. 무슨 일이 있어도 달성하고자 하는 마음자세와 능동적인 실천, 노력을 필요로 한다. 더욱이 노력을 해도 마음대로 되지 않는 것이 현실이다.

목표를 달성하기 위해서는 매일 일별 실적에 대한 달성률을 체크하면서 판매 의욕을 새롭게 다지도록 해야 한다. 즉 매장 영업이 열의와 노력만으로 성과가 오르지는 않으므로 과학적인 분석과 관리, 그리고 계획적인 경영이 반드시 필요하다는 것이다.

그러므로 하루의 영업을 종료하는 시점이 되면 단 10분만이라도 경영자를 포함한 전 임직원이 한자리에 모여 차를 한잔 나누면서 하루의 매출 실적과 고객별 매출액, 고객수, 접객 방법 등 영업 활동 관련 사항과 특이 사항 등에 대해 토의를 하며 내일의 영업을 준비하고 마음을 가다듬는 시간을 갖도록 한다.

매출력 강화를 위한 기본 요소의 적극적인 실천

"일찍 일어나는 새가 벌레를 잡는다"는 속담이 있다. 치열한 시장 경쟁 속에서 우리 매장이 살아남고 성공하기 위해서는 다른 매장보다 한 걸음 앞서 미래 시장을 내다보는 통찰력을 바탕으로 영업 전략을 수립해야 하고, 차별화된 판촉을 실시함으로써 적극적으로 고객을 공략해야 한다. 즉 보다 많은 가망 고객을 확보하고 이를 향한 타깃 마케팅을 전개하기 위해서는 조금 더 고민하고 조금 더 일찍 실천하는 적극적인 영업 활동을 전개해야 하는 것이다.

매출력 강화를 위해 우리 매장에서 반드시 알아야 하고 적극적으로 실천해야 할 기본요소에 대해 알아보도록 한다.

아침시간을 아끼고 활용하라

《아침형 인간》이란 책에서도 기술했듯이 남들보다 앞서 성공하기 위해서는 아침 일찍 일어나 남보다 먼저 하루를 계획하고 준비해야 한다. 성공한 CEO의 대부분은 새벽 5~6시에 일어나 운동을 하고 신문을 읽고 일찍 출근한다.

아침 일찍 일어나 가까운 피트니스센터에 가서 운동을 하고 카페에 가서 고객들과 만나 대화를 나누면서 고객의 니즈를 파악하며 하루의 영업 활동을 계획해보는 것은 어떨까?

또한 일주일에 한두 번은 8시에 매장 앞 및 주변을 청소하고 출근하는 고객들에게 판촉 행사 전단지나 신제품을 홍보하는 활동도 전개하도록 해보자. 특히 인사는 인간관계의 기본으로 날짜를 정해놓고 (예를 들어 매주 수요일) 아침에 매장 앞에서 전 임직원이 "좋은 아침 되십시오!" "건강한 하루 되십시오!" 등의 아침인사를 시행토록 해보자.

아침에는 매장을 방문하는 고객이 많지 않으므로 경영자를 중심으로 전 임직원이 지난 영업 활동에 대한 평가 및 반성을 해보고, 보다 나은 판매 활동을 위해 판촉 아이디어를 협의해보도록 한다.

고객의 정보를 수집하라

성공하는 매장이 되기 위해 가장 중요한 것은 구매 대상을 정확히 파악하는 것이다. 그리고 파악한 구매 대상 고객들을 중심으로 고객만족 판촉을 실시함으로써 실질적인 구매를 이끌어내야 한다.

이를 위해서는 전 임직원의 업무 중 고객에 대한 정보 수집을 가장 중요한 업무로 정해 주력해야 한다. 즉 입학, 진학, 입사, 졸업, 결혼, 출산, 이사, 생일, 결혼기념일, 시험, 합격, 승진 등 고객의 특별한 기념일 및 이벤트와 관련된 정보를 수시로 입수하고 업데이트시키도록 한다.

이러한 정보를 입수하기 위해서는 단순히 매장을 방문하는 고객들을 대상으로 설문조사를 하거나 고객 정보를 파악해보는 것보다는 적극적인 가정 방문, 전화 통화, 이메일 발송, 이벤트, 콘테스트 등 고객 정보 획득을 위한 다양한 활동을 하는 것이 좋다. 더불어 기존 고객에 대한 관리 및 우수 고객들의 구전 마케팅 활성화를 위해 수시로 온/오프라인을 통해 단골 및 우수 고객들에게 필요한 생활 정보, 이벤트 초대, 신제품 소개 등을 시행하도록 한다.

주기적인 환경 개선을 통해 생동감 있는 매장을 만들라

고객들이 즐거운 마음으로 매장을 방문하고 수시로 찾아오도록 하기 위해 첫 번째로 해야 할 일은 항상 깨끗하고 쾌적한 매장을 만들고 유지하는 것이다. 따라서 주기적으로 청소와 진열 개선, 내·외부 연출을 하고, 계절별·이슈별 변화에 따라 고객들이 좋아하는 이벤트를 정기적으로 실행도록 한다.

청소는 간판, 쇼윈도, 매장 내부, 화장실, 주차장 등 매장 앞과 주변 등으로 나누어 주 1회 이상 시행토록 한다. 영업 종료 후 밤 시간에 실시하여 다음 날 아침에 상쾌한 기분으로 영업 활동을 시작할 수 있도록 한다.

진열 개선 및 내·외부의 연출 변화는 신제품 출시 및 월별 이벤트, 이슈, 계절 변화 등을 감안하여 2~3개월 간격으로 시행하며, 고객들의 기호 및 트렌드 변화를 감안하도록 한다. 특히 입학, 졸업, 결혼, 이사, 수능, 김장, 송년 등 월별 빅 이슈와 관련해 매장 입구 및 매장 내부에 반드시 테마 코너를 만들어 고객의 눈길을 끌도록 한다.

더불어 매장 입구 유동 고객들의 방문을 촉진시키고 다른 매장과의 차별화된 모습을 보여주기 위해 월별 이슈와 관련한 고객 초청 행사, 고객 체험 활동 등 다양한 이벤트를 시행토록 한다.

개점에서 폐점까지 고객을 위해 계획하고 실천하라

1등 매장이 되기 위해서는 아침부터 문을 닫는 저녁 늦게까지 고객의 입장에서 생각하고 고객이 원하는 제품을 권유하며 고객이 편리하게 구매할 수 있도록 매장 환경을 조성해야 한다.

이러한 고객만족 영업 활동을 실천하기 위해서는 우선 하루의 영업을 활기차게 시작하기 위해 상쾌하고 기분 좋은 마음으로 매장의 문을 여는 마음가짐과 아침 활동이 필요하다.

아침에는 전 임직원이 화이팅을 외치는 구호와 함께 매장의 영업을 시작하도록 하며, 점심에는 방문하는 고객 응대가 중단되지 않도록 조를 나누어 교대로 점심을 먹도록 한다. 또한 손님이 없는 중간중간 각 코너별로 판매와 관련된 롤플레이(역할 연극) 및 제품 지식 테스트를 통해 고객 응대 및 제품 소개 능력을 향상시키도록 한다. 특히 고객을 맞이하는 직원들의 첫인상이 매우 중요하므로 복장, 머리 등 용모에 수시로 신경을 쓰도록 한다.

손님이 많이 방문하는 저녁시간에는 간단한 다과를 준비하여 고객들이 편안히 쇼핑을 즐길 수 있는 환경을 만들고, 폐점을 할 무렵에는 전 임직원이 그날의 영업 활동에서 잘하고 잘못한 점에 대해 서로의 의견을 나누며 평가하고 반성할 수 있는 시간을 갖도록 한다. 그리고 퇴근 전에는 각 직원들이 맡고 있는 코너별로 간단한 정돈 및 청소를 통해 하루를 잘 마무리하고 다음날 상쾌한 아침을 맞도록 한다.

세심한 고객 관리로 지속적인 구매 창출을 유도하라

명품만을 판매하는 매장에서는 일주일에 한두 명의 방문 고객만으로도 높은 매출과 이윤을 추구한다. 이는 우수 고객(VIP)에 대한 차별화된 관리와 서비스로 우수 고객 한 명, 한 명의 구입 단가를 높이고, 우수 고객으로 하여금 다른 가망 고객에게 구전 마케팅을 일으키는 결과에 기인한다고 할 수 있다.

이러한 명품 판매 매장의 마케팅에 주목할 필요가 있다. 즉 단골(우수) 고객을 대상으로 밀착된 고객 관리를 통해 매출을 활성화시키도록 하는 것이다. 단골 고객에 대해서는 고객의 얼굴과 이름, 구입 제품, 좋아하는 디자인 및 컬러, 가족 상황 등을 파악해 매장을 방문하였을 때 고객이 좋아할 만한 제품을 파악해 친절하게 소개하고 구매를 권유한다면 자연스럽게 판매로 이어질 가능성이 높아질 것이다. 더불어 단골 고객에게는 제품 이외에도 일상 생활에 필요한 정보를 제공하거나 이벤트 초대, 매장에서 특별히 마련한 기념품을 증정하는 등 차별화된 서비스를 지속적으로 제공하여 입소문을 통해 가망 고객들에게 우리 매장을 널리 알릴 수 있는 동기를 마련하면 좋을 것이다.

영업 활동 계획표와 체크리스트

하루의 시작은 아침이다. 베스트셀러인 《아침형 인간》에서는 성공은 아침에 좌우되며, 남보다 일찍 일어나 먼저 하루를 시작하는 사람들이 성공한다고 말한다. 즉 일찍 깨어나 아침 시간을 잘 활용하면 원하는 것을 이룰 수 있다는 것이다. 아침의 기분에 따라 하루의 생활이 달라지고, 아침의 활동에 따라 하루의 매출이 달라질 수 있으므로 다른 경쟁 매장보다 한 걸음 앞서서 아침을 열고 하루를 준비한다면 매출을 확대시킬 수 있을 것이다. 특히 타깃에 맞는 차별화된 행사를 지속적으로 시행하기 위해서는 아침 시간을 잘 사용해야 한다. 하루를 알차게 계획하고, 하루하루 영업 및 판촉 활동을 활기차게 전개하여 영업 목표를 초과 달성토록 노력해야 한다.

역할을 분명히 하고 활동 스케줄을 수립하라

매장의 영업 활동을 활기차고 충실하게 수행하기 위해서는 영업을 이끌어 가는 영업 체계를 어떻게 조직하고 이끌어가야 할 것인지 먼저 생각해야 한다. 이를 위해 우선적으로 해야 할 일은 판매사원들의 역할을 분명하게 규정해 주고 각자의 역할에 맞는 영업 활동을 하루 스케줄에 맞추어 체계적으로 실행하도록 계획표를 짜 주어야 한다.

영업 활동 1일 시간계획표

<table>
<tr><th>구분</th><th>6</th><th>7</th><th>8</th><th>9</th><th>10</th><th>11</th><th>12</th><th>13</th><th>14</th><th>15</th><th>16</th><th>17</th><th>18</th><th>19</th><th>20</th><th>21</th></tr>
<tr><td>매장주</td><td>지역주민과의 만남</td><td>하루 계획 수립</td><td rowspan="2">오픈 준비 (입구 청소 출근 고객 아침 인사)</td><td rowspan="2">아침 조회 (전일 실적 리뷰 및 계획 체크)</td><td colspan="3">① 거래선 전화 및 방문
② 결제 업무</td><td rowspan="2">중식</td><td colspan="6">① 거래선 전화 및 방문
② 신규 거래선 발굴
③ 결제 / 정산 업무</td><td rowspan="2">폐점 준비 (일일 결산 청소)</td><td>차일 계획 수립</td></tr>
<tr><td>임직원</td><td>–</td><td>–</td><td colspan="3">오전 업무
(고객 응대 및 고객 관리)</td><td colspan="6">오후 업무
(고객 응대 및 고객 관리)</td><td></td></tr>
</table>

아침 오픈 준비 및 저녁 폐점 시간을 잘 활용하자

하루의 영업을 활기차게 시작하고, 마감하는 시간에 알찬 영업 실적을 거두기 위해서는 아침 오픈 준비 및 저녁 폐점 시간이 매우 중요하다. 이를 위해 매장 경영자는 매장의 비전과 목표 달성을 위해 앞에서 살펴본 1일 영업 활동 시간계획표처럼 아침 일찍부터 아침 산책, 조기축구회 참여, 약수터 방문 등을 통해 고객의 의견을 청취하고 기호를 파악하는 시간을 마련하고 하루를 계획하도록 한다.

고객들이 출근하는 7~8시경에는 경영자를 비롯한 임직원들이 매장 주변을 청소하고 출근하는 고객들에게 인사("좋은 하루 되십시오")하는 시간을 통해 즐겁고 활기차게 하루의 영업 활동을 시작하도록 한다. 특히 매장 오픈을 준비하는 아침시간에는 지역별 이슈, 고객 성향, 경쟁 매장의 동향 등을 고려해 우리 매장에서 부족한 부분을 어떻게 보완할 것인가를 임직원들과 함께 협의하는 시간을 마련해야 한다.

그리고 하루를 마감하고 내일을 계획하는 폐점 시간에는 아침과 마찬가지로 점내 청소를 통해 기분 좋은 내일을 맞기 위한 준비를 하도록 하며 일일 결산을 통해 영업 실적에 대한 리뷰로 하루 영업의 잘된 점과 잘못된 점을 평가해보는 시간을 갖도록 한다.

오픈 준비

여유롭고 활기차게 고객을 접객하는 아침을 만들기 위해 매장 오픈 10분 전에 영업 시작을 위한 모든 작업이 끝날 수 있도록 임직원들이 각자 맡은 업무를 잘 분장하여 체계 있게 실행토록 한다.

오픈 체크리스트

구분	체크 포인트
매장 입구	• 매장 앞 및 주위를 깨끗하게 청소했는가? • 간판과 쇼윈도 유리는 깨끗이 닦여 있는가?
바닥	• 쓰레기, 먼지는 없는가? • 제품에 먼지는 묻어 있지 않는가?
제품 코너	• 인쇄물 (카탈로그, 전단, 포스터, 판촉물 등)과 POP는 잘 정돈되어 있는가? • 특별 코너가 잘 꾸며져 있는가? (월, 계절 이슈에 맞게) • 가격표는 잘 붙여져 있는가? • 카탈로그는 신제품 위주로 준비되었는가?
고객 맞이 준비	• 임직원 용모는 단정한가? • 포장지, 끈, 테이프 등 포장용품은 잘 준비되었나? • 신제품에 대한 고객 설명이 잘 준비되었나? • 화장실은 깨끗하게 청소되었나?
기타	• 조명이 밝은가? • 냉난방기는 잘 작동하는가? • 실내 공기는 어떠한가?

폐점 준비

하루의 영업 활동을 잘 마무리하고 내일을 준비하기 위해 오픈 준비와 같이 임직원들이 각자 맡은 부분을 잘 정리하도록 한다. 특히 하루 실적에 대한 평가의 시간을 마련하여 보다 나은 내일을 준비하도록 한다.

폐점 체크리스트

구분	체크 포인트
매장 정리 (내일 준비)	• 인쇄물 및 POP는 잘 정리되어 있고 수량은 충분한가? • 바닥과 쇼윈도에 얼룩은 없는가? • 상품이 빈 곳은 없는가?
실적 평가	• 오늘의 잘한 점과 잘못한 점 말하기 (직원별) • 고객 응대 방법에 대한 상호 평가 • 판매 실적에 대한 분석 (상품, 고객, 지역 등)
기타	• 내일 판매할 상품 재고 • 고객 판촉물 재고 (수량은 충분한가?) • 판촉 행사 준비 등

1등 매장을 만들기 위한 제품 지식 강화

우리는 고객을 왕으로 모시는 무한경쟁 시대를 살고 있다. 다른 경쟁 매장과 차별화된 매장으로 고객의 눈길을 끌지 못하면 살아남을 수 없다. 문제는 '어떻게?'이다. 어떻게 다른 경쟁 매장과 차별화함으로써 이익을 극대화하는 영업 목표를 달성할 수 있을까?

제품, 매장 꾸미기, 판촉, 고객 응대, 배달, 서비스, 고객 관리 등 영업 활동의 각 분야에서 고객의 입장에서 먼저 생각하고 고객의 편의를 최대화시킴으로써 고객에게 보다 많은 가치를 제공하는 것이 영업 목표를 달성하는 방법일 것이다.

따라서 제품 구색, 진열 및 연출, 판촉 행사 운영, 고객 응대, 서비스, 고객 관리 등 고객을 중심으로 매장 및 영업에 관련된 전 분야에 대한 활동 계획을 어떻게 세우고 실천할 것인가에 대해 전 임직원이 깊이 고민하고 협의하여 목표 달성을 위한 영업 활동 계획표를 수립하도록 해야 한다. 이를 위해 제일 먼저 제품 지식을 완벽하게 갖추고 매출을 극대화하기 위한 활동 계획 수립에 대해 살펴본 뒤 매장 연출 및 진열, 판촉, 고객 응대, 고객 관리 등에 대한 전략을 점차적으로 계획하고 실천해야 할 것이다.

제품 지식 강화 활동 계획

제품 교육

알아야 팔 수 있다. 매장을 방문한 고객을 구매로 연결시키고 단골 고객으로 삼기 위한 가장 필수적인 요소는 제품에 대한 명쾌한 설명이다. 고객은 구매를 고려하는 제품에 대해 문의하거나 직접 구매하기 위해 매장을 찾는다. 이때 갈등하는 고객이 제품 구입을 결정할 수 있도록 하기 위해서는 제품에 대한 폭넓은 지식을 바탕으로 고객의 구매욕을 채워줄 수 있어야 한다. 즉 제품에 대한 정확하고 폭 넓은 지식은 고객에게 신뢰감을 줌으로써 구매로 연결시키는 가장 중요한 요소인 것이다.

다음은 단계별 제품 지식 습득 내용이다.

- 1단계 : 제품 특장점 및 제원 숙지
- 2단계 : 제품 판매 정책 숙지
- 3단계 : 제품 사용 가치 숙지
- 4단계 : 판매 연습 (Role Playing)

제품 교육 계획 수립

제품에 대한 임직원의 지식을 효과적으로 높이고 체크하기 위해 제품 교육 계획을 수립하고 이를 실천하도록 한다. 교육 계획은 전 임직원에 대한 공통 교육과 담당(개인)별 교육 계획으로 나누어 세우도록 한다.

제품 교육 계획 작성 사례

- 전 임직원 공통 교육

구분	월	화	수	목	금
담당자	A 부장	B 팀장	C 과장	D 대리	사장 (지점장)
상품	가	나	다	라	평가

- 개인별 교육

구분	A 부장	B 팀장	C 과장	D 대리	E 사원
교육 내용	상품(가)	상품(나)	상품(다)	상품(라)	상품(마)
교육 방법	세일즈 북	집합 교육	실습 교육	롤플레잉	현장 방문
일시	3.2~15	3.25	3.5	3.2~7	3.11~17

주기적인 제품 교육

- 교육 시기 : 매일 아침 조회 시간 활용, 10~15분 정도 실시
- 교육 방법 : 일별 교육 담당이 맡은 품목을 5분 정도 설명하고, 기타 직원들은 롤플레잉Role Playing 역할 실연(실제로 자기가 그 역할을 맡아서 해본다)을 10분 정도 실시
  - 판매 임직원별로 순번을 정한 후 실시
  - 나머지 직원은 고객의 입장이 되어 교육 담당자의 설명 청취
  - 판매 제품(또는 모델)을 정한 후 교육 담당자가 설명
  - 나머지 직원이 질문하고 교육 담당자가 답하는 방식으로 제품 지식 획득
  - 롤플레잉을 통해 고객 입장에서의 문제점 파악 및 해결 방안 협의한다.

롤플레잉은 특정한 상황을 설정한 후 그 상황을 연기로 표현하는 판매 연습을 말하며, 이는 고객 응대, 전화 응대에 커다란 도움이 된다. 연기를 한 후에는 각 참가자의 입장에서 문제점을 이야기하고 이에 대한 해결 방안을 토의하도록 한다.

롤플레잉의 시행 방법은 상담 직원 1명, 고객 1명의 역할을 맡아 2인 1개조로 나누어 조별로 5~10분 간 시행하도록 한다.

제품 소개

◆ 교육 담당 : 제품 설명을 위한 롤플레잉을 실시

◆ 타 사원 : 교육 담당의 제품 설명을 들은 후 이에 대한 의견을 제시하고 의문점에 대하여 질문

고객 / 전화 응대

◆ 설정된 고객/전화 응대 상황에 맞추어 롤플레잉을 실시하며, 시행 후 느낀 소감을 발표하고 개선점 및 향후 대응 방안에 관하여 토의

※ 상황 설정 예시

- 고객 응대 : 혼수/이사 고객 응대, 계절 제품 응대, 클레임 고객 응대 등

- 전화 응대 : 전화 클레임 고객, 신제품 문의 고객, 서비스 문의고객 등

◆ 제품 담당 교육 내용

- 제품 특장점 및 사용 방법
- 경쟁 제품 특장점 비교 설명
- 월 판매 정책 및 판매 현황 (판매, 재고)
- 고객의 주요 문의(질문) 내용 및 응대 방법
- 경쟁 매장 판매 가격.

매장 집객력 강화를 위한 전화 응대

온라인과 모바일을 통한 소비가 증가되는 시장 환경 속에서 지속적으로 고객이 매장을 찾도록 하는 방법은 무엇이 있을까? 물론 다른 매장보다 물건을 싸게 팔거나 사은품을 많이 주는 방법도 있겠지만 이러한 방법은 일시적인 효과만 있을 뿐 지속적으로 고객을 매장으로 유도할 수는 없다. 고객은 다른 곳에서 조금만 더 싸게 팔면 그 매장으로 발걸음을 옮겨가기 때문이다.

따라서 고객들이 우리 매장을 다른 매장과 다르게 인식하고 자연스럽게 찾고, 고객 집객력을 최대한 높이기 위해서는 전화 응대, 매장에서의 고객 응대, 상담 등 기본적인 영업 활동에 대한 업그레이드가 필요하다.

고객과의 첫 만남은 전화로 이루어지는 경우가 많다. 전화 한 통

화가 매장의 이미지를 좌우하는 경우가 매우 많으므로 전화 응대 방법을 확실하게 숙지하고 있어야 한다.

전화 받기

◆ 벨이 3번 울리기 전에 신속히 받는다.

3번 이상 울렸을 때는 "고객님, 오래 기다리게 해서 죄송합니다"라고 양해를 구한 후 통화를 한다.

◆ 소속과 이름을 말한다.

- "안녕하십니까? ○○점 ○○○입니다."
- "감사합니다. 고객님! ○○점 ○○○입니다."

◆ 아는 고객일 경우, 친근감을 표시하도록 한다.

- "○○○고객님이시군요. 그동안 안녕하셨습니까?"

◆ 용건을 확인한다.

정확하게 고객의 요청(문의) 사항을 메모하고 잘 알아듣지 못한 경우에는 반드시 확인하도록 하되 고객이 같은 말을 반복하지 않도록 한다.

◆ 끝맺음 인사를 한다.

"감사합니다, 고객님! 문의하신 내용이 잘 해결되셨는지요? 가까운 시간 안에 저희 매장에 방문하여 주시면 정성껏 모시도록 하겠습니다. 저는 ○○점 ○○○였습니다."

전화 걸기

◆ 사전에 통화할 내용을 정리하여 준비한다.

- 사전에 용건을 확인하고 말할 순서에 맞게 메모를 해둔다.
- 고객카드를 준비하여 고객과의 친밀도를 높이도록 한다.

◆ 고객이 편한 시간대를 이용하여 전화를 걸도록 한다.

식사 시간(8~9시, 12~13시, 18시~19시), 아침(10시 이전), 늦은 저녁(8시 이후) 시간은 피한다. 특히 월요일 오전은 모두 바쁘므로 전화를 걸지 않는 것이 좋다.

◆ 주변 환경을 조용하게 한다.

TV, 오디오 소리가 전화기를 통해 고객에게 들리지 않도록 한다.

◆ 소속을 밝힌다.

"안녕하십니까? ○○○고객님! 저는 ○○점 ○○○입니다."

◆ 상대방을 확인하고 통화 가능 여부를 체크한다.

"안녕하십니까? ○○○고객님 맞으신가요? 다름이 아니라 지금 통화가 가능하신지요? 통화가 가능하시다면 잠깐 고객님께 안내 말씀을 드리고 싶습니다."(통화 가능 여부에 따라 마무리를 하거나 안내를 하도록 한다)

◆ 용건을 정확하고 간결하게 말한다.

- 미리 준비한 메모를 중심으로 요점을 강조하여 말하며 전문적인 용어는 지양하도록 한다.
- 전달하고자 하는 내용을 고객이 잘 이해하고 있는지 확인한다.

◆ 마무리 인사를 한다.

- "안녕히 계십시오. 고객님! ○○점 ○○○이었습니다."
- "시간을 내 주셔서 감사합니다, 고객님! 다음에 또 연락드리도록 하겠습니다."
- 끝인사를 하며 고객에게 불편사항을 물어본다.
- 수화기는 반드시 상대방이 놓는 소리를 들은 후에 내려놓는다.

상황별 전화 응대 방법

◆ 전화를 바꿔 줄 때

- "○○○씨 말씀이십니까? 고객님, 잠시만 기다려 주십시오. 연결해 드리겠습니다."
- "혹시 연결이 되지 않으면 ○○○○번으로 전화 주십시오."

◆ 부재중일 때

- "지금은 잠시 자리를 비웠습니다. 메모를 전달해 드릴까요?"
- "○○○씨는 ○○시에 들어올 예정입니다."

◆ 통화중일 때

- "지금은 통화중입니다. 잠시 기다리시겠습니까?"
- "통화가 길어지는 것 같은데 더 기다리시겠습니까? 아니면 제가 메모를 전달해 드리겠습니다."

◆ 전화가 잘 들리지 않을 때

- "죄송합니다. 한 번만 더 말씀해 주시겠습니까?"

◆ 문의 전화일 때

- 문의 내용을 모를 경우, 신속하게 담당자를 연결시켜 준다.

- "네 ○○ 말씀이십니까? 담당자 ○○○씨를 바꿔 드리겠습니다. 잠시만 기다려 주십시오."

◆ 메모 전달을 부탁받았을 때

- 용건을 메모한 후 내용을 확인한다.
- "잘 알겠습니다. 고객님! 저는 ○○○입니다. ○○○이 돌아오면 메모를 전해드리도록 하겠습니다."

고객 밀착관리를 위한 '찾아가는 서비스'

'찾아가는 서비스'란 고객에게 구입한 제품에 대한 사용 설명 및 상태에 대한 제반 사항을 전화나 직접 방문 등을 통해 사전에 알려주는 고객 관리 활동을 말한다.

매장에서는 체계적인 고객 데이터를 중심으로 차별화된 판촉을 통해 매출을 배가시켜야 해야 하는데, 이를 위한 기본 활동이라 할 수 있는 '찾아가는 서비스'를 통한 고객 밀착 관리가 절대적으로 필요하다. 즉 고객과의 지속적인 커뮤니케이션 체계를 유지하는 한편, 고객만족도를 높여 구매 고객을 단골화하는 것을 최종 목표로 하는 것이다.

찾아가는 서비스는 연중 실시를 기준으로 고객들이 활발히 움직이는 3월~5월, 9월~11월에 집중적으로 실시한다. 고객만족 활동의 체계적인 실시로 고정고객을 장기적으로 다수 확보하여, 적은 비용으로 계속적인 판매 증대를 추구하기 위해서는 경쟁 매장 차별화 전략으로서 찾아가는 서비스를 실시해야 할 것이다.

찾아가는 서비스에서 꼭 해야 하는 3가지

◆ 해피콜

매장 경영자가 직접 전화를 걸어 제품 구매에 대한 감사 표시를 함으로써 1차적인 커뮤니케이션 실시한다.

◆ 감사 DM (편지, 카드, 이메일)

구매 고객에 대한 감사 표시를 우편(또는 이메일)을 통해 DM을 보내며, 1차적으로 전화가 연결되지 못한 고객과도 관계 유지가 가능하다.

◆ 찾아가는 서비스

매장이 보유한 고객 및 일정 거점을 중심으로 획득한 신규 고객을 대상으로 직접 방문해 불만 및 애로 사항을 직접 체크함으로써 고객만족도를 극대화한다.

찾아가는 서비스의 발전적 고객 관리

1단계 : 제품 구매 정보

1단계는 구매 고객에 대한 지속적인 관계를 유지하는 것을 기본으로 하며, 차후 이 정보를 활용하여 판촉 행사를 실시해 나갈 수 있다.

2단계 : 판매사원 등록 고객 및 제품 보유 정보

2단계는 서비스 고객에 대한 정보를 어떻게 활용해 나갈 것인지 보여준다. 판매사원이 어떻게 고객 관리를 과학적이고 체계적으로 제품과 연계하여야 고객을 유지, 발전시킬 수 있는지를 파악해야 할 것이다.

3단계 : 서비스 수리 정보

3단계는 자체 서비스 고객에 대한 정보를 서비스 접수처리대장에 나와 있는 고객 정보를 전산화함으로써 대 고객 영업력을 집중적으로 키워 나간다. 매장에서 5년 전에 구입한 제품의 서비스(수리) 고객을 대상으로 어떻게 판매로 연결해 나갈 것인지를 확실하게 제시하는 것이다.

찾아가는 서비스 따라잡기

고객 정보 파악

- 구매 고객 : 할부카드, 현금 정보, 판매 영수증, 제품보증서
- 비구매 고객 : 사원별 가망 고객 카드, 서비스 의뢰 고객 리스트

고객 정보의 데이터화

구매 구분(현금/할부/카드), 고객 정보(성명, 구매 이력, 주소, 전화번호, 이메일, 결혼기념일, 가족 현황, 생년월일 등), 서비스 수리 이력 등 3가지 경로를 통한 고객 정보 입수 및 통합화.

해피콜

- 구입 제품에 대한 사후 확인으로서의 단순 전화가 아닌 찾아가는 서비스를 자세히 설명하여 고객이 쉽게 이해하고 활용할 수 있도록 해 줘야 한다.
- 구매 시점에서 3일이 지난 후에 해피콜을 실시한다.

고객에게 먼저 다가가는 찾아가는 서비스

구매에 대한 감사로서 해피콜을 시행할 때 찾아가는 서비스를 고객에게 설명하고, 원하는 고객에게 다음과 같이 '찾아가는 서비스'를 실시한다.

◆ 서비스 방법

- 판매한 제품의 이상 유무와 사용 상태를 해피콜을 통해 1차 점검
- 고객 요청시, 서비스 기사를 통해 제품 사용설명과 이상 유무 확인
- 필요시 직접 고객을 방문하여 제품 점검 및 이동 설치 서비스

◆ 서비스 기사 방문시 추가 점검 사항

- 종합적인 서비스를 지원하여 고객만족도 극대화 유도
- 계절 제품의 보관 전 손질 방법 및 보관법 설명
- 제품 클리닝 서비스

◆ 준비 사항 및 실시 요령

- 방문하기 전에 먼저 고객에 대한 기본 정보를 파악한다.
  - 구매 이력을 토대로 단골 고객의 경우 서비스 요금을 할인
  - 최근 서비스 제품에 대한 이상 유무 체크
- 찾아가는 서비스 담당 기사는 기본적으로 서비스 공구, 부품 외 신제품 카탈로그, 매장 스티커, 기사 명함, 기념품을 지참하고 방문 서비스를 실시한다.

DM으로 고객과 친밀해지기

바쁜 생활 속에서 고객과 직접 만나거나 전화 통화를 하기가 어려운 현실에서 고객과 자연스러운 커뮤니케이션(찾아가는 서비스)으로 DM은 매우 중요하다. 단순한 판매를 목적으로 한 DM이 아니라 고객 정보를 바탕으로 특별 기념일(생일, 결혼기념일, 수능, 결혼, 입사, 진학 등)에 대한 축하와 더불어 계절 변화에 따른 안부, 신제품에 대한 정보 제공 등 다양한 DM을 통해 고객과의 지속적인 관계를 정립할 수 있다. 특히 구매 고객에 대한 감사 DM은 매장 경영자가 직접 서명을 해 보냄으로써 고객과 매장 간의 상호 신뢰감을 두텁게 할 수 있다.

이를 위해 DM 종류별 데이터를 발행할 수 있는 소프트웨어를 구입해서 PC에 저장한 후 고객 데이터와 통합하여 안부, 기념일 축하, 정보 제공, 감사, 판촉 행사 고지 등 매장의 다양한 이벤트 안내로 고객과 가까워져야 할 것이다.

제품 정보에서 고객 찾기

구매 정보의 활용

고객이 제품을 구매한 시점을 정확히 PC에 입력하여 향후 대체 수요 발굴에 사용할 수 있다. 다른 방법으로는 구매 금액이 큰 고객만을 선정하여 VIP 초청 행사에 활용할 수 있다.

제품 보유 정보의 활용

구매 정보는 당장 사용하기 어려운 점이 있는 반면, 소비자가 각 가정에서 보유하고 있는 제품 정보는 당장 사용할 수 있는 유용한 정보가 될 수 있다.

- 정보 취득 : 서비스 직원의 고객 방문시, 매장 임직원을 통한 친인척 정보 입수
- 정보 활용 : 보유 제품을 구입년도별로 리스트업한 후 판촉 행사시 최신 제품으로 교체할 고객을 발췌하여 DM 발송

고객 관리 요령

고객 관리란 고객 정보를 얼마나 세분화하느냐에 달려 있고, 그 세분화된 정보를 어떻게 활용하느냐에 달려 있다. 즉 효율적인 고객 관리를 위해 개개인의 니즈Needs에 부합하는 개별 마케팅을 활용해야 하는 것이며, 고객별로 구입하고자 하는 제품을 먼저 파악하여 매출로 연결시키는 것이 곧 고객 관리인 것이다.

◆ 지역별 분류

- 우편번호로 동별로 세분화하여 동별 매출을 분석
- 제품별, 고객별 구체적 세분화 시행

◆ 고객별 분류

- 등급 분류 : 단골 고객(구매 횟수, 금액별로 세분화하여 ABC 등급 결정), 신규 고객(구입 제품, 금액을 기준으로 고객 정보를 연계하여 등급 결정), 가망 고객(제품별, 구매 시기를 중심으로 등급 결정)

고객만족 서비스로 구매 유도하기

경쟁 매장 대비 우위를 점하기 위해서는 차별화된 서비스가 제공되어야 하고, 이를 위해서는 인적, 물적 인프라를 정비해야 한다. 즉 판매를 최대화시키기 위해서는 이벤트의 활성화 및 찾아가는 현장 판촉과 더불어 구매 고객에 대한 철저한 사후 관리가 필요하다. 특히 요즘 같은 불경기에는 고객 개발을 위한 가정 방문 서비스 활동, 방문 고객의 구매율을 높이기 위한 임직원 제품 교육 등 비용이 거의 들지 않는 비가격적 판촉 활동을 더욱 강화해야 한다.

다음은 매장에서 추진할 수 있는 구매 고객에 대한 감사의 해피콜을 효율적으로 수행하는 방법, 고객만족을 위한 가정 방문 서비스 요령, 제품 교육을 통한 고객 응대력 향상법이다

해피콜을 효율적으로 수행하는 방법

목적

구매 고객에 대한 감사의 해피콜을 실시함에 있어 고객에게 우리 매장이 진정으로 '고객만족 영업 활동'을 하고 있음을 알리기 위한 것이다.

단순히 구매에 대한 감사의 말만 하는 것이 아니라 구입 제품별로 고객에게 필요한 정보를 제공함으로써 고객만족도를 높이고 구전을 통한 추가 매출을 유도해야 한다

시행 내용

구매자에게 감사 해피콜을 시행할 때 해당 제품별로 제품 사용시 필요한 정보를 표로 만들어 놓음으로써 매장 임직원이 전화를 하거나 다른 제품을 상담하는 건에 대해서도 적절한 서비스를 제공할 수 있도록 한다.

특기 사항

제품을 오래 사용하기 위해 적용되는 소프트제품이나 사용 완료 후 교체가 필요한 부품에 대한 안내를 통해 우리 매장으로의 재방문/재구매가 일어날 수 있도록 한다. 또한 판매하는 소물 제품에 대해서도 판매 제품 및 가격 조건까지 자세하게 안내하도록 한다.

고객만족을 위한 서비스 시행 요령

목적

방문 고객에게 친절하고 눈높이에 맞는 설명을 해 줌으로써 고객의 신뢰를 이끌어낸다. 또한 구입 후에도 안심하고 사용할 수 있는 다양한 정보 및 서비스를 제공함으로써 고객만족 영업을 실천하고 고객에 대한 정보도 수집토록 한다.

시행 내용

구입한 제품을 정기적으로 점검하는 활동을 통해 우리 매장 서비스가 좋다는 점을 인식시켜 신뢰감을 높인다.

특기 사항

구매 고객의 집을 방문하여 눈으로 살펴보고, 고객과의 대화 중에 나온 예상 구입 제품의 정보를 수집하여 차후 판촉 활동시 활용토록 한다.

상권별 실시 내용

구분	시행 내용
핵심 상권 (반경1km 이내)	• 직접 가정을 방문하여 점검 및 고객 정보를 수집 • 서비스 내용 – 제품 사용에 대한 상세한 내용 – 판촉 행사 안내 및 기념품 제공 – 가족 특이사항 체크(결혼, 이사,, 수능 등)
관리 상권 (반경 1km 이상)	• 전화를 통한 해피콜을 주로 실시하며, 고객 요청시 방문 서비스 • 해피콜 내용 – 제품 상태에 대한 점검 – 제품 사용에 대한 정보 제공 – 판촉 행사 안내

제품 교육을 통한 고객 응대력 향상

목적

신제품에 대한 제품 지식 및 주력으로 판매하고자 하는 제품에 대한 이해와 판매 포인트 인식 및 매장 전 임직원의 제품 지식 공유를 통해 방문 고객에 대한 판매력 향상 및 전 사원의 전 제품 판매가 가능토록 유도한다.

시행 내용

매일 아침 해당 제품 담당자가 한 가지 제품씩을 교육시킴으로써 신제품 및 주력판매 제품에 대한 판매 노하우(포인트)를 전 임직원이 공유토록 한다.

제품 설명회는 아침조회시에 제품 담당자가 전 직원을 대상으로 신제품 및 중점 판매 제품에 대해 설명토록 한다.

'오감만족' 매장 만들기

1등 매장이 되기 위해서는 어떻게 해야 할까? 매장의 대형화, 고객 밀착 관리, 우수 고객 확대, 재미있는 이벤트, 푸짐한 경품 행사 등 여러 가지 방법이 있다. 하지만 1등 매장이 되기 위해 가장 먼저 필요한 것은 고객의 입장에서 방문하고 싶은 매장을 만드는 것이다.

이를 위해서는 제일 먼저 내·외부의 인프라 및 임직원들의 자질을 경쟁 매장과 차별화해야 한다. 또한 우리 매장만의 고유한 콘셉트 Concept가 있어야 한다.

콘셉트란 커뮤니케이션 용어로, 특정 주제가 내세우는 주장이나 의견을 지칭하는 말이다. 우리 매장의 특징을 고객들에게 보여주기 위한 차별화된 개념이라고 할 수 있다.

차별화된 콘셉트를 만들기 위해서는 고객만족 '오감충족'형 매장으로 변신해야 한다. 인터넷과 모바일, 디지털의 발달로 급속하게 변화되는 시장 환경속에서 고객들은 새로운 제품과 서비스를 요구하고 있다. 이에 대응하지 못하는 매장은 대열에서 낙오될 수밖에 없다. 고객의 시각, 청각, 촉각, 후각, 미각 등 오감을 만족시키는 매장만 1등의 자리에 오를 수 있다.

다음은 고객의 오감을 만족시키기 위한 방법을 살펴본 것으로 이를 참고로 삼아 상권 및 고객의 특성을 고려해 우리 매장에 맞도록 변형하여 적용해보도록 한다.

오감만족 마케팅 전략

오감만족 마케팅이란 시각, 청각, 촉각, 후각, 미각 등 인간의 모든 신체 감각을 통해 우리 매장을 경험하도록 하는 감성적인 영업 활동이다. 즉 고객의 오감을 자극해 우리 매장에 호감을 가지게 하고 이를 통해 좋은 관계를 만들어 자연스러운 구매를 일으키는 효과적인 전략이다.

그렇다면 어떻게 고객의 오감을 자극하는 마케팅을 전개할 수 있을까?

시각 전략

다른 매장과 차별화되게 보여지도록 하기 위해서는 매장 내·외부 및 임직원에 대한 시각적 포인트가 가장 중요하다. 우선 계절 변화에 맞추어 연출 소품 및 POP를 활용하여 매장 내·외부에서 계절적 분위기를 느끼게 해 주는 것이다.

계절 연출 변경 시기는 봄은 1월에, 여름은 5월에, 가을은 8월에, 겨울은 10월에 변경한다. 특히 새해가 시작되는 1월에는 신년 슬로건을 정한 후 매장 안내데스크 위에 설치하여 고객들에게 매장의 의지를 보여 주도록 한다. 그리고 매일 아침 매장 앞에서 조회를 시행하고 주변을 청소한 후 업무를 시작하도록 하며, 저녁에도 매장 앞 청소를 한 후 업무를 종료하여 고객들에게 청결을 위해 노력하는 매장의 이미지를 전달하도록 한다.

디지털 트렌드에 맞추어 임직원들이 LED 명찰을 패용함으로써 고객들에게 시각적 재미를 느끼게 해 주는 것도 좋은 방법이며, 매장 내부에 나무, 대형 화병, 액자 등의 인테리어 소품을 활용하여 고급스러운 분위기를 연출하는 것도 좋다.

매장 입구에는 미니 화단을 설치하여 봄, 여름에는 예쁜 꽃을, 가을, 겨울에는 조화를 배치해 시각적으로 화사한 매장을 만들며, 매장 입구에 비눗방울 발생기를 설치하여 매장 앞을 지나다니는 고객들, 특히 어린이, 청소년에게 재미있는 매장의 모습을 보여 주는 것도 괜찮다.

청각 전략

고객을 눈길을 끌기 위한 시각적인 요소 다음으로 중요한 것이 청각적인 부분이다. 이를 위해 매장 앞을 지나다니는 고객 및 방문 고객을 대상으로 다음과 같은 청각 전략을 시행해보자.

첫째, 타임벨을 이용해보자. 매장 앞 스피커를 통해 매장 로고송과 함께 매시 정각을 알리는 타임벨을 울린다. 그리고 아침, 점심, 저녁에는 우리 매장만의 인사말을 방송한다. 예를 들어 아침 9시에는 "고객님 행복한 하루 되세요." 점심 12시는 "맛있는 점심식사하세요." 저녁 7시에는 "평안한 저녁시간 되세요."라고 방송하는 식이다.

둘째, 자연소리를 활용하는 것이다. 새소리, 물소리, 바람소리 등 자연의 소리가 담긴 CD를 활용하여 매장 내외에 방송함으로써 일반 음악 방송과는 차별화된 고급스러운 매장의 이미지를 전달할 수 있다.

셋째, 클래식을 활용하는 것이다. 대중음악, 재즈, 클래식 등을 매장에 틀어놓고 판매량을 체크해본 결과, 클래식을 틀었을 때 가장 매출이 높아졌다고 한다. 이러한 점을 고려하여 분위기 있는 계절별 클래식 음악을 방송함으로써 고가 제품의 판매를 활성화시키도록 한다.

촉각 전략

시각, 청각과 더불어 색다르게 매장 분위기를 전달할 수 있는 방법이 촉각 전략이다. 입구에서부터 매장 내부에 이르기까지 고객들의 손과 발 등에 촉각적인 자극을 통해 흥미와 재미를 주도록 한다.

매장 입구에 자갈을 깔아 먼지를 털고 매장으로 들어오게 하거나 푹신한 부드러운 매트를 설치해 매장으로 들어오게 한다. 매장 내부에는 안마기를 설치하여 안마를 받으면서 편안하게 상담을 받을 수 있는 환경을 제공하고 봄, 여름에는 시원한 음료수를, 가을, 겨울에는 따뜻한 차를 서비스하며 쿨 하면서도 포근한 촉각을 간접적으로 느끼게 해 준다. 특히 특이한 소재로 이루어진 제품 및 고객의 체험을 유도하고 싶은 제품은 체험 유도 POP를 설치하여 고객의 촉각을 적극적으로 자극함으로써 자연스러운 구매를 유도한다.

후각 전략

후각 전략이란 커피 전문점에서 커피 향기를 밖으로 내보내어 매장 앞을 지나가는 유동 고객의 후각을 자극하여 매장 안으로 끌어들이고자 하는 것처럼 향기, 냄새 등을 통해 고객의 감성을 일깨우고 구매를 촉진시키는 전략이다.

커피 전문점, 베이커리숍, 한약방 등이 향기를 활용하여 고객의 방문 및 구매를 활성화시키는 점을 적극 활용하여 매장 내·외부에 향기가 날 수 있도록 디퓨저나 향을 발생시키는 기기를 설치하도록 한다. 예를 들어 매장 입구에 '매장에 들어오셔서 봄 향기를 느껴보세요'라는 현수막(또는 포스터)을 설치한 후 매장 내부에는 봄 냄새처럼 신선하고 상큼한 레몬 향수를 매시간 뿌려 놓음으로써 방문 고객들에게 싱그러운 봄의 향취를 느끼게 하는 식이다. 후각을 자극하는 전략에는 향수를 활용하는 방법과 더불어 허브 티를 서비스하며 자연스러운 향기를 일으키는 방법이 있을 것이다.

후각 전략을 적극적으로 활용하기 위해서는 고객들이 어떠한 냄새를 좋아하며, 어떤 냄새에 구매가 촉진되는지를 먼저 살펴봐야 한다. 그리고 계절별, 시즌별, 이슈별로 차별화된 향기를 활용함으로써 고객들에게 신선하고 생동감 있는 후각적 이미지를 전달하도록 한다.

미각 전략

"입이 즐거워야 행복하다"는 말이 있듯이 고객을 실질적으로 만족시키기 위해서는 미각 전략이 필요하다. 즉 고객의 입맛을 자극하여 관심을 끌고 주목을 받기 위한 것이 미각 전략이다. 이를 위해 계절별, 시즌별, 기념일별로 다양한 먹을거리를 제공해 고객들의 입을 즐겁게 하도록 한다.

다른 매장들과 마찬가지로 단순하게 상담 테이블에 사탕을 놓은 방법에서 벗어나 과자, 초콜릿 등의 간식거리로부터 한방차, 매실주스와 같은 건강음료에 이르기까지 차별화된 먹을거리를 마련해 방문 고객을 만족시키도록 한다. 특히 주말에는 많은 고객들이 자녀들을 동반하여 매장을 방문하므로 추억의 뽑기, 붕어빵, 오뎅, 떡볶이, 전 등 다양한 먹을거리를 매장 입구에서 서비스함으로써 고객들의 입을 행복하게 하여 자연스럽게 구매로 이어지게 할 수도 있다.

봄, 가을 성수기를 위한 매장 판촉 프로그램

봄, 가을은 외출하기 좋은 날씨로 인해 매장을 찾는 고객들이 많아진다. 연중 최성수기가 되므로 보다 적극적인 영업 활동을 전개해야 한다. 최대한 성수기 판매를 끌어올리기 위해서는 가망 고객 정비, 타깃 고객 선정, 자원 집중 지원 등 준비에 만전을 기하도록 해야 한다. 이를 위해 구매가 예상되는 가망 고객을 매장으로 유치하고 구매로 바로 연결시킬 수 있도록 경쟁 매장과 차별화된 다각적인 영업 전략을 수립해야 한다.

경쟁 매장과 차별화된 전략을 수립하기 위해서는 우선 과거와 현재의 데이터(매출, 고객 등) 분석을 통해 효율적인 영업 방안을 마련하는 것이 중요하다. 그리고 이를 바탕으로 성수기 영업 전략을 효율적으로 수립하기 위해 다음과 같이 3단계로 영업을 준비하는 것이 필요하다.

1단계는 우리 매장을 중심으로 고객, 경쟁 매장이 어떻게 변화되는가를 살펴봐야 한다. 즉 우리 매장, 고객, 경쟁 매장 분석을 통해 지피지기 백전백승 전략의 기본 틀을 마련한다.

2단계는 1단계에서 분석된 자료를 토대로 분기, 월, 주간 단위의 영업 계획을 세운다.

3단계는 분기, 월, 주 등 기간 단위로 세운 영업 계획을 구체적으로 실행할 프로그램인 액션 플랜Action Plan으로 만들어 실천하고 관리하는 것이다. 즉 빠르게 진화하는 스마트, 소셜 네트워크 서비스(SNS), 디지털 시대의 영업 환경에서 고객의 마음을 사로잡기 위해서는 적극적인 고객 관리와 차별화된 판촉이 필요하다. 그러므로 상권과 고객을 고려하여 단계별로 성수기 영업 전략을 수립하고 우리 매장만의 차별화된 판촉 활동을 추진해 보도록 한다.

1단계 : 매장 환경 분석

마케팅 전략을 전개하기 위해서는 1단계로 3C 분석을 해야 한다. 3C란 회사(매장, Company), 고객(Customer), 경쟁자(Competitor)의 첫 글자를 딴 것으로 시장을 구성하는 기본요소이다. 즉 시장은 고객, 경쟁자, 우리 매장(회사)으로 구성된다.

요즘 우리 매장의 문제는 무엇인가? 고객 방문이 많이 줄었는가?, 경쟁 매장과 다른 판촉 아이디어가 없어 고민인가? 성수기를 맞으며 매장 진열과 연출을 어떻게 해야 할지 모르겠는가?

원인을 알아야 문제를 해결을 할 수 있듯이 우리 매장의 고민거리를 해결하려면 시장을 구성하는 고객, 경쟁 매장, 우리 매장에 대한 현재 모습을 정확히 분석해 문제점을 파악하는 것이 선결되어야 한다. 우리 매장을 중심으로 환경 분석을 위해 3C 분석을 하는 이유는 경쟁 매장과 차별화되고 고객에게 사랑받는 매장을 만들기 위함이다.

우리 매장 분석

3C 분석을 위해서는 제일 먼저 우리 매장을 분석해본다. 우리 매장은 임직원, 매장 내·외부, 제품(서비스) 등으로 구성되므로 각 항목에 대한 세부적인 내용을 살펴보고 문제는 없는지, 개선할 부분은 없는지를 살펴본다.

- 임직원 : 개인 현황(나이 / 성별 / 가족 / 주소 등), 판매 능력, 보유 고객수 등
- 매장 내·외부 : 전면 길이 / 높이, 간판 크기 / 형태, 제품별 진열 코너, 안내데스크, 화장실 등
- 제품 : 품목별, 진열 수량, 진열 방법, POP 및 연출 소품 등

상권 내 고객 분석

고객은 우리 매장을 중심으로 반경 1킬로미터 내의 지역에 거주하는 인구 및 상권 환경을 바탕으로 강약점과 위협, 기회 요인을 파악하는 SWOT(Strength : 강점, Weakness : 약점, Opportunity : 기회, Threat : 위협) 분석이 필요하다.

SWOT 분석은 매장 내부의 강점과 약점, 외부 환경으로서 기회, 위협 요인을 분석, 평가하고 이들을 서로 연관지어 전략을 개발하는 방법으로 우리 매장이 처한 내·외부 상황에 대한 보다 포괄적인 분

석을 하는 도구이다.

다음은 'SWOT 분석표'이다. 강점, 약점, 기회, 위협 난에 우리 매장의 상태를 솔직히 구체적으로 기입해보고 나아갈 전략 방향을 결정하도록 한다. 가장 좋은 전략은 강점과 기회 요인을 믹스한 공격적인 전략으로 최우선으로 시행하는 것이 좋다.

SWOT 분석 양식

구분	강점 (Strenght)	약점 (Weakness)
기회 (Opportunity)		
위협 (Threat)		

SWOT 분석 믹스

구분		내부 환경 분석	
외부환경 분석	기회 (Opportunity)	강점 (Strenght)	약점 (Weakness)
		SO 전략 (공격적인 전략 구사)	WO 전략 (약점을 보완하는 회생 전략)
	위협 (Threat)	ST 전략 (방어 전략 시행)	WT 전략 (철수 / 포기 전략)

고객 분석의 가장 기본적인 방법은 상권(시장)을 세분화하고 목표(타깃) 고객을 선정한 후 우리 매장이 위치해야 할 시장에 목표를 두고 포지셔닝(소비자의 마음속에 매장이나 제품 또는 서비스를 잘 자리 잡도록 하는 과정)하는 것이다. 이를 위해서는 제품별, 형태별(크기, 용량대별), 고객 유형별(잠재, 가망, 신규, 우수, VIP 등), 고객 구매 행동별(방문, 신규 구매, 반복 구매, 대량 구매 등)로 세분화한다. 이어서 각 세분화된 시장별로 고

객들이 제품을 구매하는 데 있어서 가장 중요하다고 생각하는 요인을 도출하여 판촉 방향을 수립한다.

경쟁 매장 분석

경쟁 매장에 대한 분석은 우리 매장과 비교해 경쟁 우위점은 무엇인가, 취약점은 무엇인가를 살펴보고 우리 매장만의 차별화 방안을 수립하는 것이 주 목적이다.

2단계 : 분기 / 월 단위 영업 전략 수립

1단계 분석으로 경쟁 매장과의 차별화, 고객과의 공감 포인트를 설정하면 이를 바탕으로 봄, 가을 성수기 분기(3~5월, 9~11월) 영업 전략을 수립하도록 한다. 분기 전략은 장기 전략에 속하므로 특히, 가망 고객 확보, 방문/상담 고객 구매율 제고 방안 등 비가격 전략에 집중하고, 월, 주 단위 단기 전략은 가격(할인, 사은) 판촉 및 집객 판촉(이벤트, 초청 행사 등)에 주력하여 행사 내용을 구성하도록 한다.

우선, 분기 전략은 분기별 사회 문화적 이슈 (결혼, 이사, 축제, 가정의 달, 추석, 문화의 달, 수능 시험, 김장 등) 및 지역 이벤트, 주력제품 등을 고려하여 타깃 고객의 방문을 유도하고, 구매로 연결시키기 위한 방안을 수립하는 방향으로 계획을 세운다.

분기 전략이 결정되면 월별 판촉 계획을 보다 세부적으로 수립한다. 월별 판촉은 월 이슈나 판매지수가 높은 제품을 테마로 타깃 고객을 선정한 후 주차별로 어떻게 공략할 것인가를 계획하는 것이다. 보통 판촉 행사는 1달에 1번 정도 수행하는 것이 효율적이며 2주나, 3

주차에 시행하는 것이 좋다. 예를 들어 봄 판촉은 입학생, 신혼 가정 등을 대상으로 새봄, 새 출발을 주제로 신제품 특별 판촉을 3월 2~3주 주말에 시행하는 것이 좋다.

이를 위해 1주차에는 초청 대상 고객을 선정한 후 DM (우편엽서, 초청장), 문자, TM (전화 방문), 이메일, 카톡 등을 통해 행사를 안내하고, 2~3주 주말에는 고객 초청 특별 우대 행사를 시행한다. 그리고 마지막 4주차에는 방문, 구매 고객을 대상으로 감사 전화를 드리며 향후에도 매장을 방문하도록 유도한다.

3단계 : 성수기 판촉 프로그램

1단계로 매장 분석을 통해 성수기 영업의 방향을 결정하고, 2단계로 분기, 월, 주 단위 판촉 계획을 수립한 후에는 마지막 3단계로 타깃 고객을 효과적으로 공략할 성수기 판촉 프로그램을 기획하고 실행해야 한다. 성수기를 효과적으로 공략할 판촉 프로그램은 다음 같은 것들이 있다.

가망 고객 초청 주말 판촉 프로그램

기존의 전단 삽지, 현수막 부착, 매장 입구 이벤트 등 불특정 다수를 대상으로 한 판촉 행사는 더 이상 인터넷, 모바일 등 다양한 홍보 매체를 접하는 고객들의 시선을 끌 수 없다. 그러므로 제품, 이슈 등에 맞는 가망 고객을 월별, 주별 초청 고객으로 선정한 후 DM, TM, 문자, 카톡 등의 순차적인 접근을 통해 주말에 자연스럽게 매장을 방문하도록 유도하는 전략을 사용해야 한다.

해당 고객에게 연락할 때는 계절, 이벤트 등을 이용한 감성적인 문구를 사용하여 색다른 느낌을 전하는 것이 매우 중요하다. 특히 메시지를 받는 고객이 특별히 초대를 받는 느낌을 가질 수 있도록 "○○○ 고객님만을 위한 ○월의 특별한 행사"임을 강조한다. 초청 인원은 20명이 넘지 않도록 하여 특별하게 초대받은 기분을 느끼도록 해주는 것이 중요하다.

주중 타임세일 프로그램

기획 제품이나 신제품 출시 전 단종이 되는 제품을 효과적으로 판매하기 위해서는 주중에 타임세일을 시행하는 것이 좋다. 행사에 대한 홍보는 행사 1~2일 전에 타깃 고객에게 문자, 카톡 등을 통해 1:1로 알려 관심을 가지고 매장을 방문할 수 있도록 유도한다.

시간대는 방문 고객이 적은 오전 10~11시나 오후 3~4시로 1시간씩 진행하며 라면, 계란 등 생필품에 대한 특별가격 판매(예. 개당 100원)도 병행함으로써 많은 고객들이 방문하도록 하는 이벤트를 병행한다.

타임세일은 주로 월요일에서 목요일까지 방문 고객이 적은 요일 중 하루를 택하며, 최대 1시간을 넘지 않는 정도로 한정 파격세일을 시행한다. 예를 들어 신제품 출시에 맞추어 목요일 2시부터 4시까지 2시간 한정, 주부고객 30분 초청 신제품 특가세일을 시행하는 것이다.

취약 지역 집중 포스팅

성수기 매출을 높이는 효과적인 방법으로 취약지역 집중 포스팅Posting이 있다. 포스팅은 1차적으로 매장의 1차 상권 중 고객 점유율이 낮은 지역을 대상으로 효과적이고, 집중적으로 매장을 알리고 신규 고객을 확보하기 위해 상권 내 유동 인구가 많은 지역에 전단, DM

등을 집중 부착하거나 가가호호 직접 배포(부착)하는 것이다.

포스팅은 아파트 밀집 지역, 상가 지역 등을 대상으로 시행하며, 특히 점심시간이나 오후 한가한 시간을 활용하여 홍보 활동을 병행하면 더욱 효과적이다. 포스팅을 할 때 전단, DM 등은 기존의 방식을 사용하는 것보다 주제를 정해 특정 제품을 부각시키거나, 행사 내용(세일, 사은, 초청 행사 등)을 집중적으로 나타낼 수 있도록 내용을 구성한다. 특히 인쇄물의 형태도 정형화된 사각 형태보다는 제품 모양, 원형, 마름모형, 손바닥 모양 등 고객들의 시선을 끌 수 있는 형태를 선택해 운영하면 전달력이 높아진다.

아파트 입주 수요 공략 프로그램

성수기에는 신규 아파트/주택 분양이 많은 시기이므로 상권 내 신규 입주 지역이 있는지를 살펴본 후 신규 입주 고객을 공략하도록 한다. 입주 수요는 대규모로 발생하므로 철저한 사전 준비와 적극적인 공략이 필요하다.

신규 아파트 입주 판촉은 사전에 입주 아파트에 대한 정보를 입수한 후 이에 맞는 제품 전단을 제작, 현장에서 직접 배포하거나 아파트 주요 지역에 포스팅하고, 현수막을 부착하도록 한다. 전단에는 명함을 부착해 고객이 명함을 가지고 매장을 방문하게 되면 기념품 증정 또는 추가 할인 서비스를 제공하도록 한다.

대규모 신규 입주 지역을 공략할 때는 사전에 관리사무소와 협의하여 원활하게 판촉 활동을 할 수 있도록 한다.

집객력을 강화하는 스토리텔링 매장 만들기

2014년 개봉됐던 애니메이션 '겨울왕국'은 누적 관객수 10,296,101명을 기록해 천만 명을 넘기는 놀라운 기록을 세웠다. 이전까지는 쿵푸 팬더2가 506만 관객으로 최고였는데, 거의 두 배가 넘는 성적을 거둔 것이다. '겨울왕국'의 엄청난 흥행은 출판계에도 영향을 미쳐 베스트셀러 10위 내에 겨울왕국과 관련된 제품이 3개나 올랐다.

겨울왕국이 이처럼 큰 성공을 거둔 이유는 무엇일까?

이유는 '남녀노소 모두가 좋아할 수 있는 참신한 스토리'에 있었다.

'명량'은 리더십 스토리로 1,720만 관객이라는 국내 1위 관객수를 최단 기간에 기록하였고 작년에 상영한 '베테랑', '암살'은 재미있는 스토리로 1,000만 관객을 돌파하였다.

이러한 '스토리' 트렌드에 맞추어 요즘 각 기업에서는 '스토리텔링 경영'을 시행하고 있다. 자기 회사만의 차별화된 스토리를 만든 후 소비자의 감성을 자극하며 공감대를 형성함으로써 자연스러운 구매를 유도한다.

GE의 전 CEO였던 잭웰치, 애플의 스티브잡스는 "위대한 기업에는 이야기거리가 있다"라고 말하며 스토리텔링 경영을 강조하였다. 만약 회사에서 직원들이 자기 회사에 대해 즐거운 이야기를 하고 있다면 그 회사는 진짜 잘 나가는 기업일 것이다.

이처럼 스토리를 영화, 방송, 게임 등 문화 콘텐츠는 물론 기업의 경영까지 적극적으로 활용하고 있다. 이러한 스토리텔링을 우리 매장에 적용해 보면 어떨까? 지역 내 고객이 공감할 수 있고 지역 환경에 맞는 우리 매장만의 차별화된 '스토리'를 만들어 고객들과 소통한다면 방문 고객을 늘림은 물론 지속적으로 판매를 확대시킬 수 있는 계기를 마련할 수 있을 것이다.

매장의 스토리텔링

스토리텔링은 이야기가 갖는 힘을 활용해 고객에게 전하고자 하는 메시지를 쉽게 전달한다. 사건이나 사실에 대한 단순한 나열보다는 재미와 감동을 주는 이야기를 통해 상대방의 공감을 불러일으키는 의사소통 방법이다. 그래서 요즘 각 기업에서는 단순히 이벤트나 제품에 이야기를 입히는 것부터 소비자들이 직접 다양한 스토리를 만들고, 상호간에 자연스럽게 이야기를 퍼트려 가도록 다양한 스토리텔링 마케팅을 하고 있다. 이와 같이 스토리텔링은 기업과 고객을 이어주는 강력한 커뮤니케이션 도구이다.

따라서 우리 매장만의 차별화된 스토리를 만들어 고객들에게 우리 매장을 기억시키고, 이를 다른 고객들에게 파급시켜 고객들이 자연스럽게 매장을 방문할 수 있는 스토리텔링 마케팅에 역량을 기울여야 한다.

우리 매장 스토리 만들기

우리 매장의 스토리를 만들기 위해서는 3단계가 필요하다.

첫째, 우리 매장만의 소재가 필요하다. 우리 매장의 소재로는 무엇이 있을까? 소재는 우리 매장의 연혁(역사, 창업년도(오픈 10주년, 20주년 등), 성공/실패 사례, 수상 사례, 고객만족 사례 등), 매장명, 임직원, 고객 등이 있을 것이다.

다음 양식에 맞추어 우리 매장의 이야기 소재를 적어 보자.

구분	내용	비고
연혁		
대표		
임직원		
협력 회사		
고객		

※ 위 양식에 이야기의 소재가 될 만한 부분만 적으면 된다.

둘째, 발굴한 소재를 고객들과 관련이 있고 공감할 수 있는 이야기로 만든다. 이야기를 만들 때는 메시지, 갈등, 등장인물, 줄거리 등 네 가지 요소가 필요하다. 메시지는 반드시 하나의 메시지를 담도록 한다. 갈등 요소는 이야기를 더욱 강하게 만들어 주므로 고객들이 우리 매장의 이야기에 집중할 수 있도록 어려운 환경 하에서도 성공한 사례나 실패한 사례, 교훈을 얻는 사례나, 고객을 감동(만족)시킨 사례 등을 활용한다.

등장인물은 매장 대표(사장, 점장), 임직원 등이 될 수 있으며 제품, 브랜드 등도 등장인물이 될 수 있다. 즉 등장인물들의 갈등 구조를 바탕으로 한 개의 메시지를 전할 수 있도록 이야기의 줄거리를 만들어 우리 매장만의 차별화된 이야기(스토리)를 만들도록 한다.

다음 양식에 맞추어 우리 매장의 이야기를 만들어 보도록 하자.

구분	메시지	갈등 (실패 사례)	등장 인물	줄거리
내용				
우리 매장 이야기 구성	*위의 4가지 요소를 결합하여 고객 입장에서 공감할 수 있는 이야기 만들기*			

셋째, 공감할 수 있는 이야기가 자연스럽게 구전될 수 있도록 1차적으로 단골 고객에게 적용하여 구전 효과를 높이도록 한다. 즉 우리 매장의 스토리는 다음과 같은 프로세스로 만들면 된다.

다음은 우리 매장의 스토리를 만들기 위한 3단계 도표이다. 지역 내 다른 매장의 스토리를 단계별로 살펴보고 이를 바탕으로 우리 매장만의 차별화된 스토리를 만들도록 한다.

구분	소재	이야기 가공	유포 (구전)
우리 매장 스토리 만들기			
타 매장 스토리			

우리 매장의 성공 스토리 만들기 5단계

우리 매장의 이야기를 성공적으로 만들기 위해서는 5단계의 구조가 필요하다.

첫째, 핵심 콘셉트가 있어야 한다. 스토리(이야기)로 전달하고자 하는 분명한 메시지가 있어야 한다는 뜻이다. 즉 우리 매장이 고객들에게 전하고 싶은 메시지를 다른 매장들과 차별화된 것으로 한 가지(예 : 정직, 성실, 생동감, 서비스, 친절 등)를 설정한다.

둘째, 주의를 끄는 요소가 있어야 한다. 다른 매장의 스토리와는 뭔가 다른 차별화된 그 무엇이 있어야 한다. 주의를 끄는 요소를 찾기 위해서는 요즘 유행하거나 트렌드인 아이템과 우리 매장의 스토리 중 공통되는 점을 골라내면 된다.

핵심 콘셉트는 변하지 않지만 주의를 끄는 요소는 매번 변화시킬 수 있다. 예를 들어 4월에는 매장 앞 꽃 화분대를 설치하여 '봄 향기가 넘치는 매장', 5월에는 매장을 풍선으로 가득 채우고 '풍선처럼 행복이 피어오르는 우리 집' 등 월별 이슈, 이벤트에 맞추어 주의를 끄는 요소를 선택한다.

셋째, 기대감이 있어야 한다. 단 한 번의 스토리로 끝나는 것이 아니라 다음에는 어떠한 이야기가 나올지 고객들로 하여금 기대할 수 있는 지속적인 스토리를 구상해야 한다.

넷째, 반전의 아이디어가 있어야 한다. 고객들이 기대하지 못했던, 상상을 뛰어넘는 그 무엇이 있어야 한다. 예를 들어 매장을 방문한 고객들의 모습을 영상으로 찍고 편집한 후 매장 쇼윈도에 상영하면서 영상에 나온 고객들에게 매월 선물을 증정하거나, 자녀들의 그림을 영상으로 편집하여 TV로 영상 전시회를 한다든지, 주말에 아빠들을 초청해 요리를 하고, 가족을 초청하여 매장에서 홈 파티를 하는 등 고객에게 새로운 기쁨을 주는 스토리를 만들어 본다.

다섯째, 문제를 해결해 주어야 한다. 스토리는 소비자가 문제로 생각하거나 고민되는 부분을 매장에서 해결해 주어야 한다.

성공 스토리텔링 사례

다음은 세계 최고 브랜드의 하나인 코카콜라의 성공적인 스토리텔링 사례이다.

코카콜라는 2000년대에 접어들면서 소비자의 충성도를 높이기 위한 다양한 광고 캠페인을 전개하였다. 여러 광고 중 2008년 해피니스 팩토리Happiness Factory 캠페인에서는 소비자의 행복을 위해, 행복 자판기(Happiness Machine)와 행복 트럭(Happiness Truck)이라는 소재를 활용하여 전 세계인들이 공감하는 스토리텔링을 전개하였다.

코카콜라는 고객의 행복을 만드는 공장이라는 차별화된 핵심 콘셉트를 전달하기 위해 1단계로 자동판매기 안에서 시원한 코카콜라가 만들어지는 과정을 재미있는 애니메이션 CF로 만들어 방영하였다.

2단계는 이를 현실화시키기 위해 대학을 찾아가 행복 자판기를 설치하고 무료 음료에서부터 풍선, 꽃, 장난감은 물론 피자, 대형 샌드위치에 이르기까지 학생들의 주의를 끄는 다양한 아이템(반전 아이디어)을 무료로 제공하였다.

이러한 이벤트가 성공하자, 3단계로 도시 외곽의 마을, 해변가, 시골마을 등 다양한 곳으로 장소를 옮기면서 소비자들로 하여금 다음에 시행할 장소는 어디인지 궁금하게 만들고 어떤 이벤트가 일어날지 기대를 갖게 만들었다.

이처럼 코카콜라는 일상에 힘든 소비자들에게 행복이라는 문제를 해결할 다양한 스토리텔링형 이벤트를 통해 현재까지 다양한 행복을 배달하고 있다.

코카콜라의 행복한 스토리텔링처럼 우리 매장에서도 고객의 행복을 주제로 스토리텔링을 어떻게 운영할 것인가를 고민하고 이를 단계적으로 실행한다면 지역 상권 내에서 사랑받는 1등 매장이 될 것이다.

봄 성수기의 외유내강 전략

봄 성수기인 2/4분기(4~6월)는 계절적으로 온 세상이 초록으로 물들기 시작하고 화사한 꽃들이 가득해지는 봄으로 시작하여 무더운 여름의 초입으로 들어서는 시기이다. 춥고 길었던 겨울이 지나가고 봄으로 들어서면서 겨우내 움츠렸던 고객들이 매장을 방문하게 되고, 기온이 올라가면서 여름 제품을 찾는 고객들이 점점 더 많아져 성수기가 된다.

계절의 변화와 방문 고객의 증가, 판매가 활성화되는 2/4분기는 이로 인해 연중 최성수기가 되므로 성수기 매출을 극대화하기 위해서는 경쟁 매장들과 차별화된 전략이 요구된다.

여기서는 봄의 따사로움과 여름의 강렬한 태양처럼 겉으로 보기에는 부드럽게 보이지만 속은 단단하고 강한 '외유내강' 전략을 구사해보도록 제안한다.

2/4분기의 외유내강 전략은 매장 진열 및 연출(디스플레이), 이벤트, 온/오프 고객 관리 등의 판촉 프로그램을 월별 전략제품과 믹스하여 시행하는 것이다. 즉 고객들이 보는 매장의 모습은 봄과 여름의 계절적 이미지를 물씬 느낄 수 있도록 부드럽고 화사하게 꾸며지도록 연출하며, 적극적인 고객 관리와 차별화된 판촉 및 이벤트를 시행하여 판매를 극대화시키도록 한다.

다음은 성수기 매장 판매를 극대화시키기 위한 매장의 외유내강 전략을 소개한 것으로 상권 및 고객의 특성을 고려한 후 우리 매장에 맞게 변형하여 실행하도록 한다.

방문 고객 활성화를 위한 외유外柔 전략

방문 고객 활성화를 위한 외유 전략은 고객들에게 보여지는 매장의 모습을 부드럽고 친근하게 만들어 자연스럽게 고객이 매장을 방문하도록 유도하는 것이다.

이를 위해 고객들의 니즈와 기호를 고려하여 계절적 요인과 사회문화 이벤트를 활용한 고객만족형 프로모션을 시행하도록 한다.

4월 : 화원 만들기

4월에는 겨울의 칙칙했던 이미지를 벗고 아름다운 봄의 이미지로 변신하도록 한다. 쇼윈도와 매장 입구에 꽃 화분을 놓아 화사하게 꾸미는 것이다. 꽃 화분은 인근 꽃집에서 1~2천 원대의 작은 화분이나 조화를 20~30개 구입하여 쇼윈도 하단, 매장 입구에 집중하여 놓도록 한다. 그리고 생동감 있는 매장을 만들기 위해 대형 화분을 매장 주요 코너에 배치한다.

매장 내·외부를 꽃 화분으로 꾸며 놓으면 봄 향기를 물씬 풍기게 하여 고객들이 편하게 쇼핑할 수 있는 분위기를 제공해 주며, 전자파 차단과 공기 정화까지 일석삼조의 효과를 거둘 수 있다.

5월 : 사생대회

5월은 '가정의 달'로 많은 고객들이 매장을 방문하게 된다. 따라서 더 많은 고객들이 매장을 방문을 유도해 성수기 매출을 극대화하기 위해 가족들을 대상으로 한 다양한 이벤트를 시행하도록 한다.

'가정의 달' 이벤트 중 집객력을 최고로 높이기 위해서는 어린이와 청소년을 대상으로 한 행사를 시행하는 것이 좋다. 매장에서 자체적으로 손쉽게 시행할 수 있는 이벤트로 사생대회가 있다. 사생대회는 유치부, 초등부, 중등부 등으로 나누어 시행하며 상권 내 유치원, 초중교와 함께 행사를 시행할 수도 있다.

행사 안내는 4월 말경에 현수막 및 포스터를 활용하며 매장을 방문한 고객들과 지역 내 유치원 및 학교 등에 사생대회용 도화지를 배포한 후 매장에서 접수를 받는 방식을 취하도록 한다. 평가는 인근 학교 미술 선생님이나 미술학원 원장님들을 초청하여 시행하며, 시상식은 주말에 매장에서 갖도록 한다. 시상은 유치원, 초등, 중등부로 나누어 최우수상, 우수상, 장려상 등 많은 참가자들에게 상을 수여하도록 한다. 시상 후에는 쇼윈도 및 매장 내부에 출품작을 전시하여 많은 고객들의 방문을 유도한다. 6월 장마 전까지 1달 정도 전시함으로써 차별화된 매장을 연출한다.

6월 : 우산 무료 대여 서비스

여름이 시작되는 6월은 하순부터 7월 초순까지 장마철로 비가 내리는 날이 많다. 그러므로 6월 초부터 방문 고객들과 매장 앞을 지나다니는 고객들 중 장마철 갑자기 내리는 비에 우산을 소지하지 않은 분들을 대상으로 우산을 무료로 대여하는 서비스를 제공한다. 이는 언제나 고객의 편에서 생각하고 배려하는 매장의 이미지를 전달할 수 있다. 시행은 매장 입구에 무료 우산 대여 서비스를 알리는 포스터를 부착하고, 밑에 우산꽂이대에 20여 개의 무료 우산을 놓도록 한다.

앞에서 예로 들었던 것처럼 월별로 계절 분위기, 이슈, 이벤트 등과 연계하여 고객들에게 다른 매장과 차별화되게 보여질 수 있는 외유 전략을 펼친다면 가망 고객들의 매장 방문을 적극적으로 유도할 수 있다.

판매 활성화를 위한 내강(內剛) 전략

판매 활성화를 위한 내강 전략은 고객, 매장, 전산시스템 등 다양한 인프라를 활용하여 차별화된 프로모션을 전개함으로써 성수기 판매를 극대화시키는 것이다. 이를 위해 보유하고 있는 고객 정보를 바탕으로 월별 차별화된 고객 초청 행사 및 주말 판촉을 시행하도록 한다.

매장 홍보 차별화를 통한 판매 강화

2010년 이후 인터넷을 중심으로 카톡, 페이스북, 블로그, 인스타그램 등 소셜 네트워크 서비스(SNS)가 매우 활성화되고 있다. SNS란 웹상에서 이용자들이 인적 네트워크를 형성해 주는 서비스로 카카오톡, 페이스북 등이 대표적이다.

특히 스마트폰이 대중화됨에 따라 기존의 DM, TM, SMS 등의 1차원적인 홍보에서 벗어나 카톡, 페이스북 등 SNS를 활용한 쌍방형 홍보가 매우 활성화되고 있다. 따라서 카톡, 페이스북, 블로그 등을 적극적으로 활용하여 타깃 고객들을 대상으로 적극적인 판촉 행사를 홍보하고 관계를 형성함으로써 매장 방문 및 구매를 활성화시키도록 해야 한다.

전 세계적으로 16억 명, 우리나라 이용자만 해도 1500만 명에 달하는 페이스북은 이메일만 있으면 가입을 할 수 있으므로 매장명으로 페이스북 계정을 만들어 홍보 및 판매에 활용하도록 한다. 그리고 관리 고객들과 친구를 요청하여 관계를 형성함으로써 자연스럽게 매장 및 판촉 정보를 전달하고 구매를 유도한다.

SNS를 활용한 소셜 네트워크 마케팅은 고객과의 1:1 마케팅으로 짧은 메시지에서부터 사진, 동영상 등 다양한 홍보물을 통해 타깃 고객들에게 정보를 제공하여 매출을 활성화시킬 수 있으므로 이를 적극 활용하도록 한다.

월별 고객 초청 행사의 차별화된 운영

매월 지속적으로 매출을 활성화시키기 위해서는 월별로 다른 고객들을 공략하여 매출로 연결하는 것이 필요하다. 즉 월별 주력으로 판매해야 할 제품과 사회문화적 이슈 및 이벤트 등과 연계하여 목표 고객을 정하고 초청 행사를 시행하는 것이 매출을 활성화시키는 지름길이다. 우선적으로 월별 이슈와 연계하여 고객 초청 행사를 실시한다.

4월에는 1월에서 3월까지 매장을 방문하고 제품을 구매한 VIP 고객들에게 주력제품에 대한 특별 구매 혜택을 부여하는 VIP 고객 초청 행사를 시행한다.

5월에는 '가정의 달'이므로 가족 방문 고객들에게 특전을 부여하는 판촉 행사를 시행함으로써 가족 단위의 구매써를 일으키도록 한다.

6월에는 '보훈의 달'이므로 국가를 위해 희생한 보훈 가족들과 군인 가족들을 특별 우대하는 행사를 시행함으로 우리 매장의 좋은 이미지를 만들도록 한다.

이러한 고객 초청 행사의 효과를 최대화시키기 위해서는 금요일에서 일요일까지 주말에 시행하는 것이 좋으며 초청한 고객들에게 특전을 부여하는 우대 행사를 시행한다.

이상과 같이 성수기 실판매 활성화를 위해서는 개별 고객들과의 쌍방향 커뮤니케이션이 절대적으로 필요하며 이들을 대상으로 월별 이슈에 맞춘 특별 우대 초청 행사를 시행하도록 한다.

봄 성수기의 영업 전략 수립 방법

봄은 입학, 입사, 결혼, 이사 등 새 출발과 관련된 다양한 수요가 발생하는 성수기이다. 그러므로 미리 수요를 예상하고 타깃 고객을 선정하며, 경쟁 매장과 차별화된 영업 전략을 수립하여 시장을 선점하도록 해야 한다. 또한 경쟁 매장과 우리 매장을 비교 분석하여 우위에 있는 점을 도출해 이를 영업 전략 수립에 반영해야 하고, 상황에 맞추어 체계적으로 준비된 영업 활동을 전개함으로써 성수기 판매 활동을 최대한 끌어올리도록 한다.

다음은 적극적인 영업 활동을 전개하기 위한 영업 전략 수립의 포인트이므로 이를 참고해 성수기 특수를 선견, 선수, 선제하는 영업 전략을 수립하도록 한다.

영업 전략 수립의 포인트

영업 전략의 수립은 고객의 이익과 매장의 수익 극대화를 함께 추구하는 데 목적이 있다. 다음은 영업 전략 수립을 위한 6가지 포인트이다.

◆ 전략 수립의 6가지 포인트

- 제품에 대한 지식 및 기술력 향상
- 매장을 꾸미는 연출력 향상
- 매장 입구 및 내부 집객력 향상

- 방문 고객 응대 기술력 향상
- 배달, 설치 기술력 향상
- 고객 발굴 및 유지 기술력 향상

테마 항목별 전략 실시 내용

구분	실시 내용
고객 및 매장 분석	• 매장 연출력, 접객력, 친절도, 배달/설치, 고객 관리 등에 대한 고객 반응도 수집, 분석 • 판매 경로 (채널) 별 고객 영업 활동 분석
성공 사례 발굴	• 매장 성공 사례 구체화 • 경쟁 매장 및 업종별 성공 사례 정보 파악
경쟁 매장 분석	• 매일 아침 및 주간 월간 회의시 경쟁 매장 영업 활동 (상품 지식, 매장 연출, 집객 방안, 접객력, 배달/설치력, 고객 관리 등) 에 대한 정보 공유

전략 수립 방법

전략의 기본 만들기

영업 전략의 기본은 시즌별 영업 기획서로 연 4회(봄, 여름, 가을, 겨울) 수립하도록 하며, 매주/매월 영업 담당자를 비롯 매장의 전 임직원이 함께 회의를 통해 작성토록 한다.

- 시즌 구분 : 봄(2~4월), 여름(5~8월), 가을(9~10월), 겨울(11~1월)
- 구성 항목
  - 이슈 및 현황 : 월별 사회 문화적 이벤트 및 수요 추이, 전년/전월 판매 실적, 타깃 고객
  - 판매 계획 : 주력제품, 영업 지침(정책), 진열, 매장 연출, 판촉 행사, 판촉물(기념품, 사은품, 경품)

전략의 실행 기획

시즌별 기획서를 중심으로 월별 영업 활동(진열, 매장 연출, 판매 제품, 영업 정책, 판촉 활동 등)에 대한 실행 계획을 수립한다.

- 각 항목별 영업 활동에 대한 계획을 수립할 때 매장 임직원이 각자의 역할을 분담하도록 하며 개인별 목표를 정하여 목표를 달성하고자 하는 의욕을 고취시키도록 한다.

판매 계획 수립

주력판매 품목 선정 : 월별 이슈, 트렌드, 고객 기호에 맞추어 제품(품목)별로 나눈 뒤 월별로 A, B, C 품목을 선정한다.

- A등급 : 월별 집중적으로 팔아야 할 품목
- B등급 : 계절 지수(seasonal index)가 높은 제품으로 이벤트를 통해 팔아야 할 품목

※ 계절 지수는 일반적으로 4분기 데이터, 또는 월별 데이터의 1년간 평균을 100으로 하고, 각기 해당되는 기간(분기, 월) 데이터의 계절 변동을 지수화한 것이다. 이를 통해 평균 대비 월별 품목별 판매지수를 파악할 수 있으며, 이를 바탕으로 마케팅 비용을 지수에 맞춰 차등해서 배정할 수 있다.

- C등급 : 제품 보급률이 낮지만 성장 가능성이 있는 품목으로 특별 기획 코너 구성

전략 내용 구성

6대 중점 포인트별로 제품(기존 제품, 신제품, 공동 판촉 제품) 전략, 경쟁 우위(경로, 채널)별 전략, 지역 활동(상권별) 전략, 고객 전략(고객 개발, 고객만족, 시장세분화)을 수립한다.

영업 활동 기획서 수립 절차

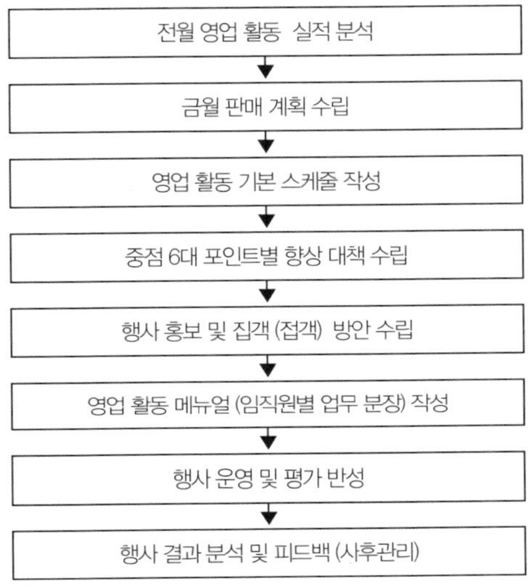

기타 실시 내용

성공 사례 공유

월별 영업 활동 실시한 후에는 전체 임직원들로부터 성공적인 판매 스토리 내용 및 영업/판촉 활동 보고서를 받아 종합적인 정리를 한 후에 월 마감회의를 하면서 성공 사례에 대해 전 임직원이 공유하도록 하며, 이를 향후 판촉 아이디어로 활용한다.

정보 조사

시장 동향 및 경쟁 매장, 기타 유통업체(할인점, 백화점, 기타 지역 대형 유통, 온라인 쇼핑몰 등)에 대해 월 1회 이상 정보 조사를 하여 전 임직원이 공유하며, 판매 정책 수립에 반영하도록 한다.

- 조사 내용 : 주력제품, 판매 가격, 진열 방법, 판촉물 내용, 고객 등 조사 및 분석

상반기 마무리와 하반기의 영업 전략 수립

본격적인 여름이 시작되는 6월은 상반기를 마무리짓고 하반기를 준비하는 시기이다. 여름철 제품 최대 성수기에 맞춰 여름철 제품의 매출을 극대화시키기 위한 영업에 집중함으로써 상반기 영업 실적을 최대한 끌어올려 기분 좋게 상반기를 마무리할 수 있도록 한다. 동시에 하반기의 경기 동향, 사회 문화적 이슈 및 이벤트 등을 고려하여 하반기 영업 전략을 미리 수립하여 활기찬 하반기 영업을 준비해야 한다.

이를 위해서는 상반기 영업 실적 및 고객 데이터를 면밀히 분석하여 그 결과를 바탕으로 성공적인 하반기 영업 활동을 수행하기 위한 전 임직원이 참여하는 워크숍을 갖도록 한다. 특히 워크숍을 통해 이루어진 하반기 영업 전략은 전 임직원이 공유하고 개인별 목표를 설정할 수 있도록 반드시 설명회를 가지도록 한다.

참여형 워크숍

워크숍은 6월 초, 영업이 한가한 평일 오전을 선택하여 전 직원이

함께 참여하여 하반기 매장의 발전 방향과 영업 전략을 짜보는 시간을 갖도록 한다. 전 임직원이 참석하는 '참여형 워크숍'은 매장의 전체 구성원이 모두 참여하여 함께 고민하면서, 서로 지혜를 모아 나아갈 방향을 찾아가는 과정으로 매우 의미 있는 시간이다. 구글Google은 전 세계의 5만여 임직원이 화상을 통해 회의하고 소통, 공유함으로써 세계 최고의 IT 회사가 되었다.

워크숍은 첫째, 하반기 목표 설정(비전) 및 이를 위한 영업 전략을 수립하기 위한 워크숍을 갖고 둘째, 목표 달성을 위한 판촉 기획 워크숍으로 구분하여 시행한다.

첫 번째 워크숍은 전 임직원의 목표와 비전을 도출해내는 과정 속에서 우리 매장의 명확한 핵심 역량을 파악하여 비전을 공감하는 워크숍이다. 두 번째 워크숍은 이런 목표 아래 구체적으로 어떻게 매장을 육성할 것인가에 대한 방법 및 수단을 판매 촉진의 개념에 입각해 전략을 수립해보는 워크숍이다.

비전 및 전략 워크숍

반드시 전 임직원이 참여하여 개인별로 매장의 비전(목표)을 설정하고, 실질적인 실행 방안을 도출함으로써 실천력을 높이도록 한다. 소요 시간은 1~2시간으로 하며, 매장 내 공간을 활용해 효율적인 회의가 되도록 하고, 운영을 위해 사전에 협의할 내용을 공유해 참여를 유도한다.

경제연구소나 관련 기관에서 발표한 하반기 자료와 사회문화적 이슈 및 이벤트(올림픽, 추석, 결혼, 이사, 수능시험, 김장, 크리스마스, 송년 등)를 고려해 영업 목표를 설정한다.

이를 위해서는 우선 매장이 안고 있는 여러 상황 중 외부적 환경 분석을 통해 기회 및 위협 요인을 살펴보고, 내부적 분석을 통한 강점과 약점을 파악하도록 한다. 내·외부 환경을 파악함으로써 우리 매장의 강약점을 인식하게 되고 이러한 요소를 활용하여 전략을 원활하게 수립할 수 있다.

비전 달성을 위한 전략은 첫째, 전 임직원의 의식 전환을 통한 새로운 각오를 하게 함으로써 불투명한 영업 환경에 대해 능동적으로 대처할 수 있는 방안을 수립하게 한다. 둘째로, 체계화된 고객 관리 체계 구축 및 활용을 극대화하는 방법을 설정하고, 셋째로 철저한 고객만족 영업 활동을 통한 고정고객화 및 이를 통한 구전 확산, 네 번째로 차별화된 매장 이미지 제고를 통한 절대 경쟁 우위 대책을 마련하는 것으로 구성한다.

판촉 기획 워크숍

비전 및 전략 워크숍을 통해 수립한 목표 및 비전을 달성하기 위해 우선 매장의 문제점 인식을 통한 조사결과 분석을 하도록 한다. 그리고 하반기 매장 경쟁력 강화를 위한 판매 촉진 전략을 수립하기 위한 판촉 기획 워크숍을 시행한다.

하반기 판매 촉진 전략은 비전 워크숍과 동일하게 운영하며 매장 영업 담당이 주도하여 하반기 영업 정책 및 신제품 계획, 그리고 경제 동향 및 지역 상권 현황, 고객 기호 등을 참고하여 하반기의 분기, 월별 판촉 계획을 수립한다.

판촉 계획의 수립에 앞서 우리 매장을 중심으로 상권 분석(우세/보합/취약 지역), 경쟁자 분석, 고객 분석(핵심(VIP), 구매, 가망 고객 분류 및 고객 기호 등)을 실시한다. 하반기, 분기, 월별 판촉 계획은 월별 이슈 및 판매 주력제품을 중심으로 확보된 고객 데이터를 활용한 매장 단독

혹은 연합해서 관련 업체와의 공동 마케팅을 수립한다. 특히 계절별 환경을 감안하여 매장 내·외부를 연출하는 방안을 동시에 모색한다. 또한 지역 내 고객들을 대상으로 매장의 좋은 이미지 전달을 위한 공익적 활동도 포함시킨다.

설명회

참여형 워크숍을 통해 설정된 매장의 비전과 목표, 그리고 이를 실천하기 위한 판촉 전략에 대해 전 임직원이 공감대를 형성하고, 개인별 업무 분장을 통한 효율적인 목표 달성을 위해 설명회를 시행한다.

설명회는 워크숍을 끝내고 1주일 이내에 매장 경영자가 주도하여 전 임직원이 참석한 가운데 진행한다. 설명회는 첫 번째로 이전의 매장 현황 및 문제점, 개선 방안에 대해 공유하고, 두 번째로 구체적인 데이터를 통한 현황을 살펴본다. 세 번째로 비전 및 목표, 그리고 이를 달성키 위한 월별 판촉을 협의한다. 특히 이 시간에는 개인별 목표 및 달성을 위한 업무를 확정하고 구체적인 영업 활동 계획을 수립하도록 한다.

하반기 영업 활성화를 위한 현황 체크

하반기 매출 활성화 및 활기찬 영업 활동을 수행하기 위해 매장의 현황을 파악해보고 개선 사항을 도출해 봄으로써 새롭게 발전할 수 있는 방향을 설계할 수 있다. 특히 상권에 대한 분석을 정확하게 시행하여 취약 상권에 대한 효과적인 고객 공략을 어떻게 할 것인지 방법을 강구하도록 한다.

다음은 매장 현황 파악 및 체크표이다 이를 바탕으로 하반기 판촉 계획을 세우도록 한다.

현황 파악

◆ 매장 현황

- 영업의 기본이 되는 매장에 대한 일반 현황(매출, 재고, 잔고) 및 매장 현황(평수, 차량, 장비, 인력)에 대해 파악

◆ 경쟁 현황

- 상권 내 경쟁 매장에 대한 현황(평수, 매출액, 고객수, 제품수, 판촉 내용, 진열 등) 조사와 더불어 신설 예정 정보 파악

◆ 매출 현황

- 총매출에 대한 경로(일반, 기업)별 현황 파악 및 현금, 카드, 외상 등 매출 구성 비율 조사

이밖에 전산 인프라, 매장 환경, 고객 관리, 서비스 등에 대한 현황을 파악하여 매장에 대한 현황을 정확히 파악하도록 한다.

매장 현황 체크

매장에 대한 현황을 파악한 후에는 영업과 관련된 각 항목에 대한 체크리스트를 통해 매장의 영업 현황에 대해 보다 정확하게 판단하여 장점을 보완하고 단점을 개선하도록 한다.

다음 매장 체크리스트 사례이다.

구분	체크 내용	2점	1점	0점	득점
영업 관리	• 매월 초 판매 계획을 세우고 있습니까?	예	가끔	아니오	
	• 매월 손익 계산을 하고 있습니까?	예	가끔	아니오	
	• 매월 영업 일보를 작성하고 있습니까?	예	가끔	아니오	
	• 매일 전표를 정리하고 있습니까?	예	가끔	아니오	
	• 매일 아침 조회를 실시하고 있습니까?	예	가끔	아니오	
	• 매월 월례회의를 실시하고 있습니까?	예	가끔	아니오	
직원 교육	• 정기적인 상품 교육을 하고 있습니까?	예	가끔	아니오	
	• 고객만족 교육 (용모/접객) 을 하고 있습니까?	예	가끔	아니오	
	• 고객과의 약속 (전화/방문/상담) 은 메모하고 있습니까?	예	가끔	아니오	
	• 세일즈 화법 훈련은 하고 있습니까?	예	가끔	아니오	
매장 연출	• 고객의 시선을 끌 수 있는 쇼윈도 및 점두 연출은 되어 있습니까?	예	가끔	아니오	
	• 간판 청결도 및 조명 상태는 체크하고 있습니까?	예	가끔	아니오	
	• 신상품, 인기 상품, 할인 상품이 눈에 띄게 진열되어 있습니까?	예	가끔	아니오	
	• POP와 가격표로 상품 정보를 정확하게 전달하고 있습니까?	예	가끔	아니오	
상권/ 고객 관리	• 상권도는 작성되어 있습니까?	예	가끔	아니오	
	• 상권 현황을 6개월마다 업데이트 하고 있습니까?	예	가끔	아니오	
	• 고객 정보는 전산으로 관리하고 있습니까?	예	가끔	아니오	
	• 신규 고객 확보 활동을 하고 있습니까?	예	가끔	아니오	
	• 고객 정보를 판촉에 활용하고 있습니까?	예	가끔	아니오	
	• 판매 후 정기적인 A/S 활동을 하고 있습니까?	예	가끔	아니오	
	• 구매 고객에게 해피콜(DM)을 하고 있습니까?	예	가끔	아니오	
판촉 활동	• 매월 판촉을 시행하고 있습니까?	예	가끔	아니오	
	• 판촉 아이디어 회의를 하고 있습니까?	예	가끔	아니오	
	• 고객 초청 행사를 시행하고 있습니까?	예	가끔	아니오	

※ 점수 평가
- 45점 이상 : 매우 잘 하고 있다.
- 35점 이상 : 조금만 더 관리하면 발전할 수 있다.
- 30점 미만 : 적극적인 개선 활동이 필요하다.

매장 현황에 대한 체크를 하고 난 다음에는 평가 결과를 임직원들과 공유하기 위한 워크숍을 시행한다.

하반기 영업 목표 및 활동 계획 수립

하반기 영업 목표 및 활동 계획을 수립할 때에는 매장 전 임직원이 참여한 가운데 진행한다. 이는 전 직원이 목표 의식을 가지고 영업 활동을 추진하도록 유도하는 것이다. 하반기 목표를 효율적으로 달성하기 위해서는 임직원의 적극적인 참여를 통해 개인의 목표 달성과 영업 활동에 대한 책임 의식을 갖게 해야 한다.

하반기 영업 목표가 수립되면 이를 달성할 수 있는 활동 계획표를 작성하여 진척률 및 활동 실적을 세부적으로 관리하도록 한다. 하반기 영업 목표를 달성하기 위한 하반기 활동 계획표는 변화되는 영업 환경, 고객 및 판매 동향을 감안하여 1개월 전에 차월 계획을 확정함으로써 시장 환경에 적극적으로 대응하는 유연하고 탄력적인 영업 활동을 전개해야 한다.

목표 설정

목표를 설정할 때에는 구체적인 숫자로 나타내야 하며, 가능하다면 세분화하여 다각도로 목표에 접근할 수 있도록 해야 한다. 즉 하반기 목표를 정하면 분기 목표, 월간 목표, 주간 목표, 일 목표가 정해져야 하며 이와 더불어 제품별 목표, 판매 경로별 목표, 인당 판매 목표 등도 구체적으로 수립되어야 한다.

◆ 목표 설정법

① 전년 실적을 수집한다. 신설매장의 경우에는 비슷한 상권의 매장 실적을 참고하여 수립하도록 한다.

② 지난해 하반기 실적을 참고하여 하반기 월별 판매지수를 산정한다.

③ 과거 실적, 시장 환경, 상권 동향, 판매 의지 등을 감안하여 하반기 목표 및 월별 목표를 1차적으로 정한다.

④ 목표를 판매 경로별, 주요 품목별로 수량 및 금액을 분배한다.

⑤ 매장 전 임직원이 참여한 설명회를 통해 목표를 공유하고 하반기 영업 목표를 확정며 임직원별 목표도 정하도록 한다.

⑥ 일별, 주별, 월별 매장 및 개인의 목표를 수립한 후 진척 사항 및 진행 경과를 매일 점검하도록 한다.

하반기 목표(월간, 주간, 일간 매장 목표, 개인별 목표, 경로별, 품목별 목표)를 수립한 뒤에는 매장 경영자 및 임직원들이 매일 실적 관리 및 목표 대비 진행 사항에 대한 점검한다. 또한 명확하게 목표를 인식하도록 해 이를 달성할 수 있도록 전 임직원을 독려해야 한다.

목표 관리

목표 수립과 관리에서의 유의 사항

① 목표를 가능한 한 여러 각도(판매 경로별, 품목별, 주간별, 일별, 판매 사원별 등)로 세분화한다.

② 목표 달성을 위한 활동 계획(판촉 계획, 고객 관리, 제품 지식, 매장 운영, 시상 등)을 상세하게 수립하도록 한다.

③ 매월, 매주, 매일 중간 점검을 통해 목표에 대한 관심을 일관되게 가지도록 한다.

④ 임직원들의 목표 달성 진작 및 독려를 위한 다양한 프로그램(목표 달성 인센티브, 품목 인센티브, 고객 발굴 콘테스트 단합 행사 등)을 실시한다.

⑤ 매주, 매월 말에 활동 계획표 양식에 활동 목표를 체크하여 그래프로 실적을 관리한다.

⑥ 활동 계획표는 눈에 잘 띄는 곳에 부착하고 담당 직원이 매일 실적을 기록하게 한다.

⑦ 객단가 및 품목별 단가는 항상 파악하도록 한다.

전산으로 목표 관리에 대한 목표를 등록한 후 매일 실적 입력을 통해 추이를 파악하도록 하며 매주, 매월 말에 프린트하여 전체가 실적을 공유하고 목표를 달성할 수 있도록 독려한다.

목표 관리 양식

2016년 하반기 활동 목표 〈판매목표 : 00억원/ 고객확보목표 : 00명〉				
7월	구분	목표	실적	달성률
	매출	0	*	%
	고객수	0	*	%
8월	구분	목표	실적	달성률
	매출	0	*	%
	고객수	0	*	%
9월	구분	목표	실적	달성률
	매출	0	*	%
	고객수	0	*	%
10월	구분	목표	실적	달성률
	매출	0	*	%
	고객수	0	*	%
11월	구분	목표	실적	달성률
	매출	0	*	%
	고객수	0	*	%
12월	구분	목표	실적	달성률
	매출	0	*	%
	고객수	0	*	%

품목별 목표 양식

목표는 매장 능력에 맞게 설정하며, 실적은 그래프로 표기하여 시각적으로 관리한다.

종목	목표수량	7월	8월	9월	10월	11월	12월	달성률
A	150							
B	200							
C	200							
D	200							
E	200							
F	100							
G	100							
H	250							
I	150							
J	250							
K	200							
L	200							
M	500							
합계	2,700							

3단계

주목을 끄는 매장 만들기

집객력과 구매율을 높이는 매장 연출

이슈와 계절 분위기에 맞추어 매장 내·외부를 연출하면 자연스럽게 고객 방문과 구매를 유도할 수 있다. 매장 연출이란 고객을 매장으로 유도해 판매를 촉진시키기 위한 수단이다. 이를 통해 제품을 고객들의 눈에 띄도록 하고, 자연스럽게 설명할 수 있게 만들고, 구매를 이끌어낼 수 있도록 하기 위한 목적을 가지고 있다.

고객은 제품을 직접 보고, 만지고, 선택하기 쉽도록 환경이 조성되어 있으며 정보를 쉽게 얻을 수 있는 즐겁고 편안한 매장을 원한다. 따라서 방문 고객을 늘리고 구매율을 높이기 위한 매장 연출 방법에 대해 잘 알고 실천해야 한다.

매장 연출 목적

① 매장과 제품의 가치를 높이는 데 목적이 있다. 따라서 매장 연출의 목표는 항상 청결을 유지하고 친절하게 대응해 고객에게 신뢰를 얻는 데 두어야 한다.

② POP를 활용해 고객의 구매 결정 시간을 단축시킴으로써 판매효율을 높이도록 한다.

고객에게는 고르기 쉽고, 사기 쉬운 매장을 제공하며, 판매사원에게는 팔기 쉽고, 관리하기 쉬운 매장이 되어야 한다.

③ 즐거운 쇼핑 분위기를 제공해야 한다.

매장 연출의 키포인트는 시각적으로 차별화함으로써 고객을 대상으로 노출도를 높이는 것으로 월별로 시행되는 판촉과 연계하고, 제품별 용도에 맞게 연출하여야 한다.

외부 연출

매장의 외부 연출은 점두 유동고객들이 들어가고 싶게 만드는 매장의 얼굴이라고 할 수 있다. 즉 매장 앞과 매장 주위를 연출함으로써 매장의 노출도를 강화하는 데 목적이 있다.

매장 알리기

- 매장 간판, 사인물의 노출도가 좋은지를 체크하며 고객들이 무슨 매장인지 정확히 알 수 있게 해야 한다.
- 포스터, POP, 연출 소품 등을 활용하여 무슨 행사를 하고 있는지 적극적으로 알려야 한다.
- 매장 사인, 배너, 포스터 등을 통해 어떤 특징이 있는 매장인지, 무엇을 파는 매장인지를 알려야 한다.

매장 접근의 편리성

매장 출입이 용이해야 한다. 즉 외부에서 쉽게 찾을 수 있고 방문하는 데 불편하지 않도록 쇼윈도가 시원하게 보이도록 체크하고 유지해야 한다.

매장 외부의 청결성

- 매장 앞은 매일 청소를 해 깨끗한 환경을 유지하여 고객들이

기분 좋게 매장으로 들어올 수 있도록 관리한다.

• 고객이 편리하게 주차할 수 있도록 주차장 유도 사인이 잘 설치되어 있는지 체크하며 수시로 주차장을 청결하게 해야 한다.

내부 연출

◆ 계절별 판매 제품이 잘 부각될 수 있도록 연출하며, 특히 100% 체험(실연, 시식, 시음 등)을 할 수 있도록 준비해야 한다.

◆ 판매 주력제품 코너는 집중하여 진열하도록 하며 고객의 관점에서 쉽게 체험하고 구입을 고려할 수 있도록 100% 체험 체계를 준비해 놓는다.

◆ 계절 코너 및 주력제품 코너는 내부 현수막, 계절 연출 소품, POP 등을 집중적으로 연출하여 고객들의 눈길을 끌도록 한다.

◆ 판촉 행사 제품은 END 코너(진열대의 끝)를 활용하거나 고객 노출도가 높은 위치에 진열, 연출토록 한다.

◆ 체험(시식, 시음) 가능한 제품들은 직접 매장에서 고객들이 체험하고 판매사원이 편리한 생활을 제안할 수 있도록 100% 체험하도록 하며, 영상물을 통해 고객이 직접 사용하였을 때의 장점과 혜택을 자연스럽게 알려주도록 한다.

◆ 제품별 관련 품목은 SET(묶음)로 연출시켜 패키지 구매를 자극한다.

판촉 연출

매월 사회 문화적 이벤트 및 계절 이슈, 신제품 출시 등을 고려하여 판촉 행사를 시행하게 되므로 이와 연계하여 최대의 매출을 올릴 수 있도록 판촉 연출을 하도록 한다.

매장 외부

- 행사 내용을 고객들에게 적극적으로 고지할 수 있도록 현수막, 포스터를 부착한다. 단 매장 내부를 가리지 않도록 유의한다.
- 판촉 행사의 활기찬 분위기를 고객에게 전달할 수 있도록 POP를 연출한다.
- 재미와 즐거움이 있는 매장이 될 수 있도록 고지물 및 POP를 설치한다.

매장 내부

- 고객에게 배송, 삽지된 인쇄물(전단, 리프렛 등)의 행사 내용과 제품을 중심으로 매장별 코너를 연출한다.
- 쇼 카드, 현수막, 코너 사인 POP 등을 활용하여 행사 제품 및 행사 코너를 부각시킨다. 특히 행사 코너에 대한 부각은 END 코너를 활용하도록 한다.

고객만족을 위한 매장 연출 테크닉

매장은 제품을 팔기보다는 '고객이 능동적으로 구매하는' 분위기 연출을 위해서는 생동감 있고 매력적인 이미지를 조성해야 한다. 즉 고객과의 접촉성 강화에 초점이 맞춰져야 한다.

매장의 연출 목적은 효율적으로 매장과 제품의 이미지를 높여 다른 매장과의 차별화를 도모함으로써 고객이 즐거운 쇼핑을 할 수 있는 분위기를 조성하고 충실한 정보를 제공하는 것이다.

매장 연출의 요소

◆ 우리 점포만의 개성적인 이미지를 표현한다.

우리 매장 만의 콘셉트(컬러 : 노랑, 파랑, 녹색 등) 통일화, 자연과의 만남, 편리한 서비스(복사, 팩스 무료 등) 또는 테마형 매장(요리 교실, 촬영 교실, 커피 강좌 등) 만들기

◆ 고객 중심의 상호 커뮤니케이션 기회를 마련한다.

고객이 제품의 특징, 성능, 기능 등을 쉽게 이해하고 편안하게 선택할 수 있도록 배려한다.

- 편리한 구매를 위한 독특한 안내문
- 편의시설 (전화기, 인터넷 무료 사용)
- 정보 제공 (예. 품목별 베스트 10 선정 - 설명과 제품 전시, 체험(실연)
- 대화를 즐길 수 있는 접객 테이블(차/다과)

진정한 고객 중심의 매장을 만들기 위해서는 매장 전 임직원의 마인드 변화가 동반될 때 가능하다.

◆ 깨끗하고 신선한 매장 이미지를 제공한다.

고객은 첫 번째 직감으로 매장 이미지를 평가한다. 따라서 가능한 밝고 신선하고 청결하게 유지하고, 이미지 연출에 마음을 담아 편한 분위기에서 즐거운 쇼핑이 될 수 있는 "쾌적한 장소"를 제공하도록 한다.

- 전시 제품의 높이 맞추기
- 상호 간의 색채를 서로 돋보이게 하도록 배치
- 봄/여름에는 청색 계통을 가을/겨울에는 갈색 계통을 배합
- 진열은 보행에 방해가 되지 않도록 정리
- 계절 제품은 양적量的 진열에 유의
- 상자 쌓기, 피라밋형 쌓기, 기둥형 쌓기 등의 강조 진열

차별화 포인트

무엇보다 중요한 차별화 포인트는 바로 고객 중심이다. 고객의 입장에서 생각하고 계획하고 실시하여야 한다. 따라서 급변하는 소비자 경향을 포착해 기존과 차별화된 진열, 제품 구성, 연출을 하는 것이 중요하다. 즉 발상의 전환을 통해 고객의 욕구에 일치하는 신선한 매장 연출이 요구된다.

◆ 매장의 통합 이미지 창출 및 전개

우리 매장이 주장하고 싶은 이미지를 결정하여 점포 전체를 일관

되게 연출한다.

◆ 점두/점내 연출의 활성화

시선을 끌기 위한 점두店頭 연출과 진열, 조명, 색채 등의 점내 연출을 차별화 한다.

◆ 캠페인, 정보 제공 등과 연계하여 연출

◆ 지역 사회 문화/공익 활동과 연계하여 매장 이미지를 수립

우리 매장만의 독보적인 개성보다는 지역 매장과의 어울림 속에서 개성적인 이미지를 마련한다.

매장의 구성 및 역할

◆ 고객이 쇼핑하기 편한 매장

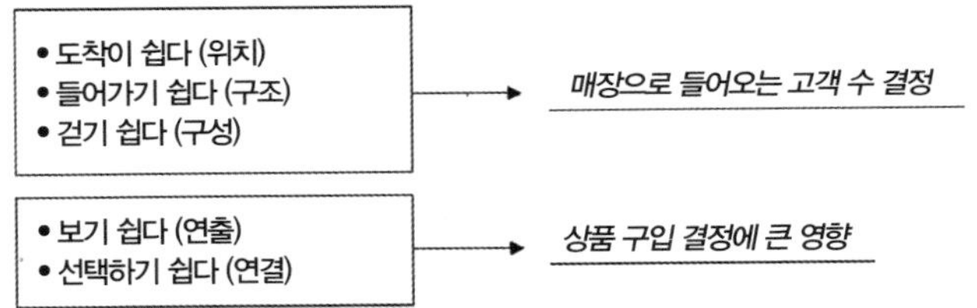

◆ Visual Presentation (VP, 연출)

목표 고객에 대한 라이프 스타일 제안과 함께 계절 테마에 의한 매장의 메시지를 시각적으로 소구한다. (쇼윈도, 특별/기획 코너)

◆ Point of Sale Presentation (PP, 촉진)

제품 정보를 시각적으로 연출하고 매력적인 코디네이션에 의해 관련 판매를 촉진한다.(테이블 위, 기둥 둘레, 선반 위 벽면 등)

◆ Item Presentation (IP, 진열)

PP에 전개된 제품 등을 쉽게 분류, 정리하여 고르기 쉽게, 사기 쉽게, 수량, 사이즈, 컬러 등으로 정리한다. (선반, 쇼 케이스)

매장 구성시 고려할 포인트

포인트	세부 내용
명백하게	• 선택한 디자인, 색, 무늬, 소재를 잘 보일 수 있도록 한다.
단순하게	• 상품의 양, 종류, 색의 조화를 심플하게 한다.
통일되게	• 상품의 품목, 가격대 등을 통일해서 디스플레이 한다.
그룹으로	• 넓은 공간인 경우 몇 개의 그룹으로 나누어 배치한다.
여백 있게	• 상품을 돋보이게 하기 위해서는 적당한 여백을 만든다. 특히, 각 품목 그룹과 그룹 사이에는 여백의 미가 필요하다.
입체적으로	• 깊이, 높낮이, 색의 변화, 배치 들을 입체적으로 장식한다.
액센트를	• 액세서리나 소품, 색의 강약 등으로 시선을 모으도록 한다.
청결하게	• 디스플레이가 끝나고 나면 반드시 주위를 청결하게 보존하도록 대책을 강구하여야 한다.

디스플레이 진행 순서

판매 계획에 따른 제품의 분류 및 연출할 공간을 설정하고 디스플레이를 진행하도록 한다.

◆ 계절 테마의 결정

◆ 제품 이미지 발췌

◆ 연출 기구 및 소재 선택(POP, 소품)

◆ 연출 세부 도면 작성 및 구입 제품 리스트 정리

◆ 제품과 코디네이션(조화) 작업

◆ 조명 체크

◆ POP 체크

고객이 좋아하는 매장 만들기

무드 조성

제품을 통한 고품격의 문화생활을 즐길 수 있는 정보 및 이를 위한 제품을 가이드한다. 감성 연출을 위한 요소는 다음과 같다.

- 조명 : 간접 조명으로 유연성 제고
- 스포트라이트 : 중점판매 제품, 신제품, 인기 제품에 집중 스포트라이트를 비추어 입체감 연출
- 음악 : 전방향의 스피커를 사용하며 계절감을 살린 시간대 배경음악을 잔잔하게 틀어놓음
- 색채 : 가시적 센스로 구매의욕 자극(예. 황록색(젊음/봄), 녹색(자연/신선), 청(공기/투명))

양감(풍요로움)이 표현된 진열

단순한 양적 풍요로움이 아닌 풍요로운 느낌을 연출함으로써 고

객이 선택에 충족감을 느끼도록 하는 진열을 말한다. 고객에게 충족감을 주기 위해서는 비교 전시, 연속/병렬 전시, 입체 전시 등의 차별화된 연출이 중요하다. 기존의 진열 형태에서 변화를 주거나 보충을 하여줌으로써 입체적인 효과를 주어 양감을 부여해야 한다.

판매를 증진시키는 진열 테크닉

주력 제품의 콘셉트를 설정하고 이를 월별 이벤트 및 이슈, 트렌드(유행)에 맞게 테마별로 진열하는 것을 말한다. 이렇게 테마에 의해서 분류한 제품은 타 코너에 비해 개성 있게 보임으로써 고객의 관심을 불러일으키고 자연스러운 구매를 유도하게 된다.

다음은 '진열의 3대 원칙'이다.

① 보기 쉬워야 한다.

주력제품을 가장 눈에 쉽게 들어오도록 하는 것으로, 물리적으로는 고객이 보기 쉬운 높이, 선택하기 쉬운 위치, 입체감 있게 진열을 하는 것이다. 심리적으로는 고객이 신선한 느낌을 받도록 제품을 통해 즐겁고 아름다움을 느낄 수 있도록 해야 한다.

② 선택이 쉬워야 한다.

고객이 제품을 체험하고 선택하기 쉽도록 진열하는 것으로써 고객에게 편리성을 제공하는 것에 주목해야 한다.

- 제품 특성, 성별, 연령별 등 제품 그룹으로 대분류
- 가격별, 용도별, 디자인 형태별로 세분화 분류

③ 손에 닿기 쉬워야 한다.

쉽게 만져보고 체험할 수 있도록 주력 제품을 가장 좋은 위치에 진열해야 한다.

고객을 감동하게 하는 서비스

제품이 팔릴 수 있도록 차별화된 연출 및 진열 등 고객이 자연스럽게 구매하도록 유인하는 분위기 조성도 중요하지만 임직원과 고객과의 접점을 강화함으로써 고객을 감동시켜 구매로 유도하는 것이 보다 중요하고, 지속적인 판매를 이끌어낼 수 있다. 즉 1:1 고객 서비스 강화로 고객을 감동하게 한다.

임직원 서비스 사례는 365일 스마일 서비스, 고객의 생각보다 하나 더 서비스, 직접 방문 서비스, 불만 발생시 대표자의 직접 사과 등이 있을 것이다.

고객에게 기쁨을 주는 POP

POP(Point Of Purchase)란 고객에게 제품에 대한 중요한 정보를 알려줌으로써 제품 구매를 도와주는 구매 시점 광고를 말한다. 즉 고객의 제품 구매를 도와주는 것이 주목적이며, 제품에 대한 정보 제공 기능과 매장 연출 기능의 2가지 요소가 필요하다.

POP 연출은 단지 고객에게 제품 정보를 제공하는 것만이 아니다. 고객이 기분 좋고 편하게 제품을 구입할 수 있도록 분위기를 만들어 주는 효과를 동시에 가져야 한다.

〈POP 역할〉

- 방문 촉진
- 구매 유도
- 상품 설명
- 매장 이미지 표출
- 테마 (계절, 이슈) 표현
- 판촉 안내
- 매장 분위기 향상
- 메시지 전달

〈POP 종류〉

- 설치 장소별 : 입구, 천정, 윈도우, 바닥, 카운터, 벽면 등
- 설치 목적별 : 단기 (월별 판촉, 상품 판촉 등), 장기 (계절 연출)

지역 1등 매장을 만드는 매장 연출 차별화

고객들에게 매장과 제품, 그리고 계절 이미지를 효과적으로 전달함으로써 자연스러운 구매를 유도하기 위해서는 매장 연출이 중요하다. 매장 연출이란 판매를 활성화하기 위한 수단이다. 팔고자 하는 제품이 고객의 눈에 잘 띄도록 하고, 고객이 제품을 볼 때 쉽게 이해할 수 있도록 설명해 주는 것이다. 즉 고객이 제품을 직접 보고 만지면서 제품에 대한 정보를 입수하고 구매 결정을 할 수 있도록 즐겁고 편안한 매장을 만드는 데 목적이 있다. 따라서 청결, 친절, 신뢰를 바탕으로 매장과 제품의 가치를 높임으로써 판매 효율을 높이는 매장 연출을 시행하도록 한다.

매장 연출의 기본 방향

매장 연출의 기본은 진열된 제품의 가치를 고객들에게 잘 표현함으로써 고객들이 쉽게 제품을 선택하고, 체험하기 쉽도록 만드는 데 있다.

◆ 매장 외부 : 고객을 매장으로 끌어들이기 위한 노출도 강화

- 깨끗하고 차별화된 간판, 사인 등을 통해 매장을 효과적으로 고지
- 포스터, 연출 POP 등을 통해 판촉 행사, 이벤트, 코너별 안내

◆ 매장 내부 : 주력판매 제품 및 신제품 노출도 강조

- 품목별로 주력판매 제품을 위주로 집중 연출
- 실생활과 연관된 체험을 위해 제품 실연 강화
- 관련 제품과 연계, 세트 진열을 통한 패키지 구매 자극

◆ 행사 내용 : 월별, 이슈별 판촉 행사와 연계

- 고객들의 구매욕구를 자극하기 위한 행사장 분위기 연출
- 행사 제품 부각 연출 및 재미있고 즐거운 판촉 행사 내용 전달

◆ 표현 수단 : 현수막, 포스터, 가격표, 쇼 카드, POP, 소품

- 판촉 행사 및 제품 내용에 충실한 활용으로 정보 전달 강화
- 제품의 특장점을 활용한 용도 제안으로 구매욕구 자극

◆ 점검 : 체크리스트를 활용한 매장 유지 및 관리

행사 내용별 연출

판촉 행사 연출

매달 시행하는 판촉 행사와 연계하여 매출을 극대화시킬 수 있도록 행사 내용을 차별화되게 고지하고, 행사 분위기를 조성하며, 재미와 즐거움이 있는 매장을 만들기 위한 다양한 소품(풍선, 만국기, POP 등)을 활용하도록 한다.

계절별 집중판매 제품 연출

계절과 연계되어 판매가 집중되는 제품을 대상으로 집중적인 연출을 통해 판매를 최대화시키도록 한다. 연출 내용은 제품의 용도 제안, 제품 특징, 주요 기능, 타제품 비교, 판촉 행사 내용, 가격, 증정 사은품, 이벤트 등을 고지하는 것이다. 그리고 봄, 여름, 가을, 겨울을 직간접적으로 표현해 주는 계절별 소품을 활용하여 판매에 도움이 되는 매장 분위기를 조성시키도록 매장 및 제품을 연출한다.

계절별 연출 소품은 다음과 같다.

- 봄 : 개나리, 새싹, 나비, 벚꽃 등
- 여름 : 비치볼, 눈/얼음(스티로폼), 이글루, 갈매기 등
- 가을 : 밤, 낙엽, 고추잠자리, 해바라기, 볏단 등
- 겨울 : 눈사람, 눈, 크리스마스 소품(벨, 산타, 리스 등) 등

매장 연출 체크리스트

매장을 연출하는 것도 중요하지만 고객에게 계절별로 새롭고 재미있는 매장 이미지를 유지, 관리하는 일도 매우 중요하다.

다음 체크리스트를 활용하여 매장 입구에서 내부 구석구석까지 꼼꼼히 점검하고 체크하여 고객에게 사랑받는 매장을 만들도록 한다.

매장 연출 체크리스트 예

구분	항목	체크내용	O	X
외부	매장 입구 주변 환경	• 방문 고객에게 불편함/ 불쾌감을 주는 요소는 없는가? • 외부에서 내부의 지저분한 모습이 보이지 않는가? • 입구 바닥 매트는 깨끗한가?		
	현수막 포스터	• 현수막이 간판을 가리지는 않는가? • 현수막의 노출도 및 주목성을 좋은가? • 현수막이 적정 위치에 늘어지지 않고 잘 부착되었는가? • 기간이 지난 현수막/ 포스터는 제거했는가? • 매장 내부가 가리지 않도록 제작물이 잘 정리되었는가?		
	입구 연출	• 매장 앞 제품 연출 위치가 고객 출입을 방해하지 않는가? • 입구 진열대 및 제품이 깨끗한가? • 입구 연출 제품의 가격표 및 쇼카드는 잘 부착되었는가?		
내부	안내데스크	• 깨끗하게 정리되어 있는가? • 정수기, 쓰레기통 등은 깨끗한가?		
	가격표 쇼카드	• 전 상품에 가격표가 맞게 부착되어 있는가? • POP는 활용한 상품에 잘 부착되어 있는가? • 쇼카드를 활용하여 행사 내용을 잘 전달하고 있는가? • 주요 상품에 쇼카드를 잘 활용하고 있는가?		
	연출 부분	• 진열 코너별로 상품을 보기좋게 진열하였는가? • 주력 상품이 주목성 있게 연출되어 있는가? • 오래된 제작물로 매장 내부가 지저분하지 않는가? • 상품 박스는 잘 정리되어 있는가? • 체험 (실연) 삼품은 100% 작동되고 있는가? • 계절상품 코너는 잘 연출되어 있는가? • 판촉 행사 및 기획 코너는 잘 연출되어 있는가? • 계절 연출 POP는 잘 연출되어 있는가?		
	상담 테이블	• 상담 테이블은 잘 정리되어 있는가? • 상담 테이블에 접객용 사탕은 준비되어 있는가?		
	기타	• 고객편의를 위한 서비스 코너는 마련되어 있는가? • 향긋한 매장을 위해 방향제를 사용하고 있는가?		

지역 1등 매장을 만드는 매장 진열 차별화

시장 경쟁이 치열해질수록 고객들의 눈과 발길을 끌 수 있는 다양한 이벤트, 판촉 행사, 매장 진열, 연출 등을 시행하게 된다. 그렇다면 품격 있고 차별화된 매장으로서의 이미지를 전달하고 많은 고객들을 매장으로 끌어들이기 위해서는 어떻게 차별화하는 것이 좋을까?

첫 번째 방법으로는 매장의 진열을 차별화하는 것이다. 매장 진열이란 고객의 입장에서 쾌적하고 구매하기 편리하도록 제품을 배치하고 잘 보이도록 하는 것이다.

고객을 매장으로 유인하기 위한 매장 진열은 고객의 기호와 니즈Needs, 트렌드를 감안하여 고객 중심, 고객 지향적으로 매장을 변화시키는 데 있다. 즉 현재의 매장을 고객 중심의 진열로 경쟁력 있게 변화시킴으로써 지역 1등 매장의 위치에 오를 수 있다.

진열 차별화의 목적

◆ 차별화된 매장으로서의 이미지를 확고히 한다.

최고의 제품(서비스)으로 고객의 라이프스타일에 맞는 신생활 제안형 진열을 통해 고객에게 전문 매장의 이미지를 전달한다. 특히 신제품에 대한 진열을 강화하여 단골 고객층을 적극 공략한다.

◆ 고객의 편의를 돕는 진열을 통해 자연스러운 구매를 유도한다.

계절제품 코너, 이벤트제품 코너, 알뜰기획 코너, 추천 코너, 베스트 제품 코너 등 제품별 코너와 별개로 고객의 편리한 쇼핑을 할 수 있도록 정성이 깃든 코너를 구성한다.

◆ 생동감 있게 변화하는 진열을 통해 고객 제안형 매장을 만든다.

월별 판촉 행사, 계절별 환경, 신제품 출시 등 시기별로 달라지는 환경을 적극 고려하여 매월 차별화된 모습의 매장을 만듦으로써 고객에게 새로움을 제안한다.

진열의 차별화 방법

지역 1등점을 만들기 위한 기본 조건은 고객 중심 매장이다. 이를 위해 고객의 구매 성향, 계절 변화, 경쟁 매장 판매 및 진열 동향 등을 고려하여 진열 캘린더를 작성한다. 그리고 이를 바탕으로 시기별로 매장 진열을 변화시켜 고객에게 항상 새로운 모습으로 변화하는 매장의 모습을 보여주도록 한다.

진열 캘린더 작성

진열 캘린더는 월별, 계절별 이슈 및 이벤트를 바탕으로 신제품 출시, 고객 구매지수(월별, 계절별 지수) 등을 고려하여 작성한다. 매장에서는 진열 캘린더를 바탕으로 시기별 주력제품 준비 시간을 감안한 후 경쟁 매장보다 한 발 앞서 진열을 함으로써 고객을 선점하도록 한다. 그리고 신제품 출시와 연계하여 품목별 재고를 확인하며 진열 수량을 체크하고 원활한 진열 교체가 될 수 있도록 한다.

다음은 연간 진열 캘린더 양식의 예이다.

구분	1월	2월	3월	4월	5월	6월
계절	겨울	겨울	봄	봄	봄	여름
이슈 이벤트	신년 설날	졸업 개학	삼일절 입학/입사	결혼 이사	가정의 달	보훈의 달 장마
신상품 출시						
구매지수						

구분	7월	8월	9월	10월	11월	12월
계절	여름	여름	가을	가을	가을	겨울
이슈 이벤트	여름방학 휴가	바캉스 개학	새학기 추석	결혼 이사	김장 수능	송년 X-MAS
신상품 출시						
구매지수						

경쟁 매장 진열 조사

경쟁 매장의 진열 상태(판촉 행사 모델, 신제품 등)에 대한 조사를 통해 매장을 차별화하고 우위를 점할 수 있는 진열 방향을 정하고자 조사하는 것이다. 조사 후에는 우리 매장만의 독특한 진열로 고객에게 차별화된 이미지를 전달한다.

경쟁 매장에 대한 진열 조사는 매월 1회 이상 시행하며 상권 내 타 유통(백화점, 할인점, 복합매장 등)도 병행하여 조사한다.

〈조사 방법〉

① 매장 진열의 강점과 약점을 살펴본다.

- 진열 수량, 진열 품목, 진열 위치(코너) 파악

② 경쟁 매장 조사 내용을 분석하여 우리 매장의 진열 방향을 결정한다.

- 진열 규모 확대/축소 규모 결정
- 진열 품목 대응 유무 결정

〈매장 진열 조사 비교표〉

구분	경쟁 매장				우리 매장 우위 매장			
판매 순위	품목	진열 수량	모델	진열 위치	품목	진열수	모델	진열 위치
1								
2								
3								
4								
5								

- 판매 순위 : 경쟁 매장 기준으로 잘 팔리는 베스트 품목으로 선정
- 품목 : 우리 매장 실정에 맞는 우수 판매 품목으로 선정
- 진열 수량 : 매장 규모(평수)를 고려하여 우리 매장과 비교
- 진열 위치 : End 코너와 품목 코너를 중복할 것인지, 선택할 것인가를 결정

고객 중심 진열로 매장 판매 활성화

자연스럽게 고객의 구매를 유도하기 위해서는 고객들의 기호 및

니즈에 맞추어 제품을 진열해야 한다.

대부분의 고객들은 대부분 제품을 선택하기 전에 먼저 매장을 선택한다. 그러므로 판매 활성화를 위해서는 고객에게 선택될 수 있는 매력 있는 매장을 만드는 것이 우선이다. 두 번째로는 새로운 환경 변화에 능동적으로 대응하는 개성 있는 매장을 만들어야 한다. 특히 매장 진열 및 연출은 매출에 직접적인 영향을 미치게 되므로 고객 중심의 진열로 판매 활성화를 유도해야 한다.

매장을 만드는 기본은 고객이 알기 쉽고, 제품을 선택하기 쉽고, 방문했을 때 즐거움을 느낄 수 있는 매장을 구성하는 것이므로 고객 중심의 진열 방법을 수립하여 방문 고객을 늘리고 구매율도 높이도록 한다.

진열/연출의 기본

◆ 친근감 있고 신뢰감을 줄 수 있는 진열

누구나 쉽게 매장을 방문하고 부담 없이 즐길 수 있는 매장 구성

◆ 지역밀착형 연출

지역 및 상권의 특성을 표현하고 주장할 수 있는 매장 구성

◆ 행복한 삶을 제안할 수 있는 진열

고객별 생활을 제안하고 발견하게 할 수 있는 매장 구성

◆ 적극적인 연출

적극적으로 다가감으로써 고객이 찾아오게 만드는 매장 구성

◆ 특징 있는 진열

계절 변화, 고객 기호 및 트렌드 변화를 먼저 도입하여 차별화

고객 중심의 진열

고객을 위한 진열의 기본은 '고객이 원하는 것을 어떻게 고객에게 보여줄 것인가'를 고민하는 데서 출발한다. 고객에게 도움이 되어 고객이 구입하고 싶어지는 매장을 만드는 것이다.

◆ 고객 중심 진열의 원칙

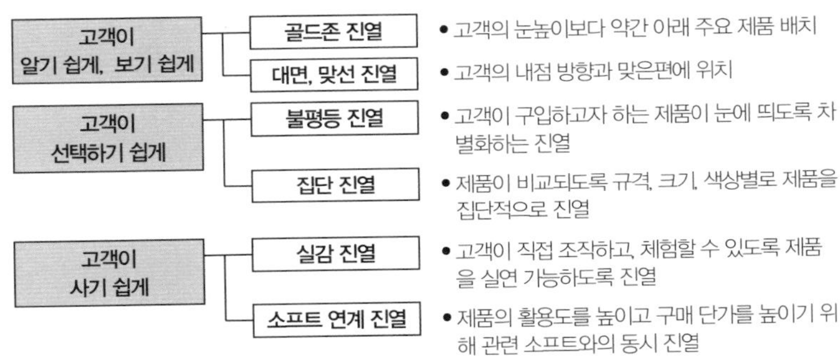

고객이 알기 쉽게, 보기 쉽게
골드존 진열
• 고객의 눈높이보다 약간 아래 주요 제품 배치
대면, 맞선 진열
• 고객의 내점 방향과 맞은편에 위치
고객이 선택하기 쉽게
불평등 진열
• 고객이 구입하고자 하는 제품이 눈에 띄도록 차별화하는 진열
집단 진열
• 제품이 비교되도록 규격, 크기, 색상별로 제품을 집단적으로 진열
고객이 사기 쉽게
실감 진열
• 고객이 직접 조작하고, 체험할 수 있도록 제품을 실연 가능하도록 진열
소프트 연계 진열
• 제품의 활용도를 높이고 구매 단가를 높이기 위해 관련 소프트와의 동시 진열

고객을 위한 진열 방법

고객이 보기 쉬운 진열

'보기 쉬운'이라는 의미는 단순히 '보인다'는 의미가 아니다. 고객의 입장에서 볼 때 어떻게 하면 가장 잘 보이는, 보기 좋은 진열 상태로 될 것인가? 라는 의미이다. 보이지 않는 제품은 팔릴 리가 없기 때문이다.

◆ 보기 쉽게 진열하는 방법

- 크기가 작은 제품은 앞쪽(눈앞)으로, 큰 제품은 뒤쪽으로 진열
- 가격이 싼 것은 앞쪽으로(집기 쉽도록), 비싼 것은 뒤쪽으로 진열
- 컬러가 어두운 제품은 앞쪽에, 밝은 제품은 뒤쪽에 진열
- 계절 제품, 유행하는 제품은 앞쪽에, 일반제품은 뒤쪽에 진열

고객이 선택하기 쉬운 진열

'선택하기 쉬운 진열'이란 매장에서 취급하는 제품을 고객이 선택하기 쉬운 모양으로 진열함으로써 고객이 스스로 선택하여 구입을 결정하도록 하는 것이다. 이렇게 하기 위해서는 제품의 연관성을 고려하여 진열하도록 한다.

◆ 진열 단계

1단계 : 제품과 고객의 나이, 성별, 등급 고려

2단계 : 제품의 특징과 사용자의 용도(기호, 니즈) 고려

3단계 : 제품의 디자인, 컬러와 가격대 고려

고객이 사기 쉬운 진열

고객이 사기 쉬운 진열이란 '고객이 직접 조작해 볼 수 있는 실감 있는 진열', '고객이 직접 조작하기 쉬운 진열'을 말한다.

◆ 조작하기 쉬운 진열

보기 쉽고 손으로 조작하기 쉬운 높이의 순서를 포함하며 잘 팔리는 제품, 팔고 싶은 제품을 효율이 높은 곳에 적절히 진열하는 것이다.

◆ 실감 진열

고객의 오감을 자극할 수 있는 진열로 체험을 통한 자연스러운 구매를 유도하는 진열이다.

- 시각 : 조명에 의한 매장 밝기
- 청각 : 매장 내 음악
- 촉각 : 제품의 재질, 표면 소재 등 촉감
- 후각 : 매장 방향제
- 미각 : 시식, 시음 등

방문 고객의 구매 촉진을 위한 매장 연출법 I

매장은 비수기를 고객을 창출하는 새로운 기회로 바꾸어야 한다. 그래서 고객들이 호감을 가지고 방문하여 편안한 분위기에서 제품을 구매할 수 있도록 매장을 새롭게 연출하는 방안을 모색하고 생동감 있는 매장으로 변화시켜야 한다. 즉 고객의 구매 심리를 자연스럽게 자극하는 매력적인 매장 환경을 연출해 고객들이 능동적으로 구매에 나서도록 유도해야 한다.

매장 연출의 목적은 매장과 제품의 이미지를 높이도록 효율적으로 구성함으로써 고객 중심의 즐거운 쇼핑 분위기와 충실한 제품 정보를 제공함으로써 '팔리는 분위기'를 조성하여 매출을 높이는 데 있다.

매장 연출의 요소

차별화된 이미지 표현

개성 있는 이미지로 연출된 매장은 고객을 즐겁게 하고 만족감을 높여 준다. 요즈음의 소비자들은 제품 자체의 속성이 주는 일차적인 만족보다 제품이 가지고 있는 편익, 매장 서비스에 대한 부분이 구매 결정에 더 큰 영향을 받는다. 최근 매장들이 대형화, 고급화와 더불어 각 매장이 위치한 상권의 현황에 맞추어 특색 있는 이미지로 바뀌는 것도 이 때문이다. 그러므로 우리 매장에서도 추구하는 이미지를 중심으로 지역 상권과 고객의 특성에 맞춰 매장 이미지를 표출하도록 한다.

◆ 차별화 포인트

① 매장의 전체 이미지를 창출

우리 매장만의 콘셉트로 이미지를 결정하여 특색 있게 연출

② 매장 내외 연출의 활성화

고객의 시선을 이끌기 위한 독특한 분위기의 매장 입구 연출과 진열, 조명, 색채 등을 활용한 매장 내 코너별 연출 활성화

③ 신제품 정보/판촉 등과 연계하여 연출

④ 지역 상권과의 연계

지역 관공서 및 사회단체, 유통 등에 대한 정보 발신 기지로 자리매김

◆ 매장 이미지 체크리스트

체크 항목	평점				
	A	B	C	D	E
1. 매장 외부가 다른 매장에 비해 차별화되도록 연출되어 있습니까?	10	8	6	4	2
2. 매장 간판의 청결, 조명 상태, 보수가 되어 있습니까?	10	8	6	4	2
3. 입구 현수막/ 배너가 적절히 활용되고 있습니까?	10	8	6	4	2
4. 매장의 전체적인 이미지가 고객의 호감을 일으키는 포인트가 있습니까?	10	8	6	4	2
5. 계절 이미지와 판촉 행사 내용을 적극적으로 매장 내에 표현하고 있습니까?	10	8	6	4	2
6. 매장 안쪽이나 고객 응대 코너가 잘 정돈되어 있습니까?	10	8	6	4	2
7. 천정과 바닥은 청결합니까?	10	8	6	4	2
8. 가격표 POP, 포스터 등이 정기적으로 점검되고 교환되고 있습니까?	10	8	6	4	2
9. 매장 전체 이미지를 활기차게 하기 위해 노력하고 있습니까?	10	8	6	4	2
10. 정기적으로 다른 매장 및 유통을 견학하고 장점을 벤치마킹하고 있습니까?	10	8	6	4	2

평점 기준	A : 매우 좋다 B : 조금 좋다 C : 보통이다 D : 조금 나쁘다 E : 매우 나쁘다	합계 평가	– 80~100 매우 우수 – 60~70 우수 – 40~59 보통 (노력 필요) – 39 이하 : 개선 필요	합계 점수	득점	
					평가	

고객 중심의 상호 커뮤니케이션 공간 만들기

시장 경쟁에서 살아남기 위해서는 매장 환경을 고객 중심으로 바꿔야 한다. 어떻게 팔 것인가에 초점을 둔 디스플레이와 연출에서 벗어나 고객의 구매 심리를 자극하고 판매를 일으킬 수 있는 고객 중심의 커뮤니케이션이 일어날 수 있는 공간으로 매장을 변화시켜야 한다. 이를 위해서는 매장 연출을 고객 중심으로 혁신하고 더불어 전 임직원의 고객 중심 마인드 전환도 함께 동반되어야 더 큰 효과를 거둘 수 있다.

◆ 커뮤니케이션 방법

- 편리한 구매를 유도하는 안내문
  - 이달의 추천/인기/할인/1+1 제품
- 편의시설 제공
  - 전화기/FAX/복사기 무료 서비스
  - 음료 및 사탕류 비치

생동감 있는 매장 이미지 표출

고객은 감각적으로 매장을 평가하게 된다. 방문 고객들에게 깨끗하고 생동감 있는 첫인상을 주어야만 호감을 갖고 자연스럽게 제품을 구매하고 다른 사람들에게도 입소문을 내 방문 고객을 늘릴 수 있다. 따라서 매장 입구부터 내부에 이르기까지 최대한 밝고 신선하고 청결하게 유지해야 하고, 트렌디한 이미지 연출과 계절감을 살린 센스 있는 연출을 해야 한다.

◆ 생동감 있는 매장 연출 포인트

- 쇼윈도 및 입구를 통해 매장 전체가 시원하게 보일 수 있도록 밝고 통일성 있게 여유로운 공간 연출
- 입구 주위의 여유로운 공간 연출
- 전시 제품의 상부 높이를 통일
- 계절감 및 이벤트 이슈를 살린 특별 코너 연출
- 주력제품의 전진 배치
- 제품 상호 간의 색채를 고려한 연출
- 계절적 향기를 고려한 오감 자극 연출
- 통일화된 POP(가격표, 배너, 포스터, 현수막, 쇼 카드) 부착

방문 고객의 구매 촉진을 위한 매장 연출법 II

계절 및 사회적 요인으로 매장을 방문하는 고객들이 줄어드는 비수기에도 차별화된 판촉 및 매장 연출을 통해 방문 및 구매를 촉진시켜야 한다. 즉 비수기에 발상을 전환하여 계절과 이슈, 이벤트를 활용한 매장을 새롭게 꾸며봄으로써 고객들에게 신선한 감동과 더불어 구매를 촉진시킬 수 있는 계기를 만들어야 한다. 비수기 매출을 최대한 활성화시키고 다가올 성수기를 대비하도록 하는 것이다.

고객이 쇼핑하기 편리한 매장

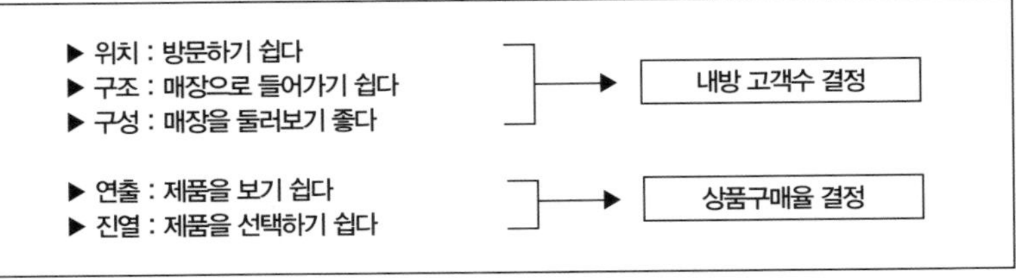

위의 5가지 요소 중 앞의 세 가지는 매장의 외형적인 요소로서 매장 외부 유동 고객들을 매장으로 들어오게 하는 데 영향을 미치는 고정적인 부분이다.

고객으로 하여금 매력적인 매장으로 느끼게끔 하는 요소는 변화가 가능한 매장 연출과 진열 부문이며 이는 고객의 구매 심리와 상관관계를 가지게 된다.

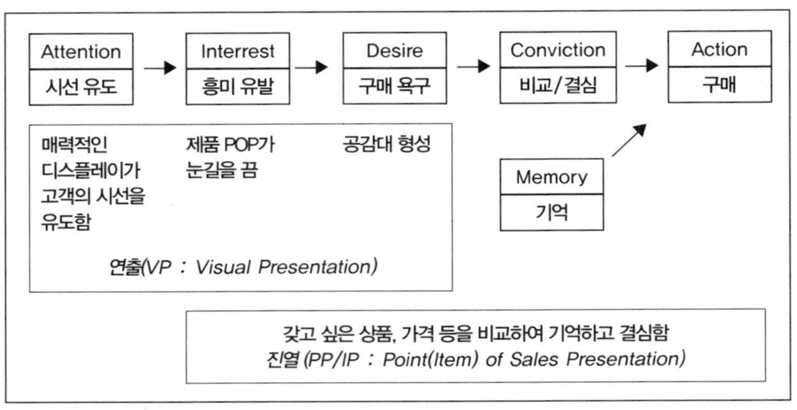

※ AIDCA(AIDMA)는 전통적인 구매 결정 프로세스이다. 1920년 미국 경제학자 롤랜드 홀(Rolland Hall)의 발표에 따른 것으로 소비자가 제품에 대한 정보와 광고를 접한 후 AIDCA를 거쳐 제품을 구입하는 단계를 설명하였다.

매장의 기본 구성과 역할

매장을 찾는 고객들에게 차별화된 시각적 요소를 제공함으로써 판매를 증대시키기 위해 매장 각 코너(위치)의 장소적 특징을 살펴보고, 고객에게 단계적인 제안(시각적 제안 → 구매 시점 제안 → 제품 제안)을 시행한다.

구분	내용	적용 범위
시각적 제안 (VP)	• 타깃고객에 대한 라이프스타일 제안과 함께 계절별 테마에 의한 매장의 판촉 방향을 시각적으로 소개하는 장소	쇼윈도, 테마 코너 이벤트 코너
구매시점 제안 (PP)	• 제품 정보를 시각적으로 차별화 되게 연출하여 방문 고객의 구매를 촉진시킬 수 있는 장소	진열 코너 위 진열 코너 벽면, 기둥 둘레
상품 제안 (IP)	• 제품을 쉽게 분류, 정리함으로써 고객이 편리하고 쉽게 제품을 구매할 수 있도록 정리되어진 곳	진열대/ 진열장 선반 쇼케이스

매장 구성 포인트

고객들의 호기심을 자극하고 방문을 촉진하며 이를 통해 판매로 연결될 수 있도록 매장 구성에 포인트를 주도록 한다.

구분	내용	적용 범위
시선 유도	• 고객의 시선을 유도할 수 있는 디자인 요소 활용	색, 무늬, 소재
단순화	• 진열 상품의 양, 종류, 색의 조화를 고려하여 진열	외형적 특징을 고려하여 상품군 결정
통일화	• 상품의 품목, 가격대 등을 통일화하여 디스플레이	
그룹화	• 상품군별, 테마 이슈별, 타깃군별로 나누어 배치	특별 코너 구성
여백의 미	• 테마 상품을 돋보이게 하기 위해서는 적당한 여백 (공간) 을 만들어 놓음	
입체화	• 깊이, 높낮이, 배치 등을 입체적으로 장식	
액센트	• 소품, POP, 액세서리 등을 활용하여 삼품에 고객의 시선을 모을 수 있도록 액센트 부여	

디스플레이 순서

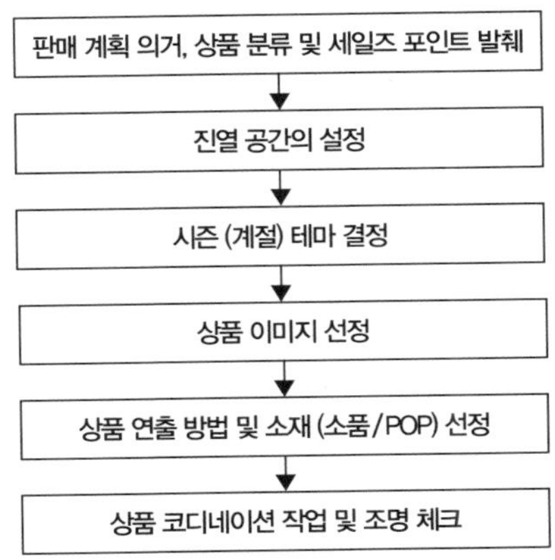

월별, 시즌별 판매 계획을 중심으로 매장 내 디스플레이를 차별화되게 전개함으로써 방문 고객들에게 편리하고 재미있는 쇼핑 공간을 제공한다.

시각적 연출 요소(5W 2H)

매장은 5W 2H에 입각하여 목표를 설정하고 이를 공략하기 위한 시각적 연출 요소를 결정함으로써 차별화된 시각적 요소의 전달로 판매를 증진시킬 수 있다.

구분	목적	목표	내용
5W	Who (누구에게)	대상 고객	타깃 고객의 나이, 기호, 라이프스타일, 구매 동기 등을 분석하여 목표 고객 결정
	What (무엇을)	대상 제품	행사 테마와 맞는 상품이나, 계절적으로 팔아야 할 품목을 선택
	When (언제)	시행 시기 시행 기간	경쟁 유통 동향, 날씨, 유동고객 현황 등 여러 가지 변수를 고려하여 시기 결정
	Where (어디서)	시행 장소	매장 내외, 입구, 특별 행사장 등 행사 성격과 연계하여 장소 결정
	Why (왜)	시행 목적	행사의 테마는 무엇이며, 어떻게 POP로 표현할 것인가 체크
2H	How many (어느 정도)	제품 수량	시행 장소, 대상 제품 등을 고려하여 진열 상품의 수량을 결정
	How to (어떻게)	시행 방법	상품의 특징 및 판매를 증대시킬 수 있는 연출 및 표현 방법 설정

연말 매출 활성화를 위한 점두 POP 만들기

연간 영업을 마무리하는 12월은 연말 매출을 최대한 올려 목표를 달성하고, 다가오는 새해의 영업을 준비하는 매우 중요한 시기이다. 시기적으로 크리스마스, 송년, 겨울방학 등의 계절적 이슈가 있어 특별한 수요가 발생하게 되며, 또한 겨울철 성수기 제품에 대한 매출 활성화가 이루어지게 된다. 특히 다양한 업태의 출현과 판매 경쟁이 심화되고, 고객들의 정보 습득의 기회가 증가함에 따라 구매 패턴이 다양하게 변화하는 시점임을 감안할 때 구매 시점 판매 촉진과 정보 전달을 담당하는 POP(구매 시점 광고)의 차별화에 집중해야 한다.

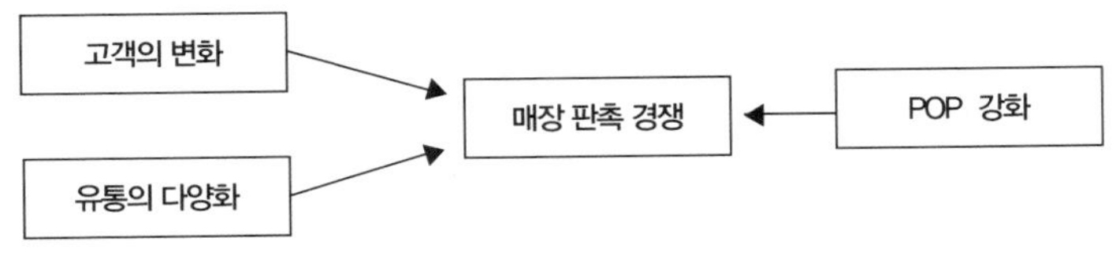

POP 역할 및 제작 방향

POP(Point Of Perchase, 구매 시점 광고)란 고객에게 제품의 특징 및 가치에 대해 직접적으로 알리고, 보여주고, 제안해서 구매가 쉽도록 유도하기 위한 것이다.

◆ 제품을 알기 쉽게 설명한다.

- 제품명, 기능, 가격, 경제성, 안정성, 생활 제안, 제품 크기, 사용 방법 등

◆ 매장에 무엇이 있는지 알린다.

- 제품별 코너 안내, 특별행사 및 코너 안내, 신제품 코너, 계산대 등

◆ 제품을 살 때 구매 조건에 대한 안내 및 제안을 한다.

- 특가 기획 판매, 한정 판매, 인기 제품 순위, 할부 판매 등

◆ 매장 내의 이미지 강화 및 계절감을 나타낸다.

- 현수막, 행거, 계절 POP, 배너, 포스터, 사인보드 등

◆ 매장의 서비스를 알린다.

• 고객 구매 특전, 배달 서비스, 설치 서비스, 애프터서비스 안내 등

POP 운영

◆ POP 기본 콘셉트

• 고객이 "알기 쉽게! 보기 쉽게! 고르기 쉽게!" 제작

• 판매원이 "어떻게 설명할 것인지, 무엇을 제안할 것인지, 어느 것을 많이 팔아야 하는지를 명확히" 제작

◆ POP 제작 규칙

• 계절별 판촉 계획에 근거한 제품 구색 갖추기 및 진열 공간 분할

• 고객이 쉽게 접근할 수 있는 제품군별 구분 연출

• 집중판매 제품을 고객이 쉽게 선택할 수 있도록 연출

• 집객력을 높이기 위한 집객제품의 명확한 연출

• 주력 품목을 중심으로 한 새로운 생활 제안 및 정보 제공

◆ POP 제작 목적

• 고객만족도 UP : 고객이 스스로 제품을 고르고, 쾌적한 쇼핑이 되도록 유도

• 인당 판매력 UP : 판매사원 1인당 관장할 수 있는 접객 범위의 확대 및 보완

• 매출 이익 UP : 집중판매 제품에 대한 판매 비중을 높임

POP 유형

◆ 기본 POP : 제품별로 차별화해서 기초 정보 제공

- 가격표, 특징 설명표, 할부 판매 안내표, 광고/전단 연계 POP

◆ 서비스 안내 POP : 고객에게 매장에서 제공하는 구매 편의 수단과 서비스 내용을 전달

- 서비스 체계 안내, 카드 판매 안내(종류, 수수료), 할부 구매 안내, 제품 보증기간 안내, 수리 안내 등

◆ 구매 안내 POP : 고객이 해당 제품을 구매할 때 무엇이 도움이 되는지를 표현하는 구매 특전 사항 전달

- 신제품 표시, 기획/할인 판매 표시, 광고 제품 표시, 인기 제품 표시, 전시 제품 한정판매 표시, 당일 한정 염가 판매 표시, 세트 제품 구입 안내 표시, 추천 제품 표시, 초특가 판매 제품 표시 등

◆ 코너 연출용 POP : 매장에 고객이 들어왔을 때 사고 싶은 마음이 들도록 코너별 판매 제품 및 행사를 설명하고 구매를 환기할 수 있도록 표현

- 신제품 특별 안내, 기획 판매 코너 안내, 계절 제품 코너 안내, 결혼/이사/수능/선물 특선 코너 안내, 전시 제품 특가 세일 안내 등

◆ 기능 설명 POP : 제품의 기능 및 성능을 중심으로 명확한 설명을 통해 고객의 구매 결정을 하기 쉽도록 표현

- 판매 인기 순위 안내, 제품별 비교표, 경쟁 모델 대비 신제품 비교표, 용량에 대한 실물 표시(수량, 시간 등), 제품별 색상표 등

쇼 카드(특장점 설명표) 만들기

쇼 카드의 개념

① 제작 목적 : 판매하고자 하는 제품을 고객이 쉽게 고를 수 있도록 고객의 입장에서 만드는 제품 설명표이다.

② 기입 내용 : 제품 자체가 갖고 있는 기능/성능에 대한 정보, 제품 사용 후기, 제품을 통한 새로운 생활 제안한다.

③ 제작 효과 : 방문 고객이 많을 때 접객 기회 손실을 최대한 막아주며, 확실한 구입 목적 없이 방문한 고객에게 부담 없는 접객이 가능하다.

쇼 카드 전개 방법

① 인기제품 및 주력판매 제품에 부착하여, 타 제품과 차별화.

고객이 처음 봤을 때 "특별한 차이가 없는데 왜 가격이 틀릴까?" 하는 질문에 스스로 답변을 찾도록 유도한다.

② 특별 체험(실연, 시식(시음)) 코너에 부착하여 새로운 생활 용도 제안.

디스플레이만 할 경우, 단순한 매장 꾸미기에 그치게 되므로 이 제품을 사용하면 "이러한 경우, 이렇게 생활의 즐거움이 달라집니다"라는 의미를 명확히 안내하고 표현하여 준다.

③ 신제품에 부착하여 제품 기능 및 사용 방법 안내.

신제품 자체만을 진열하였을 경우, 판매까지 연결시키기가 어려우므로 신제품에 대한 교육 차원에서의 특징 설명으로 고객의 구매력을 환기시키도록 한다.

4단계

붐비는 매장으로 만들기

집객력을 높이는 판촉 기획

점점 세분화되고 고급화되는 고객들의 기호와 지역별 상권 특성에 맞는 영업을 전개하기 위해서는 다양한 고객만족 판촉을 실시해야 한다.

판촉은 당장의 매출을 올리는 수단이 아니라 고객에게 매장을 자연스럽게 알리고 호감도를 높여 방문을 촉진함으로써 구매를 활성화시키는 수단이므로 고객의 집객력을 높이는 데 목표를 두어야 한다. 즉 매장으로의 고객 주목도를 높이고 고객 스스로 방문하게 함으로써 자연스러운 구매가 이루어지도록 하는 것이다.

요즘처럼 다양한 유통의 출현으로 경쟁이 치열해지는 시점에서는 차별화된 판촉이 절실하다. 따라서 성공적인 판촉을 위해 무엇을 할 것인가를 정확히 파악하고 이를 단계적으로 살펴보는 것이 중요하다.

첫 단계로, 성공적인 판촉을 수행하기 위한 체크포인트와 시행 단계별 프로세스를 알아보도록 하겠다.

성공적인 판촉 수행을 위한 5계명

성공적인 판촉을 실행하기 위해서는 판촉 행사를 실시하기 전에 먼저 고객 데이터를 정비하고 제품별, 금액별, 기호별로 고객을 세분화하여 타깃 고객을 선정한 후 차별화된 판촉을 시행해야 한다. 또한 매장 내부적으로는 목표 달성을 위한 임직원들의 확고한 의지와 철저한 사전 준비가 필요하다.

다음은 성공적인 판촉을 위한 5계명이다.

구분	내용
1. 임직원의 의지	• 판촉 실행에 대한 적극적인 자세와 목표 달성 의지
2. 명확한 타깃 및 판매 방법 설정	• 상품별 고객 설정 및 고객별 기호 파악 • 고객별 제안 상품 선정 및 상품별 판매 가격 결정
3. 목표 설정 구체화	• 행사 기간 중 방문 고객 및 신규 고객 확보수 • 행사 기간 중 매출액 * 목표 설정은 너무 높을 경우 달성 의욕이 저하되므로 임직원들과 협의하여 적절한 수준에서 결정 * 매출 이익을 고려하여 판촉 비용 및 수단 결정
4. 철저한 준비	• 행사 추진 스케줄 표를 만들어 일정별로 추진 항목 체크 – 추진 항목: 상품 선정, 판촉물 (사은품/기념품) 준비, 홍보물 (전단, 포스터, 현수막 등) 제작 및 부착 (배포), 초청 고객 선정, 집객 방법, 매장 연출, 집객 이벤트 운영 • 추진 항목별 임직원별 업무 분장 * 임직원들과 행사 내용을 충분히 협의, 공감대를 형성한 후 업무 분장 실시 * 행사 후 효과 분석을 위한 사전 행사 평가표 작성
5. 홍보 집중화	• 지역 내 많은 고객들에게 행사를 알리기 위해 다양한 홍보 밥법 활용 – 온라인 : 이메일 전단 및 쿠폰 – 오프라인 : DM, TM, 전단 삽지, 출퇴근 전단 배포 등

성공적인 판촉을 위한 시행 프로세스

단계	일정	추진 항목	추진 내용
1단계	D-25	판촉행사 기획	• 행사명, 행사 기간, 행사 내용 • 추진 항목별 스케줄 표 작성 • 매장 연출 계획 및 진열 제품 결정 • 집객을 위한 점두 및 점내 이벤트 프로그램 기획 • 초청 고객 및 제안 (기획) 상품 선정 • 행사 목표 및 비용 결정
2단계	D-20	행사 관련 물품 제작	• 인쇄홍보물 (현수막, 전단, DM, POP, 포스터 등) • 판촉물 (사은품, 기념품) • 이벤트용품 (풍선, 사탕, 다과 등)
3단계	D-15	행사 홍보	• 초청고객 대상 DM, 문자, SNS 및 이메일 발송 • 신문 삽지, 주요 지역 포스터 부착, 현수막 거치 • 기타 : 지역신문/케이블 TV 광고, 도우미 홍보 차량 등
4단계	D-7	매장 연출	• 판촉 행사 특별 코너 연출 – 신상품 및 기획상품 차별화 진열 – 상품 관련 POP 및 가격표 부착 • 주요 행사 상품 쇼윈도 진열 및 실연 – 기획 모델, 사은품, 기념품 연출
5단계	D-데이	행사 실시	• 오픈식 : VIP 고객 초청 테이프 커팅 • 집객 이벤트와 접객 프로그램으로 이원화 운영 – 집객 : 매장 입구 이벤트 (캐릭터, 도우미, 삐에로, 댄싱팀, 사물놀이 등), 경품함, 경매, 기념품 증정 – 접객 : 다과 준비, 기획 모델 할인, 구매 고객 사은품, DM고객 기념품 증정 • 판매 : 코너별 설명 요원 배치
6단계	D+2	행사 결과 분석	• 효과 분석표를 통한 행사 결과 분석 – 고객 분석 (방문, 구매), 매출분석 (일별, 상품별, 시간대별) 등 – 투여 비용 (홍보물, 판촉물, 기타) 대비 매출 효과 분석 • 항목별 개선 방안 수립
7단계	D+10	사후 관리	• 방문/ 구매 고객 대상 감사 전화, 문자 발송 및 고객 데이터 정리 • 행사 관련 비용 정산

매출 확대를 위한 효과적 판촉 운영 방법

계획한 목표를 효과적으로 달성하기 위해서는 영업 활동 방향을 정확하게 설정해야 한다. 특히 비용을 최소화한 판촉 실행을 통해 목표를 달성할 수 있도록 영업 활동을 효율적으로 전개하는 것이 중요하다.

목표 달성을 위한 판촉을 효과적으로 운영하기 위해서는 "PLAN(판촉 기획) – DO(판촉 행사 실행) – SEE(행사에 대한 결과 분석 및 피드백)의 절차에 따라 단계적으로 실시해야 한다.

1단계 : 정보 · 자료의 수집 및 상황 분석

계절적 요인 및 사회 문화적 이슈를 고려하고, 지역 상권(시장)을 세분화하여 타깃 시장(고객)을 선정하고 고객의 니즈(요구사항)를 정확히 파악한다. 거기에 매장의 인적, 물적 인프라와 영업 정책 등을 효과적으로 조합하여 판촉 효과를 극대화하기 위한 유용한 정보의 수집 · 가공을 통한 상황 분석을 실시한다.

◆ 체크포인트

- 영업 환경의 파악 분석 : 상권 · 고객 · 계절 상황
- 회사의 물류 상황 및 정책 사항
- 매장 판매 및 재고 현황
- 경쟁 매장의 판촉 계획 및 판매 동향

• 사회 문화적 이슈 및 지역 이벤트 행사

2단계 : 판촉 계획의 수립

추상적이고 대략적인 목표 설정(예 : 판매 증대, 고객 방문율 향상, 고객 데이터 정비 및 정보 수집, 부진 재고 소진, 매장 이미지 제고 등)은 결과를 가늠하기가 사실 어렵다. 그러므로 판촉의 주목표는 한 가지로 집중화하고 보다 더 구체적으로 숫자화 하여 명확하게 설정해야 한다.

예를 들어, 세일 중심의 판촉 행사시에는 매출을 주된 행사 목표로 삼고 매출액, 초청 및 방문객수, 객단가(客單價, 고객 1인당 평균 매입액)와 일자별, 품목별, 판매 경로별 목표를 구체적으로 계수화하여 설정한다. 또한 원활하고 효과적인 판촉 행사의 실행을 위해 행사 성격에 맞춰 매장 임직원(영업, 서비스, 물류, 경리, 주부사원 등), 아르바이트생 등과 충분한 협의를 통해 전체 참가 인원의 의견이 골고루 반영될 수 있도록 한다.

◆ 계획 수립에서의 착안 사항

① 판촉 계획을 수립하기 위해서는 항상 고객의 입장에서 "어떠한 이익과 가치가 있으므로 제품을 구매하겠다"라는 실질적인 고객만족을 목표로 행사를 기획해야 한다. 즉 통상적이고 고객이 식상해 하기 쉬운 단순한 사은 판촉, 할인 판촉을 지양하고, 고객의 니즈를 꿰뚫어 보고 오히려 앞서서 충족시켜 줄 수 있는 판촉 전략을 수립해야 한다.

② 시행 주체인 매장 임직원 및 주부사원, 아르바이트생의 활동 의욕이 고취되도록 매출 콘테스트를 통한 인센티브 제공 등이

필요하다.

③ 소요 예산 부분에 있어서 첫째, 비용 지출 계획은 효과적인가를 살펴보고(행사 기간 총매출, 이익률, 비용률, 영업이익률 관리가 필요) 둘째, 총 소요 예산의 확보 방법을 강구한다. 셋째로 정산에서 문제점을 고려, 사전에 결제 조건과 방법 등에 관한 계약 관계를 해당 업체와 확정지어야 한다.

④ 행사 기간의 산정은 이전의 행사를 경험으로 효과성을 따져 결정하고, 행사 관련 판촉물은 행사 개시 전까지 확보가 가능한지 살펴보아야 한다.

⑤ 판촉 행사의 성공 여부를 가늠할 수 있는 중요한 요소로서 고지 수단은 행사의 내용이 고객에게 정확히 전달되고 또 방문 욕구나 참여 욕구 및 구매 욕구를 일으킬 수 있도록 해야 한다.

◆ 체크포인트

- 명확한 행사의 목적 및 목표 설정
- 행사명, 행사 시기의 확정
- 타깃 상권 및 목표 고객 선정
- 행사 대상 품목 선택
- 판촉 방법의 결정
- 판촉 고지 수단 선택
- 참여 인원 역할 분담
- 소요 예산 산정 및 비용 계획 수립

3단계 : 행사 준비

상권 분석 및 고객 성향 파악을 통해 세운 판촉 계획을 바탕으로 고객 방문율 증대 및 판매 극대화를 하기 위해서는 행사 관련 제반 사항에 대한 철저한 준비가 절대적으로 중요하다. 그러므로 판촉 계획에서 정해진 모든 행사 수단에 대해 차별화된 콘셉트를 부여함으로써 자연스럽게 행사를 알리고 고객을 매장으로 끌어들여 자연스럽게 구매를 이끌어낼 수 있도록 한다. 특히 매장 실내 및 입구가 행사에 적합하도록 쾌적하고 안락하며 판촉 행사 개념에 잘 들어맞도록 세심하게 연출해야 한다.

◆ 체크포인트

- 고지물 제작 : 전단, 포스터, 현수막 등
- 판촉물 구입
- 제품 확보 및 매장 진열 연출
- 가격표, POP 부착
- 판매 경로별 준비 사항 : 목표 그래프
- 고지물 배포, 게재, 부착

4단계 : 판촉 시행 및 관리

판촉 행사를 시행하는 시점에 있어서는 매일 아침 점포의 청소 및 정리정돈과 조회를 위해 평소보다 1시간 정도 먼저 시작하도록 한다. 조회시간에는 행사의 역할 분담 및 행사 목표에 대해 공유하도록 하며, 매일 행사를 마치는 시간에도 마감 미팅을 통해 행사에 대한 평가 및 미흡한 점을 검토하도록 한다. 특히 행사 참여 고객에 대한 철저한 분석을 통해 구매 촉진 및 행사에 대한 고객 참여도를 제고시키도록 한다. 신규 고객에 대해서는 향후 온오프라인으로 고객 관리 및 행사에 대한 안내를 할 수 있도록 세부적인 고객 데이터를 수집해야 할 것이다. 또한 동종업종의 매장 연합, 지역 연합과 같이 대규모로 시행할 경우에는 전단 및 대중 매체를 이용한 광고 등에 있어 공정거래법상에 문제가 없도록(특히 경품류 제공의 경우) 표현에 유의해야 한다.

◆ 체크포인트

- 매장의 청결 유지
- 일별 목표 관리 : 판매, 방문객, 구입률, 객단가 등
- 방문 고객의 응대 및 반응 조사
- 방문 고객 고객 리스트 작성
- 행사 참여도, 호응도 파악
- 추가 고지 여부 결정
- 계획과 중간 결과 비교
- 필요 품목(제품, 사은품 등)의 적정 재고 유지

5단계 : 결과 분석 및 피드백

매장에서 시행하는 판촉 행사는 사회 문화적 이슈 및 성수기 특수와 연계하여 자주 시행하게 된다. 따라서 판촉 행사의 효과를 배가

시키기 위해서는 현재 판촉 행사의 결과를 평가해보고 좋은 점을 강화하고 단점을 보완하는 일련의 활동을 통해 보다 나은 행사를 실시할 수 있도록 한다. 즉 체계적인 분석을 통한 반성 및 대책 수립과 행사 자료의 데이터베이스화를 통해 향후 판촉 기획의 완성도 제고와 질적 수준을 강화함으로써 효율적인 예산의 운영 및 고객 발굴/응대 방안 모색, 판매를 극대화시키도록 한다.

효과 분석의 방법으로는 행사에 대한 고객의 반응을 수집하는 정성적인 분석과 판매 목표에 대한 달성률, 방문 고객률, 전월 대비 성장률 등을 평가하는 정량적인 분석이 있다.

◆ 체크포인트

- 경로별 매출 실적 집계 분석
- 배달 설치의 확인
- 소요 비용 대비 효과 분석
- 방문 고객 사후 관리 : 데이터 입력, 해피콜, 감사 DM 등
- 임직원 및 주부사원, 아르바이트생의 노고 치하
- 피드백 회의 실시 : 문제점에 대한 반성 및 개선 대책 협의, 공유

성수기특수 공략을 위한 판촉 계획 수립

봄 가을은 매장을 찾는 고객들이 늘어나는 달이다. 특히 입학, 새

학기, 결혼, 이사 등 새 출발과 관련된 여러 가지 수요가 발생함으로 인해 매장의 매출이 늘어나는 시기이다.

따라서 성수기특수 공략을 위한 판촉 계획을 미리 임직원들과 협의하여 수립하고, 성공적으로 수행하기 위한 단계별 임직원 업무 분장을 명확히 구분하여 효과적인 영업 활동을 수행하도록 한다.

판촉을 효과적으로 운영하기 위해서는 기획 단계에서부터 체계적으로 추진 일정을 수립하고 목표를 달성하기 위한 최적의 수단을 선정하여 실행해야 한다. 따라서 판촉 기획에 대한 체크포인트 및 기획 요령을 살펴보고 이를 우리 매장 및 상권에 맞게 변형하여 실천하도록 한다.

기획 체크포인트

판촉을 효과적으로 수행하기 위해서는 행사를 기획하는 단계에서부터 체계적인 업무 추진과 노하우가 필요하다. 성공적인 판촉을 기획하기 위한 체크포인트를 알아보도록 하겠다.

정보 자료 수집 및 상황 분석

사회 문화적 이슈, 월별 이벤트, 계절적인 요인 등을 고려하고 지역 상권의 특성을 감안, 시장을 세분화한 후 공략 방법을 세우도록 한다. 그리고 고객의 기호 및 니즈를 정확히 파악한 후 매장 인프라와 판매 정책 등을 효과적으로 믹스하여 판촉 계획을 수립하도록 한다.

목표 설정

매출 증대, 매장 방문율 향상, 고객 인지도 제고 등 막연하고 개략적인 목표보다는 계수화된 구체적인 목표 및 기대 효과를 명확히 설정하도록 한다. (예 : ○월 고객 관리 : 단골 고객 카톡 100명, 신규 방문 일별 3가구)

의견 수렴

판촉 행사에 대한 기획을 아무리 잘 세우더라도 임직원들이 잘 수행할 수 없거나 어떻게 해야 할지를 모른다면 좋은 기획이라고 할 수 없다. 그러므로 행사 기획 단계부터 전 임직원과 관계자가 참여한 가운데 충분한 협의와 의견 교환을 통해 원활하게 수행할 수 있는 판촉 계획을 수립한다. 임직원 모두가 행사에 적극적으로 참여해야만 성공적인 행사를 수행할 수 있다.

기대 목표 달성을 위한 최적의 수단 선정

가망 고객의 눈길을 끌 수 있는 홍보 수단(전단, 포스터, 현수막, POP, 연출 소품 등)을 사회 문화적 이슈, 트렌드, 계절 요인 등을 고려하여 선정한다. 행사 내용도 고객이 매장을 방문하고 싶은 욕구를 일으킬 수 있도록 단순한 사은, 할인 판촉을 지양하고 지역 상황 및 고객 기호에 맞는 차별화된 판촉 행사를 제안하도록 한다. (예 : 봄맞이 주말 세일, 황사 대비 특별 제안전, 입·졸업생 추가 할인, 65세 이상 특별 할인 등)

소요 예산 산출

매출 목표 대비 비용 지출 계획이 효과적인가를 검토하고 소요 비용을 결정하도록 한다. 또한 소요 비용에 대한 조달 방법 및 배분,

사용 시기 등을 계획한다. 행사 종료 후에는 정산을 고려하여 결제 조건 및 방법 등을 행사 전에 협력업체와 협의하여 결정하도록 한다.

행사 기간 결정

제품(신제품 출시, 재고) 현황, 고객의 경제적 여유(급여, 보너스, 명절 지출, 등), 홍보물 및 판촉물 제작 등을 고려하여 효과적인 행사 기간을 결정하도록 한다. 한 달 내내 하는 것보다는 주말에 집중하거나 3~5일 정도 짧은 기간 동안 게릴라성으로 행사를 진행하는 것이 고객의 참여를 높일 수 있는 방법이다.

고지 수단 결정

행사를 알리는 고지 수단은 판촉의 성공 여부를 가늠할 수 있는 중요한 요소이므로 행사의 내용을 고객에게 정확히 전달하고 행사에 참여하고 싶은 욕구가 일어날 수 있는 효과적인 고지 수단을 선정하도록 한다.

매장 연출

고객의 방문을 유도하고, 방문한 고객들로 하여금 편안한 쇼핑 분위기를 제공하도록 한다. 매장 입구는 고객들의 시선을 끌 수 있도록 월별 이슈 및 트렌드를 감안하여 독특하게 연출하도록 한다. 매장 내부는 각 코너별로 고객의 입장에서 제품을 쉽게 살펴보고 비교할 수 있도록 다양한 POP를 활용하도록 한다.

공정거래법 저촉 검토

우선 행사 기간, 명칭, 경품액의 한도 등을 살펴보도록 하며, 지역 연합, 관련 업체와의 공동 판촉 등 대규모 행사의 경우 대중 매체를 이용한 광고 등의 표현에 유의하도록 한다.

성수기특수 공략을 위한 판촉 기획 방법

성수기특수를 보다 효율적으로 공략하기 위해서는 고객의 눈길을 끌 수 있는 타 매장과 차별화된 판촉 행사를 시행해야 한다.

그렇다면 차별화된 판촉 기획은 어떻게 하는 것이 효율적이고 전 직원이 합심하여 잘 진행할 수 있을까?

다음은 판촉 계획 수립에서 행사 후 관리까지 어떻게 할 것인지에 대한 추진 절차이다. 각 부분별로 무엇을 세부적으로 체크할 것인지를 살펴봄으로써 판촉 행사 기획 및 실행에 적용시켜 보도록 한다.

판촉 추진 절차

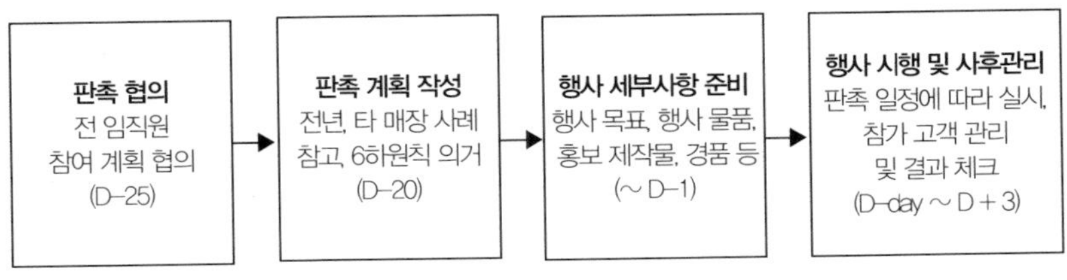

판촉 체크포인트

항목	세부 사항	체크포인트
행사 범위 결정	• 행사 목적에 맞게 결정 • 고객 선정 • 고객 마케팅	• 행사 유형 : 고객 초청, 사은, 할인, 이벤트 등 • 행사 목적에 맞는 TM, DM, SMS 고객 선정 • 지역 상권 내 관련 매장 협력 방안
행사 목표 설정	• 행사 예상 매출핵 • 판매 예상 건수 • 방문 고객수	• 행사 기간 일 평균 및 품목별 예상 매출 • 판매 건수 * 평균 구입 단가 * 행사 일수 • 방문 인원 * 평균 구입률(%) • 초청 인원 * 매장 평균 방문 예상률 – 무리한 목표보다 실행 가능한 120% 정도 설정

성공적인 판촉 전략 세우기

성수기특수 공략을 위한 판촉 기획 방법을 기초로 판매 극대화 및 차별화된 매장 이미지 구축을 위한 판촉 전략을 세워야 경쟁 매장보다 한 발 앞선 영업 활동을 전개할 수 있다. 즉 상권 내 1등 매장이 되기 위한 영업 활동을 하기 위해서는 판촉 전략 계획을 어떻게 수립하느냐가 매우 중요하다.

판촉 전략 계획은 판촉의 방향을 설정하는 것으로서 어떤 방법으로 판촉을 집중시키는 것이 가장 커다란 성과를 얻을 수 있는가를 판단하는 것이다. 이를 위해서는 먼저 시장에 대한 전반적인 조사가 필요하다. 판촉을 실행하기 위해서는 제품 품목과 그 제품이 속해 있는 시장 상황, 고객 기호, 트렌드 등에 관해 충분히 살펴보아야 한다. 왜냐하면 판촉의 전개 방향은 시장 분석을 기초로 하여 이루어지기 때문이다.

마케팅의 그루(Guru, 스승, 권위자, 전문가)인 필립 코틀러(Philip Kotler)는 "모든 전략은 기획에서 시작되고 또한 모든 기획은 시장 조사에서 출발한다"고 하였다. 즉 정확한 시장 분석이 판촉 전략 수립에서 가장 중요한 출발점이라고 할 수 있다.

1단계 : 시장 분석

시장 분석은 대상 품목 및 제품이 속해 있는 시장 환경, 경쟁 제품 동향 등 제품을 둘러싸고 있는 제반 환경에 대한 사실을 수집하고 검토하여 판촉 계획의 방향을 정하기 위한 것이다. 이 단계는 구체적으로 자료 수집, 검토, 문제점과 시장 기회 검토 등 세 가지 작업이 있다.

이러한 자료 수집과 검토 대상이 되는 것은 수요 동향, 경쟁자 분석, 소비자 동향, 제품 분석, 유통 분석, 광고/판촉 분석의 여섯 개 분야이다.

자료 수집

시장 분석은 시장에 대한 제반 사실의 수집에서 비롯된다. 통계자료, 신문, 잡지, 인터넷, 모바일 등으로부터 필요한 정보를 수집한다. 관련 정보는 위에서 살펴본 6가지 분석 분야로 나누어서 수집하여 정리하도록 한다.

자료 검토

이 단계는 시장에 대한 문제점과 판매 기회를 창출키 위한 전 단계로, 입수한 자료를 평가하여 의미를 파악하는 단계이다. 수집된 정보를 대상으로 문제의식을 가지고 무엇을 의미하는지, 어떤 점에 주의해야 하는지, 어떠한 전략적인 가치를 지니고 있는지를 검토해야 한다. 그리고 6가지 분석 분야에 대해서는 각각 다음과 같은 점을 중점적으로 살펴봐야 한다.

① 수요 동향 : 시장 규모, 제품 단계(도입, 성장, 성숙, 쇠퇴), 수요 경향

② 경쟁 분석 : 경쟁 시장 형태, 경쟁 제품 시장 위치, 경쟁 제품 강약점

③ 고객 성향 : 주요 구입자, 구입 원인 및 경로, 제품 활용 형태

④ 제품 분석 : 특징, 제품 속성(광고 인지율, 구입 희망률 등), 가격

⑤ 유통 분석 : 판매 경로, 경로별 강약점

⑥ 광고/판촉 분석 : 경쟁 제품 광고/판촉 동향, 광고/판촉 성과

문제점 및 기회 창출

6가지 분야에 대한 정보 수집과 분석에 의해 판촉을 전개할 때 가장 먼저 고려해야 할 사항은 '시장의 문제점'과 판촉 전개시 유리하게 작용할 '시장 기회'의 파악이다.

① 문제점 : 판촉 활동 전개시 장애 요인

② 시장 기회 : 판촉 전개시 활용할 수 있는 시장의 제반 사실이나 경향 중 우리 매장에서 활용할 수 있는 기회

2단계 : 기본 방향 설정

기본 방향은 시장 환경의 분석으로부터 유출되어지지만 판촉의 기본 방침은 제품의 마케팅 단계에서도 규정되어지기 때문에 판매 목표, 목표 고객, 광고/판촉 예산 등을 살펴봐야 한다.

이 단계에서는 시장의 문제점과 기회 분석 그리고 마케팅 목표에 입각하여 다음 세 가지 사항을 명확히 해야 한다.

판촉 전략의 방향 설정

우선 고객들의 직접적인 구매를 유발시킬 수 있는 적합한 상황인가를 판단한다. 즉 판촉 전략의 적용 가능성 및 추구하고자 하는 목표를 실현할 수 있는 상황인가 아닌가를 판단하도록 한다.

판촉 타깃의 설정

시장 환경 및 고객의 기호 분석을 통해서 판촉을 전개할 때, 어느 고객을 타깃으로 삼을 것인가를 결정한다.

시행 방향 결정

판촉을 전개할 방향성을 설정함에 있어서 실시 지역, 시기, 유통 경로, 대상 제품, 타깃 고객 등의 결정에 대한 기본적인 방침을 설정토록 한다.

3단계 : 전략 과제 설정

판촉을 전개할 주요 내용을 설정하는 단계이다. 이 단계에서는 행사를 추진할 때 중심적인 해결 과제를 결정한다. 다음의 다섯 가지 내용 중에서 전략 과제를 선택하도록 한다.

체험을 통한 동기 유발 전략

제품 사용 경험이 없는 고객층에 대하여 제품의 체험(실연)이나 무료 사용, 구입 등에 대한 직접적인 동기를 부여하는 전략이다. 예를 들면 전단이나 현수막만으로는 전달할 수 없는 제품 특징에 대해 직접 사용해보고 체험하게 함으로써 구매 결정을 촉진시키기 위한 전개 방법이다.

대량 구매와 연속 구매의 동기 유발 전략

제품 구입 경험자들에게 대량 구매 또는 한정된 짧은 기간에 연속 구매 동기를 유발시키는 전략이다. 특판에 대한 특별가격 적용 및 마일리지 프로그램을 통한 지속적인 구매를 유도한다.

임직원 및 경로별 판매 지원 전략

매장 임직원, 주부사원, 아르바이트생 등 영업사원 및 판매 인력에 대해서 제품의 판매를 활성화시키기 위해 지원하는 전략으로 콘테스트, 인센티브 지급 등의 방법이 있다.

광고/홍보를 통한 판매 지원 전략

고객들의 실질적인 구매로의 직접적인 동기 유발이 아닌 매체 및 구전을 통한 제품 인지도 및 이해도를 높이기 위해 광고, 홍보 등의 판촉 고지 수단을 활용하는 전략이다.

이미지 향상을 위한 장기 전략

제품 판매가 주목적이 아니라 매장 이미지 향상을 통한 자연스러운 방문, 구매 및 지속적인 구매를 유도하기 위해 실행하는 전략으로 협찬, 후원, 봉사활동 등을 들 수 있다.

4단계 : 타깃 설정

판촉 타깃은 광고나 영업 활동의 대상과 동일하지만 다음 세 가지 분류에 따라 타깃을 선정하도록 한다.

인구 통계학적 분류

연령, 소득, 성별, 학력, 가족 구성별 등 인구 통계학적 분류를 기준으로 타깃층을 규정하는 방법이다.

라이프 스타일에 의한 분류

고객 분류를 소득이나 지역 등 외적 요인에 의한 분류가 아닌 생활 양식으로 분류하는 방법이다. 타깃을 보다 분명하게 선별할 수 있다. 특히 요즈음처럼 급속하게 변화하는 디지털 환경에서는 유행, 트렌드 변화에 따른 소비자 생활 태도 분석을 통해 제품을 제안하도록 해야 한다.

제품 구매 및 사용에 의한 분류

일반 수요와 특판, 현금 구매와 신용 구매 등 구매나 제품 사용 방법으로 타깃을 규정하는 것으로 지역별, 판매 경로별로 판매 추이를 파악해 탄력적이고 효과적으로 판촉을 실시할 수 있다. 개별 고객의 기호를 명확하게 파악할 수 있는 이점이 있다.

5단계 : 기본 사항 설정

언제, 어디에서 판촉을 실시해야 하는가를 결정하는 단계이다. 4단계의 타깃 설정과 마찬가지로 이 단계에서의 판단이 판촉의 성공 여부를 결정하는 아주 중요한 단계이다. 기본 사항의 설정은 다음의 세 가지 항목을 설정하는 것이다.

◆ 실시 시기 및 기간
◆ 시행 지역
◆ 행사 내용 (특히 기존 행사 대비 차별화되거나 강조해야 할 사항)

차별화된 판촉을 위한 전술 계획

판촉 전략을 토대로 판촉 실행을 위한 구체적인 전술 계획을 세워야 한다. 즉 전략(어디에서 실시할 것인가)에 근거하여 전술(어떻게 실행할 것인가)을 결정해야 한다.

이번 단계에서는 판촉 전략 계획을 바탕으로 전술 계획을 수립한다. 실제적으로 실행되는 판촉을 구체적으로 결정하는 단계이다. 여기에는 유연하고 개성적이며, 신선한 아이디어를 창조하는 발상이 필요하다.

다음은 차별화된 판촉 실천을 위한 전술 계획의 진행 방법이다.

1단계 : 판촉 주제 설정

판촉 주제란 '판촉을 어떠한 관점에서 고객에게 전달할 것인가'를 정하는 것이다. 주제는 주력판매 제품과 판촉 내용을 보다 효과적으로 연결시키기 위한 것이며, 고객에게 순간적으로 제품 구매의 이익을 확실히 전달할 수 있어야 한다. 즉 제품 자체의 특징과 판촉 행사를 잘 조화시켜 제품에 대한 구입 동기를 제공함으로써 보다 효과적으로 구매를 유도할 수 있다.

따라서 판촉 주제 설정은 먼저 제품의 경쟁 우위 포인트를 명확히 하는 단계와 고객에게 구매에 따른 이익을 강조하는 판촉 포인트를 설정하는 단계로 나누어진다.

경쟁 우위 포인트 만들기

포화된 시장에서 판매를 진작시키기 위해서는 경쟁 제품과 차별화된 우위점을 명확히 해야만 판촉을 실시할 근거가 생기게 된다. 즉 경쟁 제품에 대한 철저한 분석 및 판촉 내용을 숙지한 후 판촉 제품에 대한 경쟁 우위 포인트를 명확히 함으로써 성공적인 판촉을 전개할 수 있다.

판촉 포인트를 명확하게 만들기

판촉 포인트는 고객의 이익에 두어야 한다. 즉 고객이 제품을 구매해 실생활에 사용함으로써 얻을 수 있는 실제적인 이익을 강조해야 한다. 따라서 제품의 체험 및 사용을 권유해 고객이 제품을 사용함으로써 얻을 수 있는 실익을 명확히 제시하는 것이 중요한다.

판촉으로 강조해야 하는 고객의 이익을 설정하기 위해서는 다음과 같은 순서를 거치는 것이 효과적이다.

◆ 타깃 성향 : 어떤 감각을 지니고 있는가?

◆ 구매 성향 : 시기, 장소, 방법

◆ 판촉 전개 방향 설정

이와 같은 단계를 거쳐 고객 동향과 판촉의 시행 방향이 결정되면 '강조해야 할 구매자 이익=판촉 포인트'가 명확히 설정될 것이다.

2단계 : 판촉 매체 및 수단 선정

판촉을 위한 매체와 수단은 각각 장단점을 지니고 있기 때문에 매체와 수단의 선정은 판촉 전략을 바탕으로 운영되어야 한다. 매체란 판촉 시행에 필요하게 되는 옥외 광고물, POP, 인쇄 판촉물, 이벤트 등을 말한다. 판촉 수단은 매체를 전개함에 있어서 필요한 판촉물, 쿠폰 등의 기능형 수단을 의미한다.

매체 선정 방법

① 광범위 인지도 제고 매체 : 4대 매체(TV, 신문, 잡지, 라디오), 옥외・교통광고 등 대중 매체, 온라인/모바일 매체와 프로모션 매체를 이용하여 다수 고객을 대상으로 하여금 제품 및 서비스 인지도를 제고키 위한 매체 및 수단

② 개별 정보 전달 매체 : DM이나 대상 고객에게 직접 전해주는 카탈로그, 팸플릿, 리프렛과 전화, SMS(문자), SNS 등 타깃의 요구사항에 대한 상세한 설명을 위한 매체

③ 매장 판매 제고 매체 : 구매 시점에서 제품 구매의 결정을 촉진하는 구매 시점 광고 (POP, 이벤트)

④ 지속적인 커뮤니케이션을 위한 매체 : 간판, 옥외 광고, 안내 팸플릿 및 전단, SNS(카톡, 페이스북 등) 등 고객과의 계속적인 관계 유지를 위한 매체 및 수단

⑤ 판촉 행사 시행을 위한 보조 매체 : 응모권, 초대권, 사은품, 기념품, 할인 쿠폰 등 판촉 운영시 필요한 수단

이상의 매체 중 시장 상황 및 고객 동향, 매장 여건 등에 맞추어 최적의 매체를 선정하여 운영하도록 한다.

판촉 수단 선정에서 고려할 사항

① 제품 특성 : 판촉 수단은 판촉을 실시하려는 제품의 가격, 특성에 따라 전개 방법이 달라져야 한다. 저가 제품의 경우, 무료 체험(시음, 시식)을 시행할 수 있으나, 고가 제품의 경우 고객 모니터링이나 설명회, 일정 기간 무료 체험 후 구매 결정 등의 방법을 활용해야 한다.

② 타깃 특성 : 실리를 중시하는 주부를 타깃으로 하는 경우와 감각적인 구매를 하는 젊은 세대는 다른 판촉 수단을 활용해야 한다. 또한 타 브랜드를 이용하는 고객과 사용 경험이 전혀 없는 고객에게도 다른 방법을 사용해야 한다.

③ 시장 특성 : 시장에 처음 도입되는 제품은 소비자의 사용 경험이 없기 때문에 직접 체험할 수 있는 체험형 실연회(시음, 시식)를 시행하며, 성장기 제품은 많은 고객 수요가 발생하므로 구매 고객에 대한 혜택을 주는 다양한 판촉 수단(사은품, 가격 할인, 경품 행사, 쿠폰 발행 등)을 활용한다.

성숙기 제품은 대체 수요를 기대해야 하므로 보다 적극적인 구매 유인 수단(캐시백, 하나 더 서비스, 경매 이벤트 등)이 필요하고, 쇠퇴기에는 가격 할인 및 사은품 증정 등 제품의 라이프 사이클에 맞추어 판촉 방법을 차별화하는 전략이 효과적이다.

3단계 : 현장 판촉 전개 계획

이 단계는 판촉의 전개에 필요한 실시 계획을 수립하는 단계로 추진 일정, 소요예산 산정 및 배분, 실시체계 편성 등의 3단계로 구분된다. 특히 소요 비용과의 비교에 의해 행사의 유효성을 평가하는 단계이다.

추진 일정

일정 편성에 있어서 기본적 사항은 중점 추진 사항, 행사의 진행 방법, 시간 배분 방법, 유의사항 등이다. 실시 계획에 필요한 순서와 일정을 주, 일 단위로 시간을 나누어 계획토록 한다.

계획 수립시 과거의 실적이나 경험 등을 토대로 한정된 기간 내에 가장 적절하고 효과적으로 배분해야 하며, 예상치 못한 상황의 발생에 대비하여 시간적 여유를 두도록 한다.

예산 배분

예산 배분은 먼저 예산 설정 방법을 결정한 후에 판촉 매체, 수단별로 적절하게 배분하도록 한다. 판촉 계획에 있어서는 선정된 매체와 수단이 예산 편성에 영향을 주는 가장 큰 요소이므로 매체, 수단별로 명세와 비용의 내역 등에 따라 배분한다.

실시 체계 편성

판촉을 실행할 조직과 내용을 한눈에 파악할 수 있도록 추진 일정표 및 조직도를 작성한다. 판촉을 실시하는 데 있어서 조직력은 성공적인 판촉 행사 추진의 근간이 된다. 매장 임직원의 특성에 맞추어 업무를 분장함으로써 원활한 커뮤니케이션을 통한 성공적 행사를 만들도록 한다.

성수기특수 대비 판촉 기획의 4단계

판촉에 대한 기획은 기본적으로 4단계를 거친다. 제일 먼저 행사의 방향을 설정한다. 그 다음 테마를 결정한 후, 판촉 수단을 활용하여 판촉 시행 계획을 수립하는 것이다.

다음은 단계별 시행 방법이다.

1단계 : 판촉 방향 설정

판촉 기획은 어떠한 목적을 위해 시행할 것인가의 '방향 설정'에서 출발한다. 판매 활성화, 타깃 고객의 발굴, 고객 데이터 정비 등 영업 활동의 최종 목적을 위하여 어떠한 판매 촉진 전략을 선정할 것인가를 먼저 판단해야만 한다. 이것은 판촉 활동이 광고와 같이 단순한 '매장 이미지 제고' 차원의 기능이 아닌 5가지의 복합적인 기능을 가지고 있다는 것에 기인한다.

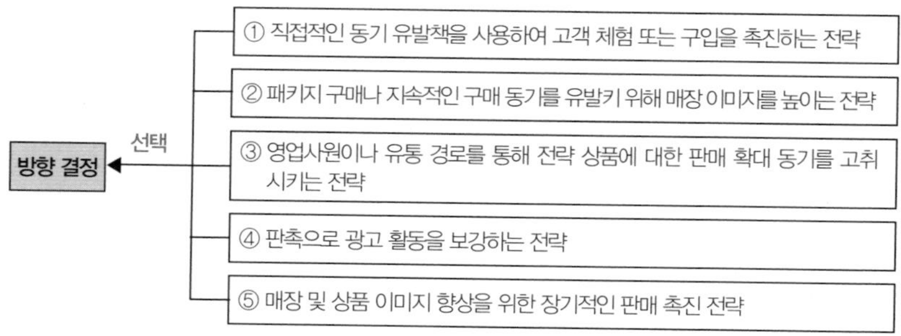

2단계 : 판촉 테마 발굴

타깃 고객들에게 소구해야 할 적합한 구매 유인 방법을 검토하는 단계이다. 먼저 우리 매장 및 제품에 대한 경쟁 우위 포인트를 명확히 파악해야 한다. 판촉 행사를 통해 고객이 제품을 구입함으로써 얻을 수 있는 혜택을 살펴본 후 어떠한 방법으로 소비자에게 표현할 것인가 하는 판촉 테마를 결정하도록 한다.

판촉 테마란 매장이나 제품이 가장 적합하게 표현할 수 있는 특징을 단적인 언어로 표현한 것이며, 판촉에 대한 핵심적인 소구 포인트이다. 판매 촉진은 고객과의 커뮤니케이션이므로 테마는 알기 쉽고 기억하기 편한 트렌디한 표현을 사용한다.

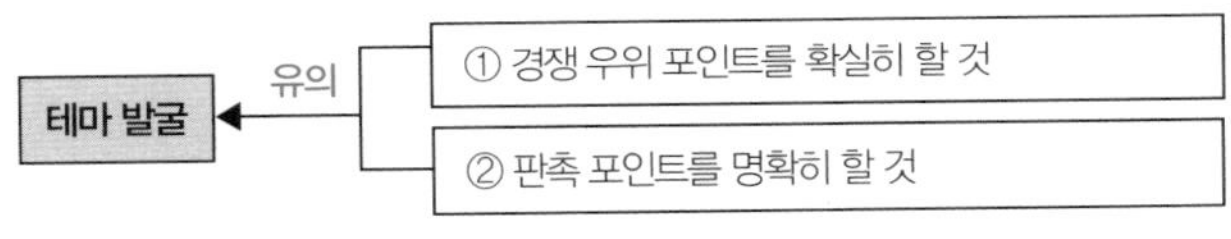

3단계 : 판촉 전개 방법 결정

판촉 기획 3단계는 판매 촉진 전략에 입각해 구체적인 전개 방법을 결정하는 단계이다. 판촉 전개에 필요한 수단과 매체를 선정해야 하며, 수단 및 매체를 전략적으로 활용(믹스)하는 계획이 있어야 한다.

판매 촉진 전개 방법은 테마 및 타깃, 이벤트에 따라 각각 다른 기능과 효과를 지니고 있으며, 전략적으로 믹스된 형태의 판촉 수단이 매우 효과적이다. 우선, 어떤 매체와 수단이 필요한가를 결정한 후 구체적 판촉 방법을 결정하도록 한다.

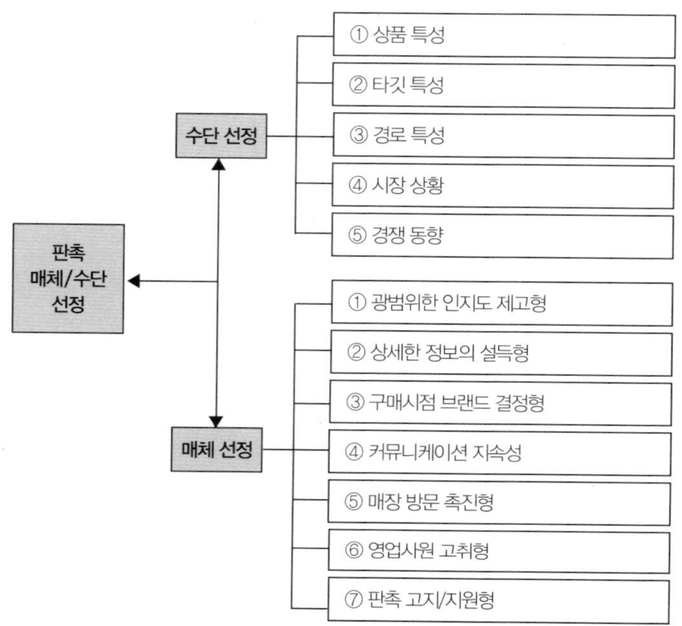

4단계 : 판촉 전개 방법 결정

4단계는 3단계에서 선정된 판촉 전개 수단 및 매체와 테마에 따라서 판촉 시행에 필요한 실질적인 계획을 수립하는 단계이다. 추진 일정, 예산 운영 계획 및 배분, 운영 체계 구축, 업무 분장, 외부 업체 활용 등으로 구분하여 판촉 시행 계획을 수립토록 한다.

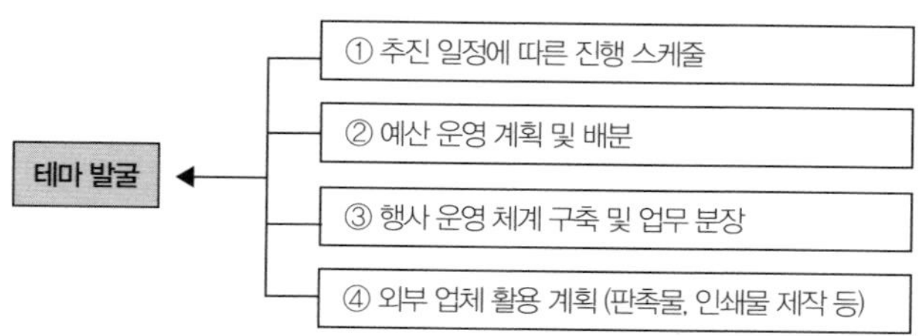

성수기 대비 판촉 계획 수립

성수기에는 주요 신제품이 출시되고, 지역에서는 많은 행사가 시행된다. 성수기 판매 극대화를 위해서는 지역 상권, 고객 성향, 경쟁 매장 영업 활동 등을 참고하여 판촉 계획을 미리 미리 준비해야 한다.

성수기 판매를 극대화시키기 위해서는 판촉 계획 수립 및 행사 준비와 시행 그리고 사후 관리까지 기간별로 체크하고, 준비해야 할 사항들을 면밀히 살펴보도록 한다.

판촉 계획 수립

성수기의 월별 이슈 및 지역별 이벤트에 맞추어 사전에 정확한 행사 목표를 설정하고, 이를 달성하기 위한 제반 판촉 수단의 운영에 대해 미리 계획해야 한다.

판촉 계획표

구분		세부 계획			
행사명		• 월 이슈 및 지역 행사 연계 선정			
행사 기간		• 월 일 ~ 일(일간)			
판촉 목표	월 매출	• 백만 (* 전년 동월/전년 대비 성장 체크)			
	행사 매출	• 판매 목표 백만			
	방문 고객	• 행사 당일 방문 고객 목표 명			
	신규 고객	• 행사 기간 중 신규 고객 수 명			
행사 일정		• 월 일 ~ 일(일간)			
사전 홍보	항목	선택	수량	발송/시행일자	
	전단	Yes □ No □	장	횟수/ 일	
	DM	Yes □ No □	매	횟수/ 일	
	TM	Yes □ No □	명	횟수/ 일	
	SMS	Yes □ No □	건	횟수/ 일	
	SNS (카톡)	Yes □ No □	건	횟수/ 일	
	현수막	Yes □ No □	개	• 부착 장소/일자	
	포스터	Yes □ No □	장	• 부착 장소/일자	

구분		세부 계획	
판촉물	기념품	Yes □ No □	• 쿠폰 소지 방문 고객 대상 증정
	사은품	Yes □ No □	• 구입고 객 한정 지급
	경품	Yes □ No □	• 방문, 구입 고객 대상 경품권 증정, 추첨
이벤트	행사 홍보	• 사전, 행사 기간 중 구입 고객 대상 경품권 증정, 추첨	
	입구 이벤트팀	• 이벤트팀 활용, 상품 연계 고객 참여 이벤트 제공	
	고객 초청 파티	• 단골/ 우수 고객 한정 특별 초청 행사	
	주말 시장	• 미끼상품/ 한정판매 상품 활용, 주말 방문율 제고	
	특별/제안 코너 경품 행사	• 매장 입구 기획 모델 전시, 매장 내 테마별 특별 코너	
		• 내방 고객 및 구매 고객 대상 행운권 증정	
	온라인 경품 판촉	•블로그, 페이스북, 카톡 등 SNS 활용, 경품 행사 시행	

기획 모델 선정

품목	모델명	수량(한정)	판매 가격(할인율)	비고
A				• 일반 고객 및 초청 (단골 / 우수) 고객 차등 적용 •주말 장터 품목 선정 •방문촉진을 위한 일별 미끼 상품 한정 운영
B				
C				
D				
E				
F				
기타				

업무 분장

구분	모델명	시행내용
경영자	행사 총괄	• 전 임직원이 협의하여 각 담당 역할에 맞는 세부 업무를 선정 • 맡은 업무에 대해서는 시행 일정표에 맞게 순차적 행동 계획표 세부 수립
영업부장	운영 총괄	
영업사원	제품 상담/ 연출	
배달요원	배달	
서비스요원	서비스	
경리사원	접객/ 연출	
아르바이트생	초청/ 접객	

행사 준비 체크리스트

행사 기획, 판매 제품 선정, 업무 분장을 실시한 후 이를 세부적으로 준비하고 실행하기 위해서는 행사 시작일(D-Day)을 중심으로 체크리스트를 작성하고 일자별로 준비 사항을 세부적으로 체크, 점검토록 한다.

일정	구분	세부 내용	비고
D-7	목표 수립	• 매출액, 방문/신규고객, 이익 (비용) 등	
	가격 조사	• 경쟁 유통 (매장, 할인점, 기타) 대상	• 상권 내
	재고 파악	• 행사 모델별 체크 • 한정 판매, 미끼 상품 등 집객용 상품 선정	• 일자별
	행사 고지물	• 행사 내용 확정 후 전문 디자인회사 활용 • 시안 체크 및 확정	• 전단, 현수막, 쿠폰, 경품권 등
	행사 공유	• 아침조회시 행사에 대한 내용 공유 및 업무 분장에 따른 개인별 역할 명시	
D-6~5	전단/ 현수막	• 수량 확정 후 인쇄 발주 – 전단 : DM용, 홍보용, 방문 배포용, 신문 삽지용, 매장 비치용 구분 – 포스터 : 매장, 상권 내 주요 장소 등 – 현수막 : 입구, 쇼윈도, 상권 내 주요 현수막 거치대 등	• 관공서 사전 허가
D-4~3	행사 상품 주문	• 판매 주력 상품 및 기획 상품 주문	
	판촉물	• 내용 (사은/ 기념/경품) 별 수량 확정 및 업체 발주 – 사은품 : 판매 금액의 3~5% –기념품 : 1천 원 ~ 2천 원 수준 – 경품 : 계절별 이슈 및 트렌드/ 고객 기호 고려, 선정	
	DM 발송	• 전단/초청장 (경영자 사인) 동봉	
	공동 판촉	• 상권내 관련 업체와 공동마케팅 전개, 포스터 부착, 전단 비치, 경품 협조 등	• 편의점, 주요식당 등
	공공기관 협조	• 경찰서 구청 등 행사 관련 사전 협조	• 소음/주차
D-2	T/M (전화 방문)	• 가망 고객/ 초청 고객 대상 행사 안내	• 기념품 강조
	신문 잡지	• 지역 주요 구독 신문 연계 전단 삽지	• 2일간
	가두 홍보	• 타깃 고객 밀집 지역 및 상권 내 취약 지구 대상 방문 및 차량 활용 홍보	• 아르바이트, 도우미 활용
D-1	매장 연출	• 현수막, 포스터, 가격표, POP 부착 • 입구/ 쇼윈도/ 점내 특별 코너 마련	
	행사 물품 구입	• 행사 진행 비용(다과, 음료수, 떡, 화장지, 접시, 풍선 등)	
D-Day	이벤트	• 오픈 행사 및 참여 고객 대상 이벤트	• 경품 증정
	고객 접객	• 방문 고객 대상 접객 및 상품 설명 • 전 임직원 복장 통일 및 명찰 부착	
D+1~	고객 DB 정리	• 방문 고객/구입 고객/신규 고객 구분	• 전산 입력, 정리
	효과 분석	• 일자별 행사 결과에 대한 평가 매출, 고객반 응, 고객 인지도 등	

효율적 판촉 추진을 위한 의사결정 프로세스

성수기 고객을 효율적으로 공략하기 위해서는 타깃 고객의 정확한 선정과 공략을 위한 능동적인 서비스, 그리고 방문 촉진 및 구매 활성화를 위한 매장 판촉을 강화해야 하며, 효율적인 판촉을 추진하기 위해 구체적인 판촉 계획을 수립해야 한다.

다음으로 판촉 계획 수립을 위한 단계별 주요 의사 결정 프로세스를 살펴보고, 이에 입각하여 판촉 계획을 수립함으로써 성수기 판매를 배가시키도록 한다.

판촉 의사결정 프로세스

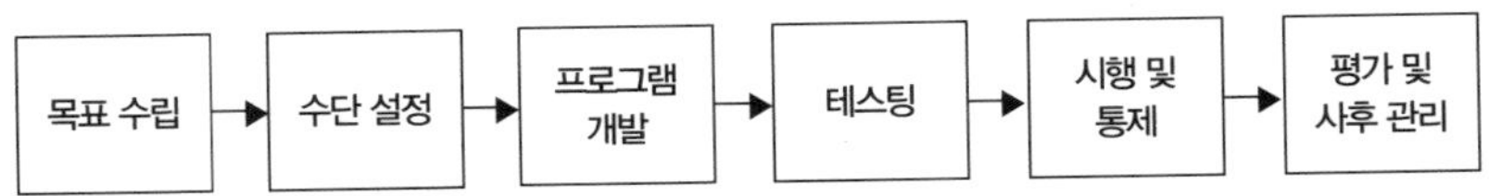

목표 수립

판촉의 목적은 타깃 시장의 유형에 따라 차별화되게 운영되어야 한다.

유형	시행 목표
소비자 대상	• 단기간 판매 확대 • 가망 고객 대상 신상품 체험계기 마련 • 경쟁 매장 고객 대상 신상품 구매 전환 • 특수 (명절, 입학, 졸업 등) 관련 대량 구매(특판) 유도 • 단골 및 관리 고객의 대체 및 재구매 유도
임직원 대상	• 고객 관련 제반 활동 (방문, 데이터 수집 등)의 적극성 제고 • 비수기 판매 강화
기타	• 경쟁 매장 판촉 및 영업 활동 대응 및 선제 공략 • 신상품 및 광고 상품에 대한 고객 인지도 증대

◆ 목표 수립에서의 고려 사항

판촉 활동은 단기적 판매 증진을 위한 영업적 목표와 매장 이미지 및 신제품의 고객 호감도 증대를 위한 홍보 목표로 나누어지며, 이를 동시에 달성하기는 매우 어렵다. 따라서 어떠한 목표를 선정하고 판촉을 전개하느냐 하는 것은 매우 중요한 결정이다. 그러므로 명확한 목표 선정과 이를 위한 철저한 관리가 있어야 한다.

수단 선정

각 유형별 판촉 목표를 달성하기 위한 유용한 수단을 선정하는 단계이다. 전 임직원의 협의를 통해 지역 시장 상황, 고객 기호, 판촉 행사의 목적, 경쟁 현황 및 각 판촉 수단들의 비용 대비 효율성을 고려하여 선정하며, 각 대상별 판매 촉진 수단에 대한 다양한 효과 분석과 특징 등을 사전에 파악하여 판촉 활동을 수행한다.

◆ 수단의 종류 : 사은품, 가격 할인, 할부 판매, 무료 체험, POP, 이메일/SNS 마케팅 등

프로그램 개발

유인의 크기

효과적인 판촉 활동을 시행하기 위해서는 평소와는 다른 일정 수준 이상의 유인 요소가 있어야 한다. 정확한 유인의 크기를 결정하기

위해서는 이전에 실시한 판촉 활동의 결과(각 판촉 수단에 대한 고객 반응·방문율, 호감도, 구매율 등)를 분석하여 타깃 고객들에게 제공할 혜택이 판매에 어느 정도 영향을 미칠 것인가를 측정하여 결정한다.

유인 제공 대상

- 불특정 다수의 모든 소비자 대상
- 일부 선택된 타깃 고객 : 입학 및 졸업, 발렌타인데이/화이트데이/빼빼로데이, 결혼, 이사, 수능 등

홍보 방법

판촉 활동에 대한 내용을 알리고 프로그램을 홍보하는 방법을 결정해야 한다. 각 고지 수단의 특성을 파악한 후 시행하고자 하는 판촉 프로그램을 가장 효율적으로 알릴 수 있는 매체를 선정하여 운영한다.

제목(타이틀) 결정

판촉 행사의 내용을 곧장 알 수 있고 타깃 고객의 흥미와 관심을 유도할 수 있어야 하며, 행사 성격 및 목적을 명확하게 인지할 수 있도록 구체적이어야 한다.

스마트 시대의 소비자들은 복잡한 것을 싫어하므로 단순해야 한다. 즉 제목을 보는 순간 무슨 행사이며, 받을 수 있는 혜택이 무엇인가를 알 수 있어야 한다.

기간

행사 기간이 너무 짧으면 고객이 구매할 수 있는 기회가 줄고, 너

무 길면 지금 당장 구매해야 한다는 절실함이 없어진다. 대상 제품 및 고객 반응, 시장 상황, 경쟁 동향 등을 참고하여 최대 7일을 넘지 않도록 기간을 정하며, 분기에 3회 이하 정도로 시행하는 것이 좋다.

시기

시기를 결정할 때의 고려 사항으로는 트렌드, 사회 문화적 이슈, 경쟁 매장 동향, 상권 내 유통별 판촉 행사 현황, 일기 변화 및 계절 지수 등을 감안한다. 미리 예상치 못한 돌발 상황에 대해서는 사전에 체크리스트를 통해 점검함으로써 미연에 방지해야 한다. 대처가 어려울 경우에는 차선책(플랜 B)을 미리 마련해 두도록 한다.

경품 제공 및 품목 선정

- 경품 제공 방법 : 방문 고객 전원(기념품), 선택적 제한 제공(입학 고객, 졸업 고객, 커플 고객, 가족 고객, 수능 고객, 성년 고객, 어린이 고객, DM 및 할인쿠폰 지참 고객 등), 일정 금액 이상 구매 고객, 추첨/게임 참가고객 대상 행운권 제공 등
- 품목 선정 : 행사 내용과 연계한 타깃 고객별 선호 품목 선정 (사전 조사 시행)

예산

시장 상황과 행사 제품의 성격, 경쟁 매장의 판촉 활동 및 비용 규모에 따라 탄력적으로 집행하며, 투입 비용 대비 효과를 고려해 예산을 편성한다.

인력

행사의 효율적인 운영을 위한 매장 임직원 및 주부사원, 아르바이트생, 외부 인력(이벤트, 행사 물품 설치 등)을 산정하여 결정하며, 사전에 업무 분장을 통해 인력을 효율적으로 운영한다.

사전 시험 (테스팅)

기획된 판촉 행사 내용이 적절한가, 즉 판촉 수단이 적합하고 유인의 크기가 최적이며, 또한 제시 방법이 효율적인가를 결정하기 위해 사전에 테스팅을 통해 최종 행사 방안을 결정한다. 사전 테스팅을 하면 리스크를 미리 예방하고, 판촉 수단을 사전에 평가하여 최적의 판촉 프로그램 수립할 수 있으며, 행사별로 차별화된 판촉 방안을 도출할 수 있는 이점이 있다.

실시 및 통제

◆ 실시 계획 : 준비 및 실시에 따른 소요 시간을 파악한다.

- 준비 기간 : 판촉 행사를 실시하기 전 프로그램 준비에 소요되는 시간
- 실시 기간 : 판촉 실시에서 종료할 때까지의 시간

◆ 통제 계획

준비 및 시행 기간 동안의 제반 사항 체크는 물론 비상/돌발 사태

에 대한 대응 계획 수립

결과 평가

판촉 행사에 대한 지속적인 개선을 위해 판촉 활동을 시작하기 전이나 활동 기간 또는 행사를 종료한 후 판매(제품별) 및 고객 현황(구매 고객, 방문 고객, 신규 고객, 참여 고객 등)을 조사하여 다음 판촉 행사에서 자료로 활용할 수 있도록 판촉 활동의 결과를 평가한다.

지역 1등 매장을 만드는 판촉 계획 포인트

지역 1등 매장이 되기 위해서는 타 매장과 확실하게 차별화되는 판촉 행사와 서비스 제공이 있어야 하며, 특히, 가장 중요한 것은 차별화된 판촉 행사를 기획하는 것이다. 즉 고객에게 우리 매장에서 하는 판촉 행사를 효과적으로 알리고, 매장 방문을 촉진시키며, 실질적인 구매를 유도하기 위해 어떻게 계획을 수립하고 실천하느냐에 대한 기획이 지역 1등 매장이 되기 위한 최우선의 방법이다.

다음은 지역 1등 매장을 만들기 위해 판촉 행사를 어떻게 계획할 것인가에 대한 방법이다.

판촉 계획을 수립할 때의 포인트

포인트 1

판촉 계획은 단기 계획과 중장기 계획으로 나누어 수립하며, 매장 환경과 상황에 맞추어 주기적으로 실시한다. 각 매장의 가격과 서비스가 거의 평준화되어 가는 치열한 시장 경쟁에서는 차별화된 판촉 행사가 절대적으로 필요하다.

판촉 계획은 3개월 단위로 수립하며, 시행 시점부터 최소 2개월 전에 세부적인 계획을 수립하도록 한다. 그래야만 사전 준비, 임직원 교육, 판촉 관련 준비물 조달 등을 원활하게 할 수 있고 이를 통해 기대한 효과를 충분히 거둘 수 있기 때문이다.

3개월 단위의 판촉 계획은 매장의 전 임직원이 참가해 전년도 매출, 객단가, 판촉 행사 결과, 제품별 판매 실적, 경쟁 매장 판촉 동향 등을 세부적으로 살펴본 후 수립하도록 한다.

포인트 2

판촉 행사의 목표는 반드시 수치화하도록 한다. 단순히 불경기 매장 판매 활성화, 경쟁 매장 대응, 신규 아파트 고객 흡수 등 추상적이고 개념적인 내용보다는 "불경기 돌파 매장 판매력 ○% 성장을 통한 매출 목표 ○○만 원 달성!" "경쟁 매장 판촉 대응 ○○만 원 매출 확대!" "신규 아파트 고객 ○○○명 확보!" 등 판촉 행사 목표를 분명히 숫자화하고 이를 달성하기 위한 판촉 계획을 구체적으로 수립하도록 한다.

포인트 3

판촉 계획은 시행할 판촉 행사의 목적과 타깃 고객을 분명히 하고 이를 바탕으로 어떠한 판촉 수단을 활용할 것인지를 결정하도록 한다.

예를 들어 단골 고객들에 대한 사은 행사의 경우, 단골 고객 대상 특별할인권 발송, 할인권 소지 방문 고객 기념품 증정, 행사 기간 중 주말 활용 특별초청 및 경매행사 참가 기회 부여 등으로 판촉 행사의 목표와 고객에 맞는 판촉 수단을 구체적으로 수립한다

판촉 계획을 수립할 때의 고려 사항

구분	고려 사항	비고
행사 차별화	• 상품 차별화 : 집중 판매할 상품 – 무슨 상품을 내세워 집객과 매출을 증대시킬 것인가?	기획 상품, 전략 상품, 미끼 상품
	• 가격 차별화 : 경쟁력 있는 상품 – 경쟁 매장과 비교하여 가격을 어떻게 차별화 할 것인가?	저가/ 고가 전략 묶음 상품
	• 홍보/광고 차별화 : 행사 매체 운영 – 종류 : 전단, 현수막, 포스터, 문자, SNS 등 – 기타 : 수량, 제작 방법 등	타깃별/ 행사별 방법 차별화
	• 서비스 차별화 : 경쟁 매장 대비 다른 서비스 – 물적, 인적 서비스 : 사은품, 기념품, 경품, 이벤트 등	비가격적 서비스 개발
행사 시기	• 사회문화적 이슈 및 계절적 분위기 감안 • 상권 동향 : 경쟁 매장, 관련 업종 판촉 시행 여부 • 기타 : 품목별 판매 지수, 방문 고객 추이 등	행사 기간도 병행 검토
행사 기대효과	• 소요 비용 대비 기대 이익 • 투여 인력 대비 인당 매출 효과 등	

지역 1등 매장을 만드는 판촉 실행 및 점검

타깃별 수요를 효과적으로 공략하기 위해서서는 다양한 판촉 행사를 실행하게 된다. 행사 결과에 대한 정량적, 정성적 효과 분석을 실시함으로써 다음 행사에서는 보다 좋은 결과를 얻도록 피드백 하는 것이 좋다.

판촉 행사 실행에서 매장 운영 포인트

포인트 1 : 행사 실행력 업그레이드!

판촉은 효과적인 실행이 중요하다. 전 임직원이 참여하여 세운 판촉 계획을 한 치의 착오 없이 잘 진행하고 실행력을 높이기 위해서는 사전에 판촉 내용에 대한 전 임직원의 이해와 공감대 형성, 적절한 역할 분담, 판매 사원에 대한 교육을 철저히 하는 것이 중요하다. 특히 각 고객별 기호 및 구매 특성을 미리 파악해야 한다. 매장을 방문한 고객별로 기호에 맞는 제품을 제안하고, 판촉 행사를 소개하며, 자연스러운 구매로 연결시키는 능력이 요구된다.

판촉의 실행력을 높이기 위해서는 매장 경영자가 먼저 솔선수범하는 것이 좋다. '실패한 리더의 70%는 실행력의 부족에 있다'고 한다.

포인트 2 : 매장 인프라를 전략적으로 활용한 시너지 극대화!

판촉 행사는 매장 진열, 연출, 고객 관리, 상권 관리, 고객 접객, 배송, 설치, 서비스 등 매장 및 영업과 관련된 모든 업무와 유기적으로 관련되어 있다. 이들 인프라에 대한 전략적인 활용을 통해 시너지 효과를 극대화시켜야 한다. 즉 판촉 행사를 효과적으로 실행하기 위해서는 판촉 자체의 계획도 중요하다. 하지만 행사의 효과를 극대화시키기 위해 매장 내·외부 및 관련 부분에 대한 긴밀한 협조가 있어야 한다.

예를 들어 계절 및 판촉 주제에 맞춰 매장 진열, 연출, 전단 배포 지역, 배포 방법을 계획한다. 그리고 방문하거나 구매 고객을 대상으로 지급할 판촉물 내용 및 수량, 지역 내 관련 매장과의 공동 판촉, 배송 및 설치 계획 등 판촉 행사와 연계하여 매장 인프라를 잘 활용함으로써 고객들에게 새로운 가치를 제공하도록 한다.

판촉 행사를 위한 매장 연출

판촉 행사의 주 목적은 판매 활성화에 있다. 판촉 행사시 매장 연출은 차별화된 행사 정보를 제공함으로써 고객들이 자연스럽게 관심을 갖고 매장을 방문해 구매로 이어질 수 있도록 만들어야 한다. 즉 팔리는 매장, 정보가 있는 매장 연출이 필요하다.

이를 위해서는 첫째, 자연스럽게 구매로 이어지도록 고객이 직접 체험하고 실연할 수 있도록 해야 한다. 둘째, 새로운 생활을 제안할 수 있도록 진열 및 연출을 하며 셋째, 각 코너, 특히 END 코너를 적극 활용하여 고객의 구매를 자극하도록 한다.

다음은 판촉을 위한 매장 연출 체크 사항 및 POP 내용 구성이다.

구분	체크 사항	POP 내용 구성
상품 설명	• 고객에게 상품의 객관적인 정보 (사이즈, 특장점) 제공 • 상품의 활용성 강조 (어디에 잘 어울리고, 어디에 쓰는지 제안)	• 기능/ 디자인표, 특장점 설명표, 경쟁사 비교표 등 • 용도별 사용 방법, 상품 Q&A 등
부가가치 정보	**〈상품〉** 보증 사항, 제공 서비스 등 **〈가격〉** 할인, 사용료 (가입비) 면제 등 **〈서비스〉** 구매 편의 내용, 신용카드 할부, 사은품, 배달, 경품 등	• 구매 체크 포인트, 한정/ 패키지 판매, 상품 체험 등 • 가격 할인 %, 금액 안내, 가격 인하, 절감 효과 등 • 할부 서비스, 기념품/ 사은품, 경품 증정 등
구매욕구 자극	상품이나 서비스에 대한 외부 정보나 주관적인 정보 활용	• 언론 보도자료 (상품 관련) 고객 사용기, 통계자료, 점장 추천/ 혼수 추천 등

판촉 활동 분석

판촉 행사는 한두 번 하고 끝나는 일회성 행사가 아니다. 계절별, 월별, 이슈별로 꾸준히 시행해야 한다.

판촉 행사를 마친 뒤에는 반드시 결과에 대한 분석을 통해 향후 보다 성공적인 판촉 행사를 운영하기 위한 데이터베이스 및 노하우 구축, 효율적 예산 운영을 위해 활용해야 한다.

다음은 판촉 결과 분석표이다.

구분	분석 내용	비고
매출	• 매출 목표 1억 원 대비 실매출 1억 2천만 원 • 전년/ 월/ 일 대비 185% 매출 신장	목표비 120%
방문/구입	• 초청 고객 250명 대비 방문객 78명 • 방문 고객 78명 대비 구매 고객수 17명	방문율 30% 구매율 22%
판촉 비효율	• 실매출 1억 2천만 원 대비 판촉비 1억 5천 원 사용	비용률 12.5%
행사 효과	• VIP 및 단골고객 대상 적극적인 TM/SMS/SNS 를 통한 행사 특전 홍보로 전월 행사 대비 방문율 10% 증대 • 고객별 기호에 맞는 판촉물 및 경품을 활용하여 자연스러운 구매 유도 – 주부 : 김치통, 지퍼락, 고무장갑 – 학생 : 고급 다이어리, 메모수첩 – 경품 : 눈꽃 열차 여행권, 스키장 강습권 • 할부 서비스를 통한 편리한 구매 유도로 전년비 10% 판매율 증가	전월 70명 구매 고객/ 방문 고객 대상 지급 구매 고객 중 30명
향후 적용 방안	• 방문 고객 활성화를 위해 초청 고객에 대한 효과적인 타켓팅 필요 • 행사기간 중 철저한 업무분장을 통한 방문고객 구매 연결력 확대 • 고객 기호에 맞는 판촉물 지속 개발 및 활용 • 경쟁 매장 판촉 행사 체크를 통한 차별화 모색 • 방문 및 구매 고객대상 설문지 작성을 통한 행사 효과 측정 • 행사 비용을 고려하여 판매 목표 및 판매가 결정	공급 회사 확보 상하반기 2회

성수기특수 완전 공략을 위한 타깃 판촉

성수기특수를 완전히 공략하기 위해서는 영업 전략과 축적된 고객 데이터를 바탕으로 차별화된 판촉 행사를 시행해야 한다. 판촉 행사를 통해 판매를 극대화하는 가장 효과적인 방법은 불특정 고객을 대상으로 한 일반 판촉보다 고객의 기호와 제품의 특징을 잘 결합하여 목표 고객에게 맞춤 제품을 제안함으로써 자연스러운 판매를 유도하는 것이다.

타깃 판촉을 효율적으로 운영하기 위해서는 기획 단계부터 체계적으로 준비되어야 한다. 기획과 준비가 부실하면 예산의 낭비와 매장 이미지 실추를 가져올 수도 있기 때문이다.

타깃 판촉 기획 요령

구분	시행 목표	시행 내용	비고
1단계	자료 및 정보 수집	• 영업 정책 사항 • 경쟁 매장 판촉 계획 • 사회 지역 이벤트 행사	• 지역 매장 연합 및 관련 업체 공동판촉 계획시 사전 협의 체계를 구성 후 판촉 계획 수립 및 시행
2단계	판촉 계획 수립	• 판촉 행사 목적 명확화 • 행사명, 행사시기 결정 • 목표 고객 선정 • 주력 판매 및 소구 상품 결정 • 매출 목표 설정 • 고지 방법 설정 • 판촉 효과 측정 체계 수립 • 소요 예산 산출	• 정량/정성
3단계	시행 준비	• 판촉물(사은품/기념품) 종류 결정 및 발주 • 고지물 배포 (DM, E-mail, 전화, 전단, 포스터, 현수막, SNS 등) • 매장 연출 및 진열 재정비 (입구 및 점내 테마 코너 연출)	•쇼윈도 포함
4단계	행사 실시	• 고객 접객 및 행사 반응 조사 • 판매 현황 파악 (목표 대비) • 행사 홍보 추가 여부 결정	
5단계	효과 분석 및 사후 관리	• 고객 방문 수 매출 분석 • 행사 손익 분석 • 구매/ 방문 고객 사후 관리	

타깃 고객 접근

판촉 내용이 결정되면 이를 고객에게 잘 홍보해야 한다. 행사 내용을 명확하게 정리해 신속하고 정확하게 타깃 고객에게 알리는 것은 판촉 행사의 성공 여부를 가늠할 수 있는 중요한 요소이다.

행사에 대한 고지는 단순히 대상 고객에게 알린다는 차원보다 고객을 매장으로 방문하게 만드는 기획이 포인트가 되어야 한다. 특히 디지털, 스마트한 환경으로 인해 스마트폰을 중심으로 구매에 대한 수많은 정보를 PC, 태블릿 PC, TV 등 다양한 경로를 통해 입수하게 되므로 판촉 행사를 효과적으로 홍보하고 방문율을 높이기 위해서는 단순히 문자, 이메일, SNS의 활용을 지양하고 초청 DM(편지, 우편엽서 등)을 보내는 것이 좋다.

초청 DM 제작 및 발송

- DM 제작 : 행사명, 행사 기간, 행사 내용, 할인 쿠폰, 매장 약도, 전화 등을 명기하며 엽서 형태 또는 초청장의 형태로 제작
- DM 봉투 : 전산 프로그램을 통해 출력하거나 원활한 발송을 위해 규격화된 우편봉투 활용
- DM 내용 : 기본적인 판촉 내용(사은, 할인)과 더불어 쿠폰이나 경품 행운권 등 판촉 효과를 측정할 수 있는 행사물을 포함, 쿠폰이나 행운권에는 고객의 신상 정보 및 구매 정보를 기록할 칸을 만들어 향후 고객 공략을 위한 기초 데이터로 활용토록 한다. 단 개인정보보호법에 저촉되지 않도록 유의하여 정보를 입수하고 활용해야 한다.

※ 이메일을 보내는 경우, DM 내용과 동일하게 1페이지 정도로 제작하며, 쿠폰 또는 행운권은 고객 정보를 입력 후 프린트하도록 함으로써 매장 방문을 유도한다.

전화를 통한 방문 유도

구분	시행 목표	시행 내용
1단계	전화 방문 대상 고객 선정 및 고객 리스트 준비	• 대상 고객 : 판촉 초청 DM 발송 고객 – 고객 데이터에서 판촉 행사 내용에 맞는 대상 고객 선정
2단계	전화 방문 대본 작성	• 행사 내용을 정확하게 전달할 수 있도록 대화 대본을 자체적으로 작성
3단계	전화 방문 실행 요원 선정 및 교육	• 초청 예상 고객에게 친절하게 행사를 안내할 수 있는 전화 요원(임직원, 주부사원, 아르바이트 등) 을 선정하고 전화 방문 대본을 통해 사전 교육 시행
4단계	전화 방문 시행	• 초청 DM의 수신 여부 및 반응을 체크하고 고객에게 판촉 내용을 보충 설명하여 매장 방문 유도
5단계	전화 방문 실행 내역 자료 입력	• 전화 방문 고객에 대한 행사에 대한 평가 및 반응 (방문, 구매) 여부에 대한 자료를 고객 데이터에 업데이트

판촉 효과 분석

판촉 효과 분석의 필요성

- 효율적인 예산 운영 : 행사 결과에 대한 매장의 자체 평가 분석을 통해 예산 운영에서 낭비 요인이 발생하지 않도록 한다.
- 장점 강화, 단점 개선 : 판촉 행사는 매월 사회 문화적 이슈, 이벤트와 연계하여 연중으로 시행하게 된다. 판촉 행사의 효과를 배가시키기 위해서는 장점을 보다 강화하고 단점은 개선할 수 있도록 결과에 효과 분석을 하고 피드백을 해야 한다.

판촉 효과 분석 내용

타깃 판촉 시행기간 동안의 방문 고객수와 판매 실적뿐 아니라 판촉 행사를 기획하고 진행하면서 집행된 행사 소요 비용을 세부 시행 내역별로 집계하여 행사 손익 및 행사 비용의 효율을 평가할 수 있도록 판촉 효과 분석표를 작성한다.

방문 고객수 측정 및 구매 적중률 산출

- 초청 고객 방문율 및 구매 적중률을 측정하기 위해서는 방문한 고객이 누구인지, 구매 고객은 누구인지를 확인할 수 있어야 한다.
- 방문 고객수 측정
  판촉 DM을 발송하면서 동봉한 쿠폰 또는 행운권을 회수, 집계하여 초청 고객 방문율을 측정한다.
- 구매 적중률 산출
  - 구매 고객에 대한 기본 정보를 입수하여야 한다.
  - 고객 정보는 사은품, 기념품 교환 쿠폰, 행운권 등 매장 행사물품을 활용하여 입수하도록 하며, 할부 구매의 경우, 할부 서류에 있는 고객 데이터를 활용한다.
  - 구매 고객의 기본 정보로 전화 방문 리스트의 초청 고객에 대하여 구매 여부를 분석함으로써 구매 적중률을 산출토록 한다.

매장 판촉 캘린더 만들기

연말이 되면 한 해를 돌아보며 새해를 계획한다. 매장 역시 마찬가지다. 새해 영업을 신속하고 효과적으로 수행하기 위해서는 지난

한 해 동안의 영업 활동을 면밀히 분석해보고 새해의 주요 이슈에 맞추어 판촉 활동 계획을 수립해야 한다.

이를 위해서는 1년 동안의 계획을 한눈에 파악함으로써 원활하게 준비하기 위한 판촉 캘린더가 필요하다. 판촉 캘린더란 새해의 월별 주요 이슈 및 이벤트를 참고하여 상권 현황 및 고객 특성을 감안해 월별로 해야 할 일을 한 장으로 정리한 캘린더를 말한다. 판촉 캘린더를 작성하기 위해서는 3단계 방법을 활용해야 한다.

1단계는 한 해 동안 월별로 어떤 판촉 행사를 했고 결과는 어떠했는지를 정리하도록 한다.

2단계는 1단계에서 정리한 내용을 바탕으로 잘한 점과 부족한 점을 살펴보고, 장점을 강화하고 단점을 보완하기 위한 대책을 수립하도록 한다.

3단계는 1, 2단계에서 정리한 내용과 수립한 대책을 바탕으로 새해 1등 매장을 만들기 위한 판촉 캘린더를 만드는 것이다.

다음은 단계별 판촉 캘린더를 만드는 방법이다. 아래 내용에 맞추어 우리 매장만의 새해 판촉 캘린더를 만들어 보도록 한다.

1단계 : 전년도 판촉(영업) 실적 캘린더 만들기

올해 1월부터 12월까지 시행한 판촉 행사를 정리해보는 것이다. 월별 행사별 판촉 행사의 효과를 체크해보고 이를 통해 새해 월별 판촉 행사의 방향을 정할 수 있다.

구분	1월	2월	3월	4월	5월	6월	7월	8월	9월	10월	11월	12월
판촉 행사명	새해 축하	졸업 축하	입학 축하	새봄 새출발 축하	가정 의달 축하	보훈 가족 우대	여름 방학 축제	바캉스 축제	한가위 대축제	문화 의 달 축하	수능 고객 우대	크리스 마스 축하
주력 제품												
목표 대비 판매 달성률	120%	110%										
초청 고객수	100	70										
방문 고객수	95	65										
판촉물	저금통	앨범										
소요 비용	800	1,200										
매출액	1200만	1500만										

2단계 : 전년도 판촉 실적 성과 체크 및 대책 수립

1단계에서 정리한 전년도 판촉 실적을 바탕으로 월별로 잘한 점과 잘못된 점을 파악한 후 장점을 강화하고 부족한 부분을 보완하기 위한 대책을 수립하도록 한다.

구분	1월	2월	3월	4월	5월	6월	7월	8월	9월	10월	11월	12월
판촉 행사명	새해 축하											
잘한 점	목표 대비 초과 달성											
부족한 점	초청 고객수 대비 방문객 부족											
발전 대책	고객 초청 방법 다양화											

3단계 : 새해 판촉 캘린더 만들기

2단계에서 정리한 대책을 바탕으로 새해 월별 이슈 및 지역 상황(상권, 고객)에 맞추어 판촉 캘린더를 작성한다.

다음은 판촉 캘린더를 작성한 사례이다.

구분	1월	2월	3월	4월	5월	6월	7월	8월	9월	10월	11월	12월
이슈	새해 설날	졸업 발렌타인데이	입학 결혼 이사	프로 스포츠 시즌	가정의 달	여름 장마 시작	여름 방학	바캉스 휴가	추석	결혼 이사 축제	김장 수능	크리스마스 송년 방학
판촉 주제	새해	졸업	새출발	스포츠	행복한 가정	여름	방학	여름 휴가	추억	결혼 이사	수능 김장	년말 결산
주력 상품	A	B	C	D	E	F	F	F	C	C	B	A
초청 고객	VIP 고객	졸업 고객	결혼 이사 고객	VIP 고객	가족 고객	VIP 고객	방학 고객	휴가 고객	고향 방문 고객	결혼 이사 고객	수능 고객	VIP 고객
매장 이벤트	윷놀이	사랑의 장미	캐리 커처	미니 축구	캐리 커처	우산 대여	물풍선 놀이	수박 먹기	제기 차기	캐리 커처	네일 아트	송년 파티
홍보물	연하장	졸업 카드	웨딩 카드	안부 카드	행복 카드	VIP 카드	방학 카드	휴가 카드	추석 카드	웨딩 카드	수능 카드	성탄 카드
판촉물	신년 수첩	장미	미니 공구	꽃씨	미니 축구공	물통	우산	비치볼	미니윷	미니 앨범	합격 떡	달력
매장 연출	새해 축하	졸업	새출발 축하	스포츠 시즌 오픈	가정의 달 축하	보훈의 달	여름	바캉스	추석	새출발 축하	수능 대박	크리스마스 축하

새해 캘린더가 만들어지면 이를 바탕으로 첫째, 분기별(또는 계절별) 캘린더를 만들도록 한다. 이는 경쟁 매장보다 한 발 앞서고 체계적인 판촉 행사를 추진하기 위해 3개월 단위의 선행 판촉 계획이 필요하기 때문이다. 이를 위해서는 최소 3개월 전에 분기 판촉 캘린더를 만든 뒤 이를 바탕으로 판촉 행사를 준비하며 시장을 선점하도록 한다.

다음은 새해 연간 판촉 캘린더를 바탕으로 1/4분기 판촉 캘린더를 만든 사례이다. 1/4분기 캘린더는 전년 12월 초에 완성하여 1월 판촉을 효율적으로 준비하도록 하며, 연간 캘린더보다 세부적으로 계획한다.

(단위 : 천원)

구분		1월	2월	3월
이슈		새해/설날	졸업, 발렌타인데이	입학/결혼/이사
지역 이벤트		새해/설날 윷잔치	대보름, 쥐불놀이	다문화 가정 합동결혼식
매출 목표액		15,000	22,000	25,000
주요 상품별 판매, 목표 (개수/매출액)	A	300/4,500	600/9,000	500/8,000
	B	200/3,000	200/3,000	300/4,000
	C	150/2,500	300/5,000	500/7,000
	D	200/2,000	300/2,500	350/3,000
	E	800/3,000	360/2,500	800/3,000
초청 고객	고객수	1,500	2,200	2,500
	객단가	1,000	1,000	1,000
판촉물 (사은품/방문기념품)		미니윷	장미, 초콜릿	미니공구세트
소요 비용	인쇄 홍보물	350	500	550
	판촉물	300	450	550
	이벤트	300	350	350
	기타	100	250	300
	총계	1,050	1,550	1,750

◆ 위의 사례를 참고하여 1/4분기 캘린더를 만든 다음에는 이를 1월에 구체적으로 실행하기 위해 1월 주차별 실행 계획을 세우도록 한다.

실행 계획표에는 타깃 고객을 대상으로 언제, 어떤 방법으로 판촉 행사를 안내하고 주중과 주말에 어떻게 판촉 행사를 실시할 것인지를 나타내도록 한다.

월별 실행 계획표는 원활한 행사 준비와 타깃 고객에게 행사를 안내하기 위해 여유를 두고 실행 2주 전에 작성하도록 한다.

◆ 다음은 1월 캘린더를 양식으로 작성한 실행 계획표 사례이다.

- 1월 매출 목표 : 2천만 원
- 주차별 목표
  - 1주 : 6백만/ 2주 : 3백만/ 3주 : 2백만/ 4주 : 9백만

월	화	수	목	금	토	일
		1.1 **신정** 띠 고객 초청	2 *띠 고객 주말 초청 (TM, SMS)	3 *띠 고객 참가 확인 SMS	4 **새해 축하 주말 판촉** **(*띠 고객 초청)**	5 소한
6 새해 축하 판촉 분석 및 공유	7	8	9	10	11 주말 방문 고객 특별 서비스 제공	12 주말 방문 고객 특별 서비스 제공
13	14	15	16 설날 판촉 홍보물 및 판촉물 주문	17	18 주말 방문 고객 특별 서비스 제공	19 주말 방문 고객 특별 서비스 제공
20 **대한** 설날 축하 현수막 부착	21 설날 초청 고객 추출	22 귀성 고객 주말 초청 (TM, SMS))	23	24 설날 축하 주말 판촉 참석 확인	25 **설날 축하 주말 판촉** **(*띠 고객 초청)**	26
27 설날 축하 판촉 분석 및 공유	28 귀성 고객 설날 인사	29 새해 복 많이 받으세요 SMS 발송	30	31 **설날**	2.1	2

위에서 짜놓은 1월 캘린더를 보면 이 매장은 1월에 2번의 주말 판촉을 준비하고 있다. 그리고 그에 맞추어 초청 고객에게 행사를 안내

하고 방문을 유도한다.

보통 1달에 1~2회의 주말 판촉을 하는 것이 좋다. 즉 주어진 판촉 자원을 가지고 매주 행사를 하는 것보다는 주요 이슈 및 이벤트와 연계하여 타깃 고객을 분명히 선정하고 시행하는 것이 효과적이다. 만약 이슈나 이벤트가 없는 달이라면 1회 이하의 주말 판촉을 시행하도록 하며, 분기에 1회 고객들에게 큰 혜택을 제공하는 대형 판촉을 시행하여 매장 인지도를 높이도록 한다.

유형별 판촉 기획 포인트

다양한 판촉 행사가 있지만 가장 많이 실시하는 것은 고객 초청 행사이다. 매장에서 보유한 고객 데이터를 바탕으로 고객별 구매 성향 및 가족 정보를 분석해 단골 고객에게 판촉 행사를 안내함으로써 매장으로 초청하는 것이다.

보통 고객초청 행사는 1~2개월에 1번 정도 실시하는 것이 좋다. 특별한 이슈나 지역에 대형 행사(이벤트)가 있을 경우에는 동종 매장 또는 관련 매장과의 공동 판촉을 반기에 1번 정도 실시하는 것도 매출 확대에 매우 효과적이다.

다음은 고객 초청 행사와 공동 판촉 행사에 대한 기획 포인트이다.

고객 초청 행사

◆ 기획 포인트

① 행사 시기 및 기간

- 성수기 판매를 확대하거나 비수기 극복을 위한 특별 대책이 필요할 때
- 보유 재고가 과다할 때
- 오픈 매장이거나 지역 주민들에게 매장 홍보가 필요할 때
- 경쟁 매장에 대한 우위 대책이 필요할 때

② 초청 대상 선정

- 행사의 시기 및 취지에 맞게 선정 (예. 12월은 한 해 동안 구매한 고객을 대상으로, 2월에는 졸업을 하는 학생 가정, 3월에는 결혼 예정자 가정이나 신학기 입학 아동이 있는 고객을 초청)
- 중요한 점은 특정 성격의 고객을 초청하기 위해서는 평소의 고객 관리가 체계적으로 이루어져야 함

③ 판매 목표 및 비용 계획

- 초청 행사는 행사 기간 또는 그 이후의 판매 증대가 궁극적인 목적이므로 명확한 판매 목표 설정이 중요하다. 비용 계획이나 세부 시행 내용은 목표를 바탕으로 결정한다.

목표 달성을 위한 관리 항목

- 방문률 : 방문객수 / 초청 인원수
- 객단가 : 총매출 금액/ 구입 고객수
- 구입률 : 구입 고객수/ 방문 고객수
- 판매 목표 건수 : 방문객수 + 목표 구입률
- 당월 매출목표 : 월평균 매출액 + 행사 기간 중 추가 매출 목표
- 행사 물량 확보
  - 행사 직전 재고 예상액 : 현 재고 + 매출 – 행사 전일까지 예상 판매액

예) 판매 목표액이 900만 원인 경우

▶ 행사 기간 : 5일
▶ 평균 예상 구입액 : 3만 원
▶ 예상 구입률 : 30%
▶ 예상 방문률 : 20%

- 판매 목표액 (900만 원) : 구입 고객수 * 예상 구입액 (3만 원)
  – 구입 고객수 = 300명(구입 고객 대상 사은품 300개 필요)
- 구입 고객수 (300명) : 방문 고객수 * 예상 구입률 (30%)
  – 방문 고객수 = 1,000명 (방문고객 기념품 1,000개 필요, 일 평균 200개)
- 방문 고객수 (1,000명) : 초청 고객수* 예상 내점률 (20%)
  – 초청 고객수 = 5,000명 (초청장 5,000매 제작)

공동 판촉

공동 판촉의 장점

매장 단독으로 판촉 행사를 시행할 경우 제작 물품의 비용 증가, 홍보 및 구매 유도로 붐을 조성하는 데 미흡해지는 등의 단점이 있다. 따라서 지역 상권 내 관련 매장들과 함께 공동 판촉을 시행하면 비용을 줄이면서 좋은 효과를 거둘 수 있다.

장점	단점
• 전단 제작, 판촉물 구입시 비용 절감 • 지역 내 매장 알리기 및 판매 붐 조성으로 경쟁 매장 (유통) 압도 • 공공 매체 활용이 가능 • 매장 간의 단합 계기 마련	• 매장별 독자적인 판촉 차별화 미흡 • 참여 매장 간의 의견 불일치 발생

공동 판촉 시행을 위한 전제 조건

행사 기획 단계에서 참여 매장들 간의 충분한 의견 공유 및 수렴이 필요하다. 내용은 행사의 내용, 비용 분담 부분, 업무 분장 등이다.

사전에 행사에 대한 확실한 이해 및 공감대를 형성함으로써 공동 행사의 효과를 높이도록 한다.

공동 판촉 세부 추진 Flow

항목	시행 내용	일정	비고
1. 행사 참여점 선정	• 행사 지역 내 매장 참여 협의	D-20	
2. 행사 시행 방안 수립	• 매장 연합 판촉 행사 내용, 비용 분담, 업무 분장	D-17	
3. 전단/현수막/ 포스터	• 전단 및 현수막 제작 의뢰 • 전단 제작 완료 및 배포 (신문 삽지, 가정 방문, DM)	D-17 D-Day~	
4. 케이블TV/신문/옥외광고	• 광고 제작 의뢰 • 광고 내용 심의 • 방송시간대 및 시행 횟수 결정	D-10~	공정거래법 저촉 검토
5. 사은품/기념품 제작	• 품목 선정 및 제작 의뢰 • 제작 완료 및 매장별 배분	D-15 D-3~	
6. 자체 행사 계획 수립	• 성공적이고 효율적인 행사 진행을 위한 참여 매장별 자체 행사 계획 수립 - 매장 진열 정비 (환경정비) - 입구 현수막 부착 - 관리 고객 대상 DM 발송 - 행사 홍보	D-7~	SMS, SNS 활용

성수기특수 공략을 위한 고객초청 행사 운영 방법

방문 고객이 많아지는 성수기에는 트렌드, 사회 문화적 이슈와 이벤트, 고객 기호 등을 감안하여 차별화된 판촉 행사를 실시해야 한다. 판촉 행사를 효과적으로 운영하기 위해서는 보유한 고객 데이터를 활용해야 한다. 즉 성수기특수 공략을 위해서는 제품과 행사 시기에 맞는 고객을 선정해 고객 초청 행사를 시행하는 것이 가장 효과적이다.

다음은 고객 구매 유도형 판촉인 우수 고객 초청 행사에 대한 행사 기획 및 운영 방법을 세부적으로 살펴본 것이다.

우수(단골/VIP) 고객 매장 초청 행사 기획 포인트

우수 고객에 대한 초청 행사는 매장에서 할 수 있는 판촉 중 대표적인 것이다. 많이 시행하는 매장은 매월, 적게는 분기에 한 번 이상 시행하는 행사일 것이다. 그런데 너무 자주, 반복적으로 시행하다보니 조금은 진부해지고 고객의 눈길을 끌지 못하게 된 점이 없지 않다.

특별히 초청할 타깃 고객을 위한 색다른 아이디어도 없고, 사전에 계획적인 준비도 없이 성수기도 되고 다른 매장들이 하니까 따라하는 초청 행사는 안하는 것보다 못하다. 따라서 보다 내실 있고 영업 목표를 달성할 수 있는 고객 초청 행사를 시행하기 위해서는 충분한 사전 준비와 계획이 선행되어야 한다.

초청 행사의 필요성

단골 고객, 매출 우수 고객, 가망 고객 등에 대한 초청 행사는 대상 고객들에게 차별화된 서비스를 제공함으로써 좋은 이미지를 심어줌과 동시에 계속적인 구매와 주위 사람들에게 구전을 통해 매출을 활성화시키는 데 목적이 있다. 그리고 매장 임직원이 한 마음으로 행사를 준비하고 실행함으로써 결속력을 높일 수 있는 좋은 기회이기도 하다.

기획 포인트

① 행사 시기

- 성수기특수(새해, 설날, 졸업, 입학, 결혼, 이사, 방학(여름, 겨울), 추석, 수능, 김장, 크리스마스, 송년 등)에 대한 적극적인 공략을 통해 매출을 극대화시키고자 할 때
- 계절 제품에 대한 판매를 높이고자 할 때
- 비수기 방문 고객 증대 및 이를 통한 판매를 활성화시키고자 할 때
- 고객 확대를 위한 매장 홍보가 필요할 경우
- 상권 내 경쟁 매장의 신규 오픈으로 고객에 대한 관리가 필요할 때

② 행사 기간

회당 3일 정도(홍보 기간 2일 제외)가 적당하며, 지역 행사(축제, 문화행사 등)와 연계할 경우 행사 초기에 실시하는 것이 효과적이다.

③ 고객 선정

초청 고객의 선정은 행사의 시기 및 취지, 그리고 행사 제품의 성격에 맞게 선정한다. 예를 들어 3월에 실시하는 고객 초청 행사는 초·중·고·대학교 입학 가정, 새 학기를 맞이하는 학생, 결혼 예정자, 이사 고객 등을 주 타깃으로 초청한다.

고객 선정을 잘 하기 위해서는 평소 고객 관리가 체계적으로 이루어져야 한다.

④ 판매 목표와 비용 계획

고객 초청 행사는 행사 기간 또는 그 이후의 판매 증대가 궁극적인 목적이다. 이와 동시에 매장에 대한 좋은 이미지 형성과 자연스러운 구전 홍보가 따라와야 하므로 행사 전에 명확한 판매 목표 설정과

이에 따른 세부 비용 계획이 정해져야 한다.

구분	비용항목
▶ 판매 목표액 = 구입 고객수×예상 구입률	
▶ 구입 고객수 = 방문 고객수×예상구입률	• 구입 고객 사은품 비용 = 방문 고객수× 단가 • 구입 고객 특전 제공 비용, 배달 비용
▶ 방문 고객수 = 초청 고객수×예상 방문율	• 방문 기념품 비용 = 방문 고객수× 단가 • 접객 비용 (음료수, 다과) • 행사장 연출 비용 (POP, 화분, 풍선 등) • 경품 (행운권 제작, 상품 등) • 행사 후 소요 비용 (회식, 시상 등)
▶ 기타	• 서비스 소요비용

※ 정확한 비용 산출 및 효과 측정을 위해 행사 후 결과 데이터(구입률, 방문율, 구입 평균 단가 등)를 정확히 관리하여 다음 행사 기획을 할 때 반영하도록 한다.

⑤ 업무 분장

구분	사장님(점장)	행사팀장(영업부장)	직원
주요 역할	행사 계획 수립 및 감독	행사 주관 및 시행	행사 운영 및 보조
세부 내용	• 초청 행사 계획 수립 • 임직원 대상 설명회 개최 • 기획 상품 선정 • 행사 상품 확보 • 행사 전 홍보 주관 • 고객 리스트 점검 • 초청장 제작 • 사은품 선정 • 현수막 제작 • 임직원 업무 분장 • 행사 분위기 조성 • 경품 (행운권) 추첨 • 종합적인 문제 처리 및 관리 • 사후관리	• 초청 계획 세부 사항 수립 • 초청 대상자 선정 • 초청장 분배 및 고객 전달 • 초청장 분배 및 고객 전달 • 행사 준비 – 행사 전일 전화 독려 – 고객 점검 및 대체 – 고객 확보 – 행사 안내문 작성 – 행운권 추첨 제작 – 다과 준비 • 행사 진행 – 방문 고객 인사 • 행사 진행 – 행사 체크 및 피드백 – 방문 고객 중 미구입 고객 대상 구매 독려 • 사후 관리 – 방문/ 구매 고객 대상 감사인사(방문, DM, TM, SMS, SNS) – 고객카드 재정비	• 판매 직원 – 행사장 연출 – 고객 상담 – 상품 설명 – 이벤트 운영 • 배달 기사 – 배달 일정 세부 수립 – 신속한 상품 배달 • 서비스 기사 – 사전 서비스 실시 – 방문 독려 – 행사 기간 중 방문 고객 대상 A/S 실시 • 여사원 – 경비 지원 및 관리 – 행사 사진 촬영 – 매장 청결 유지

⑥ 행사 진행 현황 점검표

행사 계획이 수립되면 각 단계별로 업무 담당자를 정해 일정 관리를 할 수 있도록 '행사 진행 현황 점검표'를 제작해 사무실에 부착해 놓고 매장 경영자나 행사 팀장의 주관 하에 수시로 업무의 진척 상태를 체크한다.

다음은 행사 진행 점검표 사례이다.

구분	주관	기간	일정 관리									체크
			D-17	D-15	D-13	D-11	D-9	D-7	D-5	D-3	D데이	
행사 기획 회의	사장	D-17	◆									
행사 계획 수립	임직원	D-15		◆								
초청 대상자 선정	팀장	D-13			◆							
기획 상품 선정	사장	D-15		◆								
초청장 제작	사장	D-15		◆								
현수막 제작	사장	D-9					◆					
사은품 제작	사장	D-15		◆								
경품 구입	사장	D-7						◆				
초청장 발송	팀장	D-7						◆				
행사장 연출	임직원	D-5							◆			
고객 방문 독려	팀장	D-2~								◆		
전단 삽지	임직원	D-3~								◆		
고객 초청 전화	팀장	D-3								◆		
매장 청소	임직원	D-Day									◆	

판매 활성화를 위한 이슈별 판촉 운영 방법

많은 매장들이 오픈을 한 이후에 지속적으로 정기적인 판촉 행사를 실시함에도 불구하고 상권 내 고객들이 매장을 잘 알지 못하는 경우가 많다. 이에 고객들에게 매장을 잘 인식시키기 위해 상권 특성 및 행사와 연계된 이슈별 판촉을 운영하여야 한다. 특히 정규적으로 시행하고 있는 개업 기념 판촉, 신규 아파트 입주 판촉, 경쟁 매장 대응 판촉 등에 대해 보다 체계적이고 시스템적으로 계획하고 실행함으로써 매장에 대한 고객 인지도를 높이고 매출을 높이도록 한다.

개업 기념 판촉

기존 고객에 대한 고객 관리 강화 및 신규 고객 창출을 위해 매장 개업기념일에 맞추어 시행되는 개업 기념 판촉은 고객들과 자연스럽게 접근할 수 있는 판촉 이슈이다. 개업 기념 판촉을 성공적으로 운영하기 위해서는 기존 고객을 대상으로 차별화된 서비스를 제공함으로써 지속적인 구매 창출과 구전 효과 획득, 신규 고객의 확보를 위해 판촉 수단을 타깃별로 차별화되게 운영하는 것이다.

기존 고객 공략

기존 고객 및 우수 고객 대상으로는 신규 고객들과 차별화된 프리미엄 서비스를 제공함으로써 새로운 구매 동기를 유발시키도록 한다. 즉 개업기념일을 맞아 우수 고객만을 초청해 한정 판매 및 특전을 드리는 판촉 행사 내용을 초청장(DM)을 통해 알림으로써 방문율 및 구매율을 높이도록 한다.

신규 고객 접근

새로운 고객을 발굴하기 위해서는 취약 상권, 경쟁 매장과의 중복 상권을 중심으로 전단 포스팅, 현수막 부착, 쿠폰 배포 가두 홍보 등을 통해 불특정 고객들을 대상으로 매장을 알리고 방문을 유도한다.

특별 행사 운영

개업을 기념하여 특별 제품 및 이벤트를 시행함으로써 매장을 방문하는 고객들에게 혜택을 제공함과 더불어 볼거리를 제공하도록 한다.

행사 제품은 개업 ○주년 기념 제품으로 선정하여 특별할인을 실시하도록 하며, 시행하는 달의 이슈와 연계하거나 주력제품의 특징을 활용한 고객 참여형 경품 이벤트를 시행한다.

※ 매장을 새롭게 단장하는 리뉴얼 기념 판촉도 개업기념 판촉과 같이 기존 고객과 신규 고객을 대상으로 차별화된 방법으로 접근함으로써 판촉 행사의 효과를 높이도록 한다. 즉 리뉴얼 기념 판촉은 우선 기존 고객을 새로워진 매장으로 초청하여 변화된 매장을 가장 먼저 보여주는 이벤트를 통해 자연스러운 구매를 유도한다. 신규 고객을 늘리기 위해서는 방문 특별 이벤트(기념품 증정, 선착순 할인, 무료 상담서비스 등)를 시행한다.

신규 아파트 입주 축하 판촉

매장 상권 내에 새로 입주하거나 리모델링되는 아파트는 새로운 수요를 창출하는 가장 큰 공략 대상이므로 철저한 준비와 치밀한 실행으로 최고의 성과를 거두도록 한다.

아파트 입구 및 주요 장소에 현수막을 설치해 행사를 안내하며 고객들의 입주 시기에 즈음하여 판촉을 시행한다. 행사 홍보는 아파트 관리사무소에 사전 허가를 얻어 시행하며 부녀회의 협조를 받으면 보다 효과적으로 행사를 운영할 수 있다. 또한 입주 축하 전단을 제작하여 직접 가가호호를 방문하며 가두 포스팅을 시행하도록 한다.

판촉 행사 내용으로는 신규 아파트 주민을 대상으로 하는 특별 할인, 무료 배달, 아파트 생활에 필요한 기념품 선착순 증정 등 입주민을 특별하게 우대하는 프로그램으로 구성한다.

경쟁 매장 대응 판촉

온오프라인으로 다양한 유통이 생겨나고 매장의 대형화, 고급화, 복합화되어 가며 각 매장의 경쟁은 더욱 치열해지고 있다. 이에 지역 상권 특성 및 고객의 기호에 맞는 고객밀착형 맞춤판촉을 시행함으로써 경쟁 매장의 공세에 적극 대응해야 할 것이다. 특히 지역 내 경쟁 매장과의 관계도 여러 유형이 있을 것이므로 상황별로 문제를 진단하고 해결할 수 있는 방안을 케이스별로 수립하도록 한다.

경쟁 매장보다 열세인 경우의 대응 방법

경쟁 매장이 시행하고 있는 판촉 내용은 무엇이고 어떻게 진행되고 있는지, 고객에게 주는 혜택은 무엇인지 등을 직접 현장 조사를 한 후 항목별로 계획을 세운다. 매장의 기존 고객들이 이탈할 수 있으므로 우수(단골)고객을 집중 관리해야 한다. (가정 방문 서비스, 해피 콜, 초청 행사 시행, 우대 판매 등)

경쟁 매장이 오픈한 경우의 대응 방법

상권 내 경쟁 유통이 새로이 오픈한 경우에는 기선 제압을 위해 적극적인 맞대응 판촉을 시행한다. 사전에 경쟁 매장이 어떠한 판촉을 언제 할 것인지에 대해 정보를 입수(전단, 현수막 참조)하여 차별화된 고객 특전 제공 및 서비스, 이벤트를 집중 부각시키도록 한다.

성수기 판매 촉진을 위한 수단

성수기특수에는 판매를 증진시키기 위해 다양한 판촉 행사를 실시한다. 하지만 동일한 제품과 고객을 대상으로 치열하게 전개되는 온/오프라인 영업 활동에서 절대적 경쟁 우위를 확보하기 위해서는 다른 매장과 차별화된 판촉 수단을 전략적으로 활용해야 한다. 즉 경쟁에서 이기기 위해서는 한발 앞서 고객을 찾아가는 판촉을 통해 고객의 구매를 유도하고 판매 효율성을 높이기 위한 영업 활동을 전개해야 한다.

그런데 다양한 판매 촉진 도구 중에서 어떤 도구를 사용할 것인가는 고객에게 어떠한 전략으로 접근할 것인지에 따라 달라진다. 고객을 대상으로 한 판매 촉진은 다양한 판매 촉진 도구를 사용해서 소비자들이 자사 제품을 구매하도록 유도하는 것을 말한다.

이러한 소비자 판매 촉진은 다양한 목적으로 실시된다. 신제품이 출시되었을 때는 주로 신상품의 시용(trial)이나 반복 구매를 위해서 사용되고, 기존 제품의 판매를 늘려 시장 점유율을 유지하고자 할 때도 사용된다. 또한 자사 제품의 비사용자나 경쟁 제품 사용자들을 유인하기 위해서 사용하기도 한다.

이러한 다양한 판매 촉진 전략은 매장이 시장에서 차지하는 위치, 제품 수명 주기, 판매 촉진의 목적 등을 고려해서 가장 효과적인 판매 촉진 수단을 사용해야 한다.

이에 다음의 다양한 판촉의 수단을 살펴보며 우리 매장의 상권 및 고객 성향에 맞는 지역 밀착형 고객만족 판촉 수단을 선택하여 잘 활용하도록 한다.

경품 판촉

프리미엄premium이라고 부르는 경품은 제품의 구입 또는 구매와 상관없이 고객에게 제공하는 물품(서비스)을 말한다. 특히 소비자가 제품을 구입하면 다른 물품을 제공하는 것으로 특정 제품의 구매를 유도하는 효과적인 판매 촉진 수단이다.

경품은 다양한 방법으로 제공할 수 있다. 화장지 세트를 사면 휴대용 화장지를 제공하고, 비누 세트를 사면 여행용 세면용품을 제공해 주는 등의 방법을 사용한다.

경품 중 구매 고객에게 지급하는 사은품은 사용하는 고객 또는 제품의 특성에 맞춰 선정한다. 기념품은 구매와 상관없이 매장 방문을 촉진시키거나, 매장을 홍보하기 위해 지급하는 경품으로 다량 제작하며 천 원 이하의 트렌디한 판촉물로 정한다.

그리고 행사에 참여한 모든 고객을 대상으로 특별 경품을 증정하는 경품 추첨 행사가 있다. 경품 추첨은 제품을 구입한 고객을 대상으로 추첨하여 경품을 제공하는 방법도 있고 제품을 구입하지 않은 고객이라도 응모한 사람을 대상으로 경품을 제공하는 방법이 있다. 경품 판촉은 매장을 방문한 고객, 쿠폰을 소지한 고객, 구매한 고객 등 특정 고객을 대상으로 추첨을 통해 소수의 고객에게 경품을 증정하는 판촉 방법이다. 사은, 할인 판촉 행사와 함께 사용하는 것이 보편적이며 특별히 고객 초청 행사에 많이 활용하는 판촉이다.

경품 판촉에는 구매와 상관없이 모든 고객을 대상으로 하는 공개 현상 경품 판촉과 제품을 구매한 고객만을 대상으로 한 소비자 현상 경품 판촉이 있다.

경품 행사를 할 때의 고려 사항

- 경품 내용 : 경품의 가격, 대상자수 등을 우선적으로 결정하며, 공정거래법상의 금액 한도를 초과하지 않도록 유의한다.
- 금액 한도

  –경품(사은품) : 제품 거래가액의 10% 이내

  • 소비자 현상 경품 : 구매 고객 대상 추첨 후 경품 제공시에 해당되며 경품부 제품 매출액의 1%를 초과하거나 경품 건당 가격이 100만 원을 초과할 수 없다.

증정 대상

경품권을 어떻게(고객별, 금액별) 증정할 것인지 미리 기준을 정해놓고 지급하도록 하며, 특히 지역 매장들이 연합하여 판촉 행사를 실시하는 경우에는 매장별로 경품권의 번호를 차별화되게 기재하여 구분하도록 한다.

경품 추첨

경품권 추첨은 행사 마지막 날이나 행사 종료 후 시행하도록 하며 공정한 추첨을 위해 고객들이 보는 앞에서 추첨하거나 경찰을 배석하여 행사를 시행하도록 한다.

사은 판촉

매장을 방문하여 제품을 구매한 고객을 대상으로 경품(사은품)을 제공하는 판촉이다. 가장 일반적인 판촉 형태이나 비용이 만만치 않게 발생하게 되므로 구매하는 고객들에게는 커다란 만족감을 줄 수 있고 비용을 효율적으로 사용할 수 있는 전략적인 사은품을 운영하도록 한다. 특히 고객별, 제품별 사은품의 지급은 미리 기준을 정해놓고 차별화되게 지급함으로써 추가 구매 및 충동구매를 유도하도록 한다.

사은품 선정

- 고객의 기호 및 트렌드에 맞는 제품
- 가정생활에 꼭 필요하고 가격에 관계없이 고객이 가지고 싶어

하는 제품

- 아무데서나 손쉽게 구입할 수 없는 아이디어 제품
- 판매 제품 및 계절과 연관이 있는 제품
- 행사 시기에 납품이 가능한 제품

※ 유의 사항 : 사은품 총액이 예상 매출액의 2%를 넘지 않도록 유의

사은품 지급 차별화

- 구입 금액 단위별 (예 : 1만 원, 3만 원, 5만 원, 10만 원 등)
- 특정 품목 및 패키지(묶음 제품)별 (예: 진열 품목 한정, 이월 제품 한정, 졸업 축하 패키지, 결혼 축하 패키지 등)
- 특정일별 : 어버이날, 어린이날, 성년의 날, 학생의 날, 국군의 날 등

※ 유의 사항 : 매 행사마다 지급하는 것보다는 특별 이벤트 행사에만 사은품을 지급

할인 판촉

일정 기간 동안 가격을 할인해서 고객에게 경제적 혜택을 주는 방법으로 가장 흔하게 사용되는 판촉 수단이다. 사은 판촉과 더불어 가장 많이 쓰이는 판촉 수단으로 기존에 판매하던 가격보다 일정 금액(일정 비율)을 할인하여 파는 판촉 방법이다. 가장 손쉽게 시행할 수 있으나 사은 판촉보다 비용이 더 많이 발생하는 경우가 많다.

따라서 매장의 손익을 고려하여 할인율을 결정하도록 하며, 연중

모든 제품을 할인하는 것보다는 특별 이벤트나 이슈에 맞추어 일정 기간만 할인 판촉을 시행하는 것이 좋다. 경쟁 제품이 시장에 나왔을 때 시장 진입을 저지하기 위한 수단으로 사용되기도 하고 단기적인 매출 증가를 위해서도 사용된다.

하지만 지나치게 경쟁적으로 할인 판매를 하다가는 영업 손익을 악화시키는 요인이 되므로 요즈음과 같이 가격 경쟁이 치열한 시기에는 오히려 지양해야 할 판촉 수단이다. 가격 할인은 매장에서 고객들이 이해할 수 있는 명분을 갖고 고객으로 하여금 진정한 혜택을 받을 수 있도록 특정 시점에 한정된 고객들만들 대상으로 실시하는 것이 효과적이다. 할인 행사 횟수는 연중 3~4회 정도 상하반기 결산 세일, 성수기 특정 이슈와 연계해서만 할인을 집중적으로 실시하며, 기간은 일주일 이하로 단기간 내에 시행한다.

앞으로는 할인 판촉을 축소하고 비가격적인 판촉 수단(서비스, 고객 방문, 홍보 활동 등)을 통해 다른 매장과 차별성을 갖고 고객 접점 판촉을 시행하는 것이 더욱 효과적일 것이다.

시행 시기

- 매장 오픈 및 개업기념 판촉을 시행할 때
- 사회 문화적으로 대형 이벤트(올림픽, 월드컵 등)가 있을 때
- 신제품이 출시되어 기존 제품을 조기에 판매해야 할 때
- 전략적으로 지역 내 경쟁 매장을 제압할 필요가 있을 때
- 고객수를 대폭적으로 늘리고자 할 때

시행 방법

- 실시 기간 : 너무 길 경우 고객들의 내방을 지연시킬 수 있으므로 짧게는 3일(금, 토, 일요일 주말 이용)에서 보름을 넘지 않도록

하며, 일주일 정도가 적당하다.

• 대상 품목 : 전 제품에 대한 할인보다는 월별 이슈가 되거나 판매해야 할 주력제품에 한정하여 금액대별로 차등화 된 할인율을 적용하도록 한다.

특별히 집객력을 높이기 위해 1~2개의 제품은 파격적인 할인율(50% 이상)을 제공한다.

• 시행 방법 : 할인은 구매를 촉진시키기 위한 가장 좋은 방법으로 직접 구매를 일으킬 수 있도록 시간대별, 선착순, 특정 제품, 특정일 등 고객의 구매 욕구를 자극할 수 있는 다양한 방법을 활용하도록 한다.(예 : 진열 제품 특가 판매, 여름 제품 기획가 판매, 오전 10시부터 30분간 할인 판매, 선착순 10명 한정 할인 판매, 중고 제품 30만 원 보상 판매, 효도 제품 할인 판매 등)

쿠폰coupon

쿠폰이란 사전적 의미로 회수권, 경품권, 제품권을 뜻하는 것으로 특별한 가치를 제공하는 증서를 말한다. 최근에는 쿠폰에 대한 관심도 및 활용도가 매우 높아져 쿠폰족이 생기기도 했다. 특히 온라인을 통한 마케팅이 활성화되는 시점에서는 고객의 행사(제품) 관심도를 높이거나 매장 방문을 촉진하기 위한 필수품으로 활용되고 있다.

쿠폰을 소비자에게 전달하는 방법은 여러 가지가 있는데 직접 전달, DM, 이메일 등을 활용하거나 매장에 비치하여 방문 고객들에게 증정하는 것도 효과적인 방법이다. 타깃 고객을 찾아가거나 가망 고객이 밀집한 지역(상가 내 타깃 고객이 자주 방문하는 매장)을 대상으로 쿠폰을 비치, 배포하는 것도 좋다.

쿠폰은 단순히 우리 매장만의 판촉 행사를 위한 것보다 고객들에게 관심을 높이기 위해 지역 관련 매장(음식, 스포츠, 주방용품)과 공동으로 제작하는 것이 좋으며, 쿠폰에는 고객 정보(성명, 전화번호 등)를 적은 후 경품 추첨 행사에 응모하게 함으로써 활용도를 높이고 신규 고객을 추가로 확보하도록 한다. 또는 소비자가 특정 제품을 구입할 때 할인 혜택을 받을 수 있도록 하는 할인권으로도 활용할 수 있다.

가격에 민감한 제품의 경우 쿠폰은 소비자의 반복 구매를 유도할 수 있고 고객에게 직접적으로 할인을 해 주는 효과가 있다. 우편이나 광고지에 넣어서 제공하거나 다른 제품에 끼워 넣기도 한다.

견본(sample)

견본은 고객에게 소량의 제품이나 시험용 제품을 무료 또는 적은 비용으로 제공하는 것으로 소비자들이 제품을 직접 사용해 보도록 해서 구매를 유도하는 전략이다. 주로 소비자의 피부에 맞아야 하는 화장품, 먹어 보아야 맛을 아는 식품 등의 제품 판매 촉진에 많이 이용된다.

이 방법은 신제품 도입시에 가장 효과적인 방법으로 고객들이 제품을 직접 사용해보면서 편익을 평가할 수 있다는 장점이 있다. 견본 제공은 다른 촉진 활동을 통해 제품의 특성이나 편익을 제대로 전달하기 힘들 때 큰 효과를 거둘 수 있지만 경쟁 제품과 차별화된 편익이 없다면 효과를 기대할 수 없다.

콘테스트contest

콘테스트는 판매를 증대시키거나 이익률을 높이기 위해 임직원들에게 추가적인 인센티브를 제공하여 매출을 자극하는 활력소로서 사용되거나 신규 고객 및 타깃 고객을 발굴하기 위해 내부 경쟁을 유도하는 판촉 수단(예 : 결혼/이사 예정 고객 발굴 콘테스트, 가정의 달/크리스마스 선물 가망 고객 발굴 콘테스트 등)으로 사용된다.

고객 대상으로는 제품과 관련하거나 사회 문화적 이슈와 연계, 콘테스트를 시행하기도 한다. 사회 문화적 이슈를 활용한 예로서는 어린이날 사생대회, 부부의 날 백일장, 어르신(실버) 운동회 등을 들 수 있다. 또한 신제품의 특징을 맞추는 퀴즈, 매장 별명 짓기 등 제품에 대해 관심도를 높이거나 매장에 대한 좋은 이미지를 심어주기 위해서도 콘테스트를 실시한다.

실연(demonstration)

제품의 사용법이나 효용을 고객에게 직접 보여주면서 구매 욕구를 자극하는 방법이다. 특히 신제품 출시 시점에 고객 관심도를 높이기 위해 가망 고객들로 하여금 직접 제품을 사용하도록 유도하는 판촉 수단이다.

소매점이나 가정 방문 등을 통해서 실시하기도 하고 박람회나 대형 매장에서 큰 이벤트 행사로 실시하기도 한다. 신제품 출시 후에도 이 방법을 많이 사용하는데 주방용 세제의 경우, 직접 그릇이 세척되는 효과를 직접 보여주기도 하고 스마트폰의 경우 직접 체험할 수 있는 이벤트를 열기도 한다.

실연 행사를 더욱 적극적으로 실행하기 위해 일정 기간(일주일, 한 달, 삼 개월 등)을 무료로 사용해보고 구매를 결정하게 하는 무료 체험의 기회를 제공하기도 한다. 무료 체험을 효과적으로 구매와 연결시키기 위해서는 고장난 제품의 서비스를 맡긴 고객을 대상으로 무료 체험을 기회를 부여하는 것이 좋다.

비슷한 방법으로 매장 내에 무료 사용(인터넷, 팩스) 및 대여(우산) 코너를 운영하면 매장 이미지를 높일 수 있다.

캐시백cashback

소비 활성화를 위해 요즈음 가장 많이 사용되는 방식이다. 고객이 일정 금액 이상을 구매했을 때나 구매할 때마다 포인트를 부여하여 이를 현금 또는 경품으로 지급하는 방법을 캐시백이라고 한다.

이는 고객으로 하여금 우리 매장과 지속적으로 관계를 맺기 위한 관계 마케팅으로 매우 효과적인 판촉 수단이다. 구매가 빈번히 발생하지 않는 제품의 경우에는 제품 구매와 더불어 고객 추천, 가망 고객 정보 제공, 판매 아이디어 제공, 시장조사 등 매장의 판매 및 홍보와 관련하여서도 포인트를 부여하는 방법을 생각할 수 있다.

이를 효과적으로 운영하기 위해서는 포인트 카드를 만드는 것이 좋으며 지역 내 유명 업소와 연계하여 시행하면 더욱 좋다.

이상과 같은 판촉 수단은 한 가지만 사용하는 것으로도 효과를 볼 수 있지만 여러 가지를 병행하는 것이 시너지 효과를 볼 수 있을 것이다.

판촉 행사를 알리는 효과적인 방법

판촉 행사를 성공적으로 수행하기 위해 가장 중요한 것은 매장에서 계획한 판촉 행사를 가망 고객들에게 효과적으로 '알리는 것'이다. 매장의 판촉 행사를 알리는 고지 수단으로는 전단, DM, TM, 포스팅, 현수막, 포스터, 광고, 이메일, 문자(SMS/MMS), SNS(카카오톡, 페이스북) 등 다양한 방법이 있다. 이를 효과적으로 활용하기 위해서는 상권 내 고객의 특성, 기호, 경쟁 매장의 판촉 수단 운영 현황 등을 고려하여 행사의 성격에 맞게 여러 종류의 판촉 수단을 적절히 믹스하여 활용하는 것이 좋다. 특히 타깃 고객의 특성을 고려하여 온라인과 오프라인 수단을 적절히 믹스하는 것이 중요하며, 새로운 아이디어와 판촉 수단을 활용하여 새로움을 찾는 고객에게 다가가는 것이 무엇보다 중요하다. 따라서 고객들이 무엇에 관심을 가지고 있고, 무엇을 원하며, 무엇을 통해 매장으로 오는지를 철저히 조사한 후에 상권, 고객, 행사 등에 맞추어 판촉 수단을 활용한다.

여기에서는 판촉 수단에 대한 활용 방법에 대해 자세히 살펴보고 이를 매장별 특성에 맞추어 사용할 수 있도록 하였다.

전단

전단은 매장 판촉, 행사, 이벤트 등에 대한 고객 안내를 위해 가장 많이 사용하고 있는 판촉 고지 수단이다. 비교적 적은 비용으로 원하는 지역의 타깃 고객에게 효과적으로 행사 내용을 알릴 수 있는 장점을 지니고 있다. 주로 주말을 이용하여 상권 내 불특정 다수의 고객에게 행사를 알리는 수단으로 신규 고객 창출 및 방문 고객을 늘리기 위해 사용한다.

그러나 너무 많은 종류의 전단이 매일 신문에 삽지되어 각 가정에 배달되고 있으므로 주목도가 떨어진다. 이를 감안해 '읽히는' 전단이 될 수 있도록 세심한 사전 기획이 필요하다.

기획을 할 때의 유의 사항

① 적정량 제작 : 상권 내 가구 수, 배포 방법, 배포 횟수를 고려하여 여유 있게 만드는 것이 효율적이다. 1회 배포보다는 2~3회 중복 배포하는 것이 효과가 크다.

② 8절 사이즈 : 보통 4절, 8절, 16절 사이즈 등 다양하게 제작되고 있지만 가독성 및 비용 효율화를 위해 8절 사이즈가 무난하다. 단 우편 발송을 할 경우에는 16절 사이즈 미만으로 제작하는 것이 좋다.

③ 제목(타이틀) : 고객에게 가장 먼저 읽히는 것이 행사 제목이므로 전단에 대한 주목도를 높이기 위해 유행어를 활용하여 간결하고, 재미있고 신선하게 행사 내용을 전달할 수 있도록 정한다. 이를 위해서는 백화점, 할인점, 경쟁 매장 등 다른 유통의 전단들을 참조하는 것이 차별화된 전단을 제작하는 데 도움이 될 것이다.

④ 행사 내용 : 구입 편리성(할부 무이자, 신속 배달, 배달 설치비 무료 등), 구입 혜택(할인, 사은품 증정, 경품 행사 등) 등 평소와는 다른 특별한 만족을 느낄 수 있도록 내용을 구성하며, 방문을 촉진시키는 기념품, 고객 참여 이벤트 등을 포함, 풍성한 느낌을 주

도록 한다. 특히 중요한 내용은 앞면에 압축하여 크게 부각될 수 있도록 구성한다.

⑤ 제품 수록 : 전단은 카탈로그가 아니므로 많은 제품을 보여주기보다는 판촉 행사의 주제에 맞추어 팔고자 하는 제품, 특별한 혜택(할인, 사은)을 줄 수 있는 제품(기획/미끼상품)만을 선정하여 집중적으로 부각시키도록 한다.

⑥ 기타 : 전단 주목도를 높이고 매장 방문을 촉진시키기 위해 전단 모서리에 추가 할인권, 기념품 교환권, 경품 행사 참가권 등을 첨가하는 것이 좋다.

제작하기

전단 제작을 의뢰할 때 전단의 용도, 수량, 수록 문안, 납품 시기, 납품처 등을 정확히 전달하여야 하며 전단 배포일로부터 최소 10일 정도 여유를 갖고 의뢰하여야 납기 지연으로 인한 손실을 막을 수 있다.

전단 활용

전단은 매장 임직원이나 아르바이트생이 직접 고객을 방문하여 전달하거나 가두에서 배포하는 것이 가장 효과적이다. 신문 삽지할 경우에는 배포 지역을 정확히 선정하고, 신문 보급소에서 신문 삽지 여부를 반드시 확인할 필요가 있다.

전단 배포 전략

- 배포 요일 : 주말 집객을 극대화하기 위해서는 목요일에 배포한다.
- 배포 상권 : 공략할 상권에 대해 몇 부를 배포할지를 사전에 계

획을 수립한다. 직접 배포하는 방법도 고려하며 간접 배포의 경우 밀착 관리하는 것이 필요하다.

전단 효과 분석

- 전단에 기념품 교환권, 경품 응모권, 설문지 등을 삽입하여 수집된 수량을 체크한다.
- 상권별 배포 부수 대비 구매 고객/방문 고객률을 산출한다.

DM(Direct Mail)

DM은 우편을 이용해 직접 고객에게 전달되는 판촉 수단이다. 보통 구매한 고객을 대상으로 우편을 통해 행사를 안내하며, 매장으로 초청하는 수단으로 이용한다. 통신 판매와 연계해서 직접적인 판매 수단으로 활용되고 있다.

DM을 받는 고객들에게 특별한 대우를 받는다는 느낌을 주기 위해 차별화된 형태, 재질, 문구를 활용한다. 즉 단순히 우편 봉투에 전단을 넣는 것이 아니라 행사 전단과 아울러 매장 대표의 명의로 초청장, VIP 고객 기념품 교환권, 경품 특별 응모권, 설문지 등을 넣어 고객들이 카드사나 다른 매장의 DM과는 다르게 VIP로 대접받는 느낌을 받을 수 있도록 제작, 발송한다.

특징

타깃 고객의 범위를 비교적 정확하게 통제하며, 고객과의 1:1 커뮤니케이션으로 매장의 의도를 충분히 표현할 수 있다. 그리고 고객 반응률(방문, 구매, 문의 전화 등)을 측정하여 효과를 분석할 수 있다.

제작

- 내용 구성 : 전단과 비슷하지만 1:1 커뮤니케이션 수단인 만큼 보다 더 개인적인 표현이 요구된다. 즉 "VIP ○○○고객님께만 드리는 특전"인 듯한 느낌을 담아 고객으로 하여금 강렬한 구매(방문) 욕구를 불러일으키도록 제작해야 한다.
- 규격 : DM은 우편 발송을 전제로 만들어지는 것이 보통이므로 우편법에서 규정한 규격대로 제작하는 것이 중요하다. 또한 DM은 제작비와 함께 우편료가 추가되므로 사전에 정확한 발송 대상자(타깃 고객)를 선정하여 비용의 낭비가 없도록 한다.

반응률 극대화 전략

- 발송 고객에 대한 정확한 리스트 선정 및 지속적인 관리(TM, SMS 순차적으로 실시해 수신 여부 및 반응 체크)
- DM 수취 고객들에게 한정된 차별화된 고객 특전 제공
- 매장 경영자(점장) 명의의 특별 초대의 글 동봉

발송 프로세스

① DM 발송 대상 결정 (D－14)

② DM 인쇄물 제작 (~D－10)

③ 고객별 DM 발송 (D-9~8일)

④ TM(전화방문) 시행 : 1차(D－7(DM 수취 확인)), 2차(D－3 (참석 여부 체크))

⑤ SMS(문자 발송) 실시 : 1차(D－6: DM 발송 및 행사 안내), 2차(D－2:

행사 안내 및 참석 독려)

⑥ 효과 분석 : 반송 DM을 통한 고객 DB 수정 및 DM 소지 고객 방문/구매율 체크

효과 분석

- DM에 동봉한 초대권, 기념품 교환권, 경품 응모권 등의 회수율 체크

TM(Tele-Marketing, 전화방문)

전화를 통해 고객들에게 행사를 안내하고, 신제품 정보 제공, 구매 권유 등을 하는 것이다. 단순히 행사 정보를 알리는 것에 국한하지 말고, 성공적인 TM을 위해 고객에게 친밀감을 줌으로써 고객과의 자연스러운 교감이 일어날 수 있도록 하는 것이 중요하다. TM은 고객 한 분 한 분과 우호적인 관계를 유지하기 위한 기초 수단으로 지속적으로 관심을 가지고 실행함으로써 매장에 대한 충성도를 높일 수 있는 매우 좋은 수단이다.

TM은 단순히 고객에게 판매 정보를 알리는 수단으로 활용하는 것이 아니다. 고객에게 친밀감을 주어 매장과의 교감을 이룰 수 있도록 매장과 고객 간의 쌍방향 커뮤니케이션이 이루어져야 한다. 이를 위해서는 미리 전화로 말할 내용을 적은 후 이를 보면서 통화하는 것이 좋다. 즉 TM은 매장과 고객과의 쌍방향 커뮤니케이션인 점을 기억하고 TM 스크립트(script, 대본)를 준비한 후 고객에게 특전, 신제품 및 특별 행사를 안내하는 순서로 시행한다.

TM은 DM을 통한 1차 접촉 후 시행함으로써 방문을 촉진시키는 수단으로 DM 발송과 개별 고객과의 친밀한 TM을 통해 판촉 효과를 높이도록 한다.

효과적인 TM 운영 방법

TM을 하기 전 필히 고객 정보를 컴퓨터(또는 고객 카드) 내의 정보를 확인하고 전화를 함으로써 고객과 세부적인 통화를 나누도록 한다. 즉 컴퓨터에 수집된 고객의 구매 이력이나 가족 사항을 보며 대화의 출발점으로 활용함으로써 친밀한 분위기를 만든다.

고객과의 대화를 통해 고객이 무엇을 원하는지를 찾아내고 그에 맞는 정보를 제공하여 구매를 자극하도록 하며, 고객에게 주는 특전을 우선순위를 정한 후 제안하도록 한다.

구매에 대한 특전을 알린 후에는 고객의 방문 가능한 일자 및 시간을 반드시 체크한다. 그리고 고객의 문의사항에는 자신감 있고 신뢰감 있게 설명하도록 하며, 클레임에는 정중히 사과하도록 한다.

TM은 담당 직원이 하는 것을 원칙으로 하나, 대상 인원이 많을 경우 우수 단골 고객은 판매사원이, 일반 고객은 외부 인력을 활용하도록 한다.

시간대별 TM 적중률 조사 결과

시간	~10시	~11시	~12시	~13시	~14시	~15시	~16시	~17시	~18시	~19시	~20시
적중률	59%	51%	50%	45%	33%	27%	38%	40%	55%	60%	60%

TM 절차

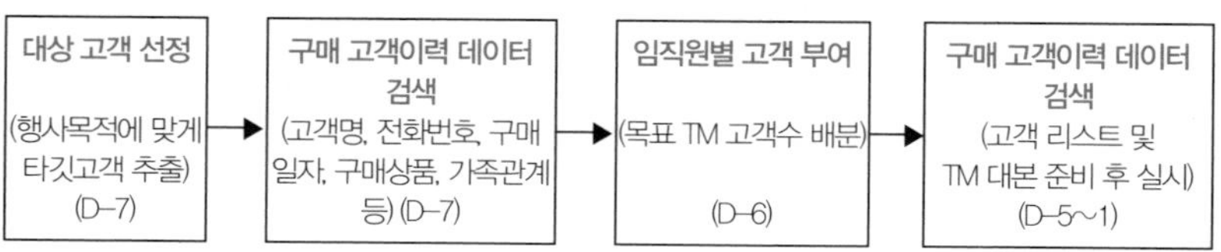

TM 스크립트 사례

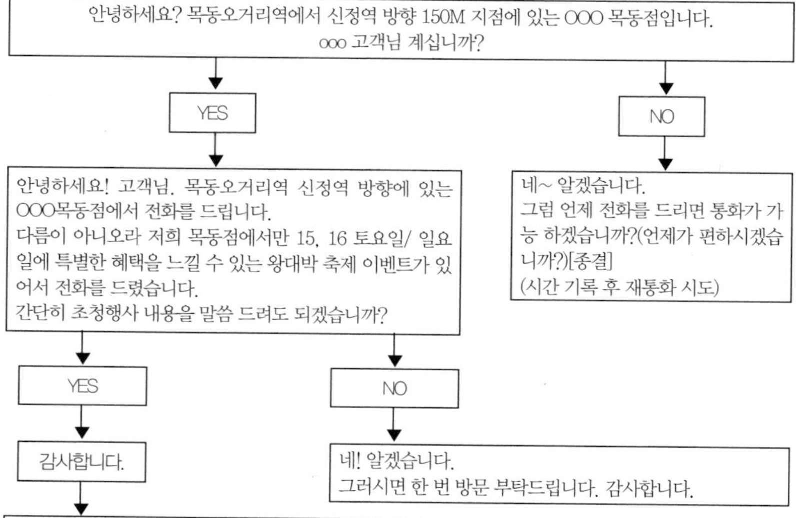

안녕하세요? 목동오거리역에서 신정역 방향 150M 지점에 있는 OOO 목동점입니다.
ooo 고객님 계십니까?
YES
NO
안녕하세요! 고객님. 목동오거리역 신정역 방향에 있는 OOO목동점에서 전화를 드립니다.
다름이 아니오라 저희 목동점에서만 15, 16 토요일/ 일요일에 특별한 혜택을 느낄 수 있는 왕대박 축제 이벤트가 있어서 전화를 드렸습니다.
간단히 초청행사 내용을 말씀 드려도 되겠습니까?
네~ 알겠습니다.
그럼 언제 전화를 드리면 통화가 가능 하겠습니까?(언제가 편하시겠습니까?)[종결]
(시간 기록 후 재통화 시도)
YES
NO
감사합니다.
네! 알겠습니다.
그러시면 한 번 방문 부탁드립니다. 감사합니다.

첫번째는, 방문고객 누구나 무료로 드실 수 있는 먹거리로 떡볶이와 어묵을 준비했고요, 시간은 오후 2시부터 7시까지 입니다.
두번째는, 10만 원 이상 구입 고객께 24롤 화장지 4천 원, 삼양라면 5개를 1천 원에 구매하실 수 있는 일 50명 한정 초특가 생필품 판매를 준비했고요.
세번째는, 진열 제품 한정 가격 파괴 행사가 있습니다.
네번째는, 일일 한정 상상을 초월하는 저렴한 가격으로 다양한 상품을 구입하실 수 있도록 풍성하게 준비를 했고요.
다섯번째는, 그뿐만 아니라 금액대별 푸짐한 사은품도 준비를 했는데, 혹시나 구입하실 것이 있으시면 이번 주 토요일, 일요일 저희 매장에 방문하셔서 구입하시면 저렴하게 쇼핑하실 수 있습니다.
마무리 : 잘 경청해 주셔서 감하하고요, 이번주 토요일/일요일에 한번 방문하셔서 고객 왕대박 초청 이벤트에 참여해 주시면 감사하겠습니다.
고객님 방문가능하시겠습니까? ------>(잠시 대기하며 고객의 대답을 경청한다.)

감사합니다.
그날 오셔서 고객 왕대박 초청 이벤트에 참여바랍니다. 감사합니다.

현수막

현수막은 매장 입구와 앞에서 행사 내용을 고객에게 알리는 가장 효과적인 수단이다. 다양한 형태로 제작해 입구와 도로변 등 여러 장소에 설치함으로써 행사 분위기를 연출한다. 하지만 행정규제가 심해 지역에 따라 거치하는 것 자체가 어려운 경우가 많으므로 사전에 관할 공공기관의 심의를 거쳐야 할 것이다.

◆ 종류

- 가로 현수막 : 노출도가 가장 높음
- 정방형 현수막 : 보통 1.8m×1.8m 사이즈로, 노출도는 양호하나 쇼윈도에 부착되므로 매장을 가리는 단점이 있음
- 족자 현수막 : 노출도는 다소 떨어지나 소규모 매장에 유효함
- 깃대 현수막 : 다소 노출도가 약하나, 점두에 3~4개를 중복하여 설치하면 효과적임

◆ 문안 : 보통 전단의 제목과 행사 기간 정도만을 강한 색 대비를 통해 표현한다.

포스터

포스터는 매장 입구, 쇼윈도 및 공공장소에 부착할 필요가 있을 때 제작한다. 내용은 행사명, 기간 및 장소 외에 주요 행사 내용의 제목 정도만을 표시하도록 한다. 소량이 필요할 경우에는 컴퓨터 프린

터를 이용, 자체 제작하여 활용한다.

가두 홍보

가두 홍보는 지역 고객과 직접 접촉을 통해서 판촉 내용을 전달하는 가장 효과적인 수단이다. 매장의 고객 초청 행사나 공동 판촉 행사를 할 때 상권 내 행사 고지 및 붐 조성을 위해 실시한다. 상권 내 유동인구가 많은 지역을 대상으로 1~2시간 집중적으로 실시한 후 장소를 이동해야 하며, 사람들의 시선을 끌 수 있도록 이벤트를 실시하는 것이 좋다.

가두 홍보를 할 때에는 전단 배포와 함께 간단한 기념품을 나누어주는 것이 좋으며. 이때 "안녕하세요. ○○에 있는 △△매장입니다"라는 인사말을 함으로써 매장명을 고객들에게 인식시키도록 한다.

구전口傳 활동

구전 활동은 지역에 밀착한 매장 판촉의 고지 수단으로, 구전 효과만큼 큰 위력을 발휘하는 것은 없다. 매장 임직원, 주부사원들에 의한 구전 활동과 행사에 참여한 고객(구매 고객)으로부터의 구전 활동으로 나누어 생각할 수 있으며, 신제품 초기 판매 시점에서 주력하여 활동함으로써 조기에 판매 확대를 유도할 수 있다.

임직원/주부사원을 통한 구전

판촉 행사 시행 1주일 전부터 상권 내 주부들을 중점적으로 공략한다. 이를 위해서는 사전에 임직원들에게 판촉 행사를 실시하는 목적, 행사 내용, 필요성 등을 명확히 숙지시켜야 한다. 고객들에게 판촉 내용을 알릴 때에는 행사에 대한 궁금증을 자극하여 은근한 기대감을 갖도록 해야 한다.

고객의 입을 통한 구전

매장에서 구매를 통해 얻을 수 있는 혜택도 중요하지만 무엇보다도 구매를 하는 동안 매장에서 느낀 고객만족도의 비중이 더욱 크게 작용한다. 임직원들의 상냥한 인사, 친절한 접객, 신속한 배달 및 A/S를 통해 고객은 사은품을 하나 더 받는 것보다 더욱 큰 만족을 얻는다.

만족한 고객을 통해 전달되는 매장 홍보는 어떤 다른 광고, 판촉 수단보다 강력한 효과를 가져다 주지만, 그 반대일 경우에는 치명적일 수 있다는 점에 유의하여야 할 것이다.

포스팅Posting

포스팅이란 매장을 중심으로 1킬로미터 이내의 상권 내 주거 지역을 대상으로 임직원 또는 아르바이트생을 활용하여 집중적으로 배포, 부착하는 것이다. 포스팅의 목적은 상권을 완전히 제압하기 위해 시행하는 판촉 홍보 활동이다. 특히, 경쟁 매장 대비 고객 선점을 위해 전략적으로 포스팅을 시행하는 것이 좋다.

1차적으로 판촉 행사에 대한 고객 인지도를 높이고 취약 상권을 집중 공략하기 위해서는 포스팅 반경을 500미터로 하며, 그 외의 상권에 대해서는 신문 삽지를 통해 고객 방문을 촉진시킨다.

포스팅 활동은 가망 고객의 매장 집객을 주요 목적이다. 따라서 지속적으로 시행하는 것이 효과적이며, 주말을 활용하여 고객이 많이 방문하는 매장 인근 공원이나 산 등을 방문하여 고객에게 한 걸음 더 나아가는 적극적인 활동을 전개하도록 한다. 그리고 포스팅을 효과적으로 실행하기 위해서는 사전에 임직원별로 포스팅할 상권을 지정하여 상권 담당제를 운영하는 것이 좋다. 담당 상권은 지속적인 포스팅 활동을 통해 경쟁 매장의 진입을 차단하도록 한다.

포스팅 방법

① 임직원이 직접 가가호호 방문하여 배포함으로써 상권을 직접 파악하고 고객의 반응도 체크하도록 한다.

② 공동주택(아파트, 빌라 등)의 경우 관리사무소, 부녀회 등에 사전 협의 및 승인을 얻은 후 활동하도록 한다.

③ 1일 1인당 포스팅 가구수는 최대 100세대를 넘지 않도록 하며 동일 지역을 반복하여 지속적으로 실시한다.

포스팅 시행 순서

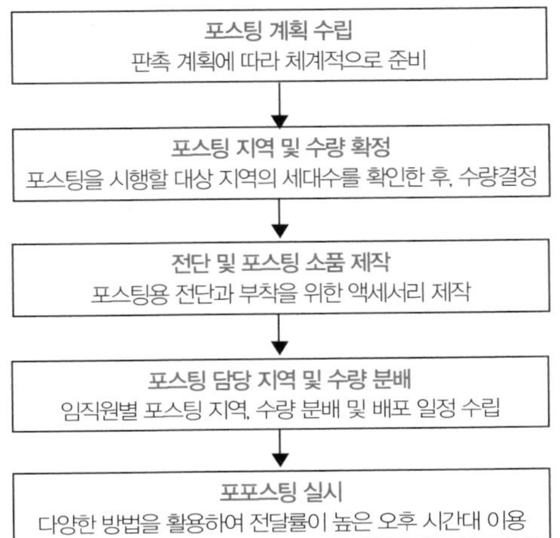
포스팅 계획 수립
판촉 계획에 따라 체계적으로 준비
포스팅 지역 및 수량 확정
포스팅을 시행할 대상 지역의 세대수를 확인한 후, 수량결정
전단 및 포스팅 소품 제작
포스팅용 전단과 부착을 위한 액세서리 제작
포스팅 담당 지역 및 수량 분배
임직원별 포스팅 지역, 수량 분배 및 배포 일정 수립
포포스팅 실시
다양한 방법을 활용하여 전달률이 높은 오후 시간대 이용

SMS(Short Message Service)

단문 메시지 서비스(Short Message Service)의 약어로 휴대전화를 이용하는 사람들이 별도의 다른 장비를 사용하지 않고 짧은 메시지(영문 알파벳 140자 혹은 한글 70자 이내)를 주고받을 수 있는 서비스를 말한다. 흔히 문자 메시지라고 한다. 스마트폰의 사용이 대중화됨에 따라 이메일과 달리 발송 시점과 거의 동시에 내용 전달을 하는 판촉 수단으로 저비용으로 고효율의 판촉 효과를 거둘 수 있다.

고객의 관심이나 호응이 높은 제품을 한 가지만 선택하거나 특정일을 기념하여 특정 고객을 대상으로 시행하는 것이 매우 효과적이다.

SMS는 준비 기간이 짧아 신속하게 판촉 행사를 가망 고객에게 전달할 수 있으며, 지속적으로 고객에게 정보를 제공함으로써 가망 고객의 방문을 적극적으로 유도할 수 있다. 특히 SMS는 경쟁 매장에 노출이 되지 않고 판촉 행사를 고객에게 전달할 수 있다는 장점이 있다.

SMS를 시행할 때 유의할 점은 수신 고객의 불만이 발생하지 않도록 너무 남용하지 않도록 하며, 지속적으로 SMS 거부를 체크하여 문제가 있는 발송을 최소화하도록 해야 한다.

SMS 발송 규모는 발송수와 반응률, 반응 고객수와 매출액과의 상관 관계를 분석해 효율적으로 운영하도록 한다. 평균적인 반응률은 1% 내외이다.

SMS 판촉 성공을 위한 키포인트

① 품목 선정 : 판촉을 시행할 시점에 고객의 기호와 니즈를 충족시킬 수 있는 제품과 구매를 일으킬 수 있는 모델을 선정한다.

② 고객 선정 : 클레임을 최소화하고 효과를 최대화하기 위해 최근 몇 개월간 제품을 구매한 고객은 제외하고 행사 품목의 구매층 특성(연령, 구매 금액, 주거 지역, 소득 형태 등)을 고려하여 고객을 선정한다.

③ 시기 선정 : 설날, 졸업, 입학, 어린이날, 어버이날, 바캉스, 추석, 수능, 크리스마스 등 타깃 고객이 관심을 가지는 시즌별 이슈를 선정한다.

④ 시간 선정 : 주말 쇼핑을 고민하는 금요일 오후나 토요일 오전 11~12시가 적당하며, 행사 기간은 토요일에서 월요일 정도로 선정한다.

⑤ 발송 주기 : 1개월에 1회

⑥ 주의 사항 : 고객에게 발송 전 임직원 스마트폰으로 시험 발송

하여 내용을 체크한 후 고객에게 발송하고, SMS 발송 후 1시간 이내에 고객 문의 전화가 집중되므로 이에 대응하기 위해 전 임직원이 대기한다.

이슈 연계 판촉 계획표 만들기

자연스럽게 고객을 매장으로 유치해 구매를 유도하기 위해 활용할 수 있는 가장 쉽고 중요한 방법은 사회 문화적인 주요 이슈를 연계한 이벤트 판촉을 시행하는 것이다. 고객이 관심을 가지는 이슈를 활용, 판촉을 시행함으로써 고객과의 공감대를 만들어 자연스럽게 매장 방문과 구매를 일으킬 수 있기 때문이다.

이슈에는 설날, 졸업, 입학, 결혼, 이사, 방학(여름/겨울), 바캉스, 추석, 축제, 김장, 수능, 크리스마스 등 월별, 계절별로 일어나는 이슈와 선거, 올림픽, 월드컵 등 정기적으로 몇 년마다 일어나는 행사 등 정기적으로 일어나는 이슈 그리고 우주선 발사와 같은 비정기적으로 일어나는 특별 이벤트가 있다.

이러한 이슈는 고객들이 모두들 관심을 갖는 사항들이다. 생활과 밀접한 연관이 있는 것들이므로 사회 문화적으로 발생하는 이슈를 지역 상권 특성 및 고객 기호를 감안하여 전략적으로 기획하고 차별화된 이벤트로 실행함으로써 매장 판매를 활성화시키도록 한다.

이슈별 판촉 계획표 만들기

이슈를 효과적으로 공략하기 위해서는 월별 이슈에 맞추어 어떠한 제품을 가지고 어떻게 판촉을 전개하고 고객을 공략할 것인지에 대한 계획표를 만드는 것이 중요하다. 이슈별 판촉 계획표는 트렌드 변화, 상권 동향, 고객의 기호 등을 감안하여, 분기 단위로 작성하는 것이 효과적이며 분기 시작 최소 1개월 전에 완성하는 것이 좋다.

판촉 계획표가 완성된 뒤에는 이슈를 바탕으로 월별 세부 판촉 계획을 수립하여 행사를 운영하도록 한다. 이슈별 판촉 계획표는 6하 원칙(5W1H)에 입각하여 이슈를 어떻게 활용할 것인지를 구체적으로 나타내도록 한다.

- ◆ Why(왜) : 행사 목적 및 방향
- ◆ When(언제) : 행사 시기 결정
- ◆ Where(어디서) : 행사 장소 선정 (입구, 매장 내 코너)
- ◆ Who/Whom(누가/누구를) : 행사 대상, 초청 고객, 타깃(목표)/가망(잠재) 고객
- ◆ What(무엇) : 행사 목표(목적)를 달성하기 위한 행사 내용
- ◆ How(어떻게) : 행사 내용에 대한 세부적인 운영 방법

판촉 계획표 작성 절차

다음은 판촉 계획표의 작성 절차와 2/4분기 이슈별 판촉 계획표 작성 사례이다. 이를 참고로 삼아 판촉 계획표를 만들어 보도록 한다.

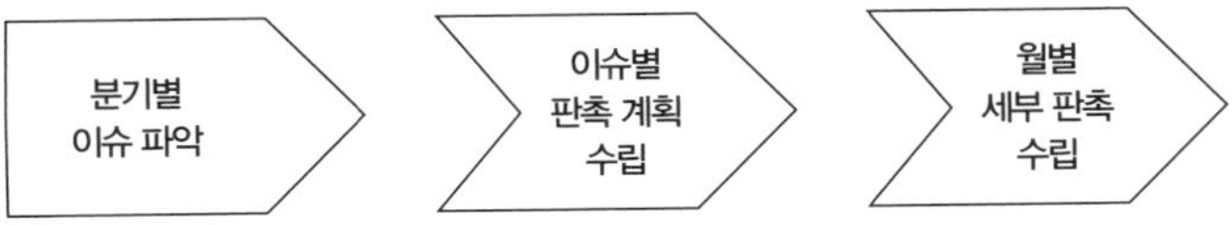

분기별 이슈 파악 → 이슈별 판촉 계획 수립 → 월별 세부 판촉 수립

※ A 매장 2/4분기 이슈별 판촉 계획표 작성 사례

구분	4월	5월	6월
이슈	**결혼, 이사** 식목일/한식, 황사 프로야구 개막	**가정의 달** 지역 축제, 프로축구 개막	여름/장마 보훈의 달(현충일/ 6.25)) **상반기 마감**
Why (행사목적)	봄 성수기 결혼/ 이사 특수 공략 및 신상품 홍보	가정의 달 기념일별 선물 수요 공략	상반기 결산 단골고객 초청 감사 행사
When (행사시기)	결혼 이사 : 1~30일 신상품 홍보 : 1~7일 신상품 판촉 : 매주말	어린이날 : 1~5일 어버이날 : 6~8일 성년의날 : 10~18일	단골 고객 초청 행사 (마지막 주 금~일) 보훈 고객 초청(6일/ 25일)
Where (행사장소)	결혼, 이사 (관련 매장 공동 판촉) 신상품 홍보 판촉 (입구 및 각 코너)	어린이날 : 선물 코너 어버이날 : 효도 코너 성년의날 : 축하 코너 (매장 입구 상품 진열)	초청 행사 (매장 입구 및 주요 코너)
Who/ Whom (초청고객)	결혼,이사 고객 신상품 가망 고객	기념일별 타깃 고객 가족 고객	VIP 고객/ 단골 고객 기념일별 해당 고객
What (행사내용)	**결혼/ 이사 고객** **새출발 축하 세일** (사은품 증정/ 경품응모) **신상품 탄생 축하 판촉** (구입 고객 특별 사은품, 상담 고객 기념품 증정)	**가정의 달 축하** **선물용품 세일** 어린이 날/ 어버이날 성년의 날 특가판매 *기념일별 특별 선물 증정*	**단골 고객 주말 초청 행사** 상반기 인기상품 선착순 한정 판매 방문/구매 고객 경품권 **보훈 고객 초청** 해당 고객 감사품 증정
how (행사운영)	**1. 결혼/ 이사고객 발굴 및 초청** • 해당 고객 리스트 작성 및 주말 행사 초청장 발송 (이메일 및 DM, SNS) **2. 초청 행사 준비** • 사은품 : 금액대별 • 기념품 : 새출발 축하 • 결혼/ 이사 특별 코너 연출 • 경품권/ 응모함 준비 • 결혼/ 이사 분위기 연출 **3. 초청 행사 시행** • 방문 고객 상담 (다과 접대 및 기념품 증정) • 구매 고객 사은품 및 경품 응모권 증정 **신상품 홍보** (이메일, DM, TM, SNS)	**1. 기념일별 초청 고객 리스트 작성 및 초청장 발송** (이메일, DM, TM, SNS) **2. 초청 행사 준비** • 사은품 : 고객 기호 감안 • 기념품 : 기념일별 축하선물 마련 • 기념일 축하 코너 연출 • 풍선으로 매장 연출 **3. 기념일 특별 판촉** • 방문 고객 기념품 증정 • 구매 고객 사은품 증정 • 기념일별 구매 특전 (할인/ 경품권) 차별 제공 **4. 참여 고객 사후 관리** • 기념일별 행사 참여 고객 대상 감사 전화	**1. 상반기 방문/ 구매 고객 리스트 작성 및 초청장 발송** (이메일, DM, TM, SNS – 감사 편지 동봉) **2. 주말 초청 행사 준비** • 사은품 : 고객 기호 감안 • 기념품 : 감사 의미 전달 • 상반기 히트 상품 코너 마련 및 쇼윈도 특별 출연 • 만국기로 행사장 연출 **3.단골 고객 주말 초청 행사 시행** • 방문 고객 접대 및 상담 (다과 접대 및 기념품 증정) • 구매고객 사은품 **보훈가족 리스트 작성 및 초청 행사 안내**

차별화된 이벤트 만들기

이벤트는 매장 내외에 즐거운 축제의 공간을 만들어 줌으로써 자연스럽게 고객과의 만남의 장을 마련하는 것이다. 차별화된 이벤트를 만들기 위해서는 시기별 이슈, 트렌드, 상권 특성, 고객 기호 및 성향, 경쟁 매장의 이벤트 등 다양한 요소를 고려하여 고객에게 딱 맞는 이야기거리를 제공해 주어야 한다.

지역별로 매월 문화 행사, 스포츠 이벤트, 다양한 기념일 등 다채로운 이슈와 이벤트가 매월 있으므로 이러한 요소들을 활용한 차별화된 이벤트를 기획하고 실행함으로써 방문 고객을 늘리도록 한다.

차별화된 이벤트를 위한 요소 활용

의외성 : 고객의 탄성, 감동, 놀라움을 일으킬 수 있는 새로운 이야기, 뜻밖의 경험을 제공해 주어야 한다. 임직원의 복장에서부터 행사명, 행사 내용에 이르기까지 기존에 시행하던 단순한 방식에서 벗어나 무언가 흥미 있고 새로운 것을 이벤트로 구성한다.(예 : 입학 판촉 시 교복을 입은 임직원의 접객, 입학생만 출입을 허용하는 토요일 매장, 입학생 깜짝 기념품 증정 등)

계절감 : 고객들은 계절의 변화에 맞추어 활동하고 구매하게 되므로 이를 감안하여 한 발 앞선 계절 판촉을 시행함으로써 고객의 시선을 끌고 방문을 촉진시키도록 한다.(예. 3월－여름 준비 끝, 여름 제품 특별 초대전, 7월－한여름의 크리스마스 축제, 12월-겨울 바캉스 페스티벌 등)

화제성 : 사회 문화적인 이슈나 고객들의 입에 오르내리는 이야기 등을 활용하여 판촉 행사 테마 요소로 채택하여 차별화된 PR효과를 거두도록 한다. (예 : 스타워즈 세일, 올림픽 테마 파이팅 축제 등)

데이 마케팅 : 발렌타인데이, 화이트데이, 삼겹살데이, 빼빼로데이 등 특정일을 활용한 데이 마케팅이 활성화되고 있으므로 개업기념일, 사장님 생일, VIP 고객 생일, 지역 축제 시작일, 학교 방학일 등 매장 및 지역과 관련된 기념일을 독창성 있게 활용하도록 한다. (예 : 3월 22일 사장님 생일 원가세일, ○○○고객님 생일 축하 특별가 한정 판매 등)

뉴스 활용 : 매일 매일 일어나는 새로운 뉴스, 특히 고객의 일상과 관련된 기후, 경제, 사회 문화 행사, 웰빙(스포츠)과 관련된 뉴스를 직접 활용하거나 패러디하여 차별화된 이벤트로 활용한다.(예 : 올림픽 금메달 기념 특별 세일, □□ 선정 기념 기획 판매 등)

차별화된 이벤트 만들기

차별화된 이벤트를 만들기 위해서는 위에서 보았던 5가지 요소를 개별적, 복합적으로 활용하여 기획해야 한다. 이벤트를 기획하기 위해서는 가장 먼저 목적과 목표를 설정하고 이를 달성하기 위한 타깃 고객 선정과 행사 콘셉트, 행사명, 행사 기간, 행사 내용 등의 세부적인 전개 방법을 협의한다.

다음은 이벤트의 기본 계획을 작성한 것이다. 이를 참고해 적용해 보도록 하자.

이벤트 기본 계획 구조

구분	시행 내용
1. 기획 목적	• 무엇을 위한 행사인지 분명히 하고 고객에게 차별화 되게 기획
2. 행사명 및 콘셉트	• 이벤트 목적에 맞는 타이틀을 계절, 이슈, 유행 등을 감안하여 재미있게 결정
3. 행사 목표	• 행사를 통한 매출액, 가망 고객 확보 수 등 정량적인 내용과 매장 이미지 및 호감도를 높이기 위한 정성적 목표를 사전에 설정
4. 초청 대상	• 불특정 다수의 고객이 아닌 행사명 및 내용, 시기에 맞는 특정 고객을 초청함으로써 누구를 위한 행사인지 분명하게 설정
5. 행사 내용	• 행사 목적, 행사명, 초청 대상을 고려한 맞춤형 제안 행사로 행사 내용 결정 • 초청 고객에 대한 특별 서비스 및 매장 입구 고객의 호기심 유발을 위해 행사 내용과 관련 있는 이벤트팀 초청 – 마술사, 마임 퍼포먼스, 네일아티스트, 캐리커쳐, 삐에로, 사물놀이, 레크레이션 진행자)
6. 행사 일시	• 행사명 및 초청 고객 콘셉트에 맞게 행사 일시를 결정하며, 수요 발생 시점보다 일주일 정도 앞에 시행하는 것이 효과적
7. 행사 장소 연출	• 행사 목적, 행사명, 초청 고객 기호 등에 맞추어 매장을 연출하고 상품 코너를 구성, 상품 전시, POP 및 연출 소품을 활용한 제작물을 어떻게 할 것인지를 협의, 결정
8. 행사 홍보	• 초청 고객 스타일을 감안하여 온라인 / 오프라인으로 나누어 홍보 – 온라인 : SNS, 이메일, SMS 등 – 오프라인 : DM, TM, 가정 방문, 전단 포스팅 등 • 행사 효과를 고려하여 홍보 매체 결정
9. 행사 예산	• 행사 목표와 비교하여 효율성과 효과가 있는 범위 내에서 예산 결정
10. 사후 관리	• 행사 기간 내 방문 고객, 구매 고객, 연결 고객 등 행사와 관련된 고객들에 대한 사후 관리 방안 수립 및 실행 – 감사 전화, 해피콜, 기념 축하 카드 발송 등

이벤트 판촉의 전개

단계	과정	세부 내역
준비	현황 분석	• 시장, 경쟁 관계, 고객, 상품 현황, 사회환경 등에 대한 분석 및 이해
	목표 설정	• 판매 상품의 설정 및 목표 매출액 수치화 – 행사 규모, 초청 고객수,, 예산 등을 고려
	주제 결정	• 판촉 행사의 전체 이미지를 상징하는 콘셉트와 주제를 결정
기본 계획	세부 계획 수립을 위한 틀 구성 (6하원칙)	• 행사명 및 주제 결정 • 고객 초청 계획 및 동원 대책 수립 • 실시 장소, 규모, 시기 결정 • 소요 예산 산출

단계	과정	세부내역
실행 계획	실행 계획 수립 및 운영메뉴얼 작성	• 이벤트 내용 및 타입 결정 • 판매 주력상품 미끼 상품 결정 • 판촉물 (사은품, 기념품) 선정 • 행사장 구성 및 연출 (장치 장식, POP, 현수막 제작 및 특별 코너, 입구, 쇼윈도 연출 방향 결정) • 매체 홍보 (지역 신문, 전단, 현수막, SNS) 방법, 고지 매체의 선택 및 활용 • 실시 예산의 결정 (제작, 인건비, 기획) • 관련 인력 (임직원, 이벤트 팀) 배치 및 교육
시행 및 조정	운영 메뉴얼 체크 및 조정	• 운영 메뉴얼에 의거 진행사항 체크 • 타임 스케쥴 차트 작성 및 참여 인원 고지 • 철저한 리허설을 통한 행사 전달도 극대화 • 비상시 대책 수립 및 통계
평가	평가 및 리뷰	• 사전 평가 기준에 의거, 행사 결과 평가 • 사후 관리 (고객, 제작물, 소요 예산) 및 차후 행사 반영 기준 마련

지역 · 고객 밀착형 이벤트

치열한 경쟁을 뚫고 우리 매장이 성공할 수 있는 방법은 '고객과의 소통'을 강화하는 이벤트가 최선이다. 특히 매장 입구에서 벌어지는 이벤트는 상권 내 지역 주민들을 대상으로 시행하는 행사로 고객들에게 즐거움을 제공하며 매장을 효과적으로 알리는 수단이다. 단순히 매장 문을 열고 제품을 진열하는 것만으로는 경쟁에서 이길 수 없다. 무엇인가 고객을 끌어들이는 플러스 'α'가 있어야 하며, 바로 바로 그 'α'가 매장 이벤트이다.

매장 이벤트는 적극적인 기능으로서 매장을 좀 더 즐겁게 연출하여 고객 방문을 촉진하고 판매 증진을 도모하는 것이다. 소극적으로는 상권 내 타 매장의 판촉 활동에 대한 선제적 공격 수단으로 활용한다.

이벤트 유형

매장의 특성을 고려하여 아래 방법 중 여러 가지를 병행하거나 단독으로 활용한다.

유형	형식에 따른 분류
1. 소비자 경품 2. 콘테스트 (매출, 손익, 고객 정보) 3. 할인 4. 쿠폰 5. 사은품 (프리미엄) 6. 실연 7. 견본 증정	1. 소비자 체감 (보고, 듣게) 2. 상영, 영사 3. 전시 4. 콘테스트, 경진대화 5. 학습 (아카데미, 세미나) 6. 퀴즈, 앙케이트, 투표, 공모 7. 선물 8. 판매

기대 효과

매장 이벤트를 실시하고 나서 기대되는 것은 유형적으로 보면 행사 전보다 매출이 임직원의 참여도에 따라 한 배에서 2~3배까지 효과가 달리 나타난다. 무형적 효과로는 고정고객화 및 신규 고객 확보, 경쟁 매장과의 차별화된 이미지 전달, 방문 고객의 고객 정보 구축에 따른 향후 판촉에 초대, 부진 재고 소진을 통한 적정 재고 유지, 고객 기호에 대한 정보 파악으로 고객 밀착형 판촉 등이 있다.

시행 방법

시행 주체

- 매장 자체 역량에 따라 단독으로 실시
- 상권 내 매장과 공동으로 행사 실시
- 지역 이벤트와 연계하여 실시
- 이벤트에 따른 관련 업종과 제휴하여 실시 (결혼, 이사, 수능 판촉 등)

시행 단계

매장 입구 이벤트는 단계별로 방법과 내용을 달리하여 점진적으로 강도를 높여서 실시하여야 하며, 계절성, 시기성 등을 고려하여 다음과 같이 실시한다.

◆ **1단계** : 오픈 이벤트로 매장의 존재를 알리는 것을 가장 큰 목적으로 한다. 고객들의 호기심을 자극하는 방법을 사용하여 고객을 모으도록 하며 2단계로 넘어 가기 위해서는 방문 고객의 리스트를 작성하여야 한다.

◆ **2단계** : 1단계에서 홍보된 고객들이 다시 올 수 있는 '기회의 장'을 마련하는 데 중점을 둔다. 1단계에서 작성된 고객리스트를 활용하여 초청 고객을 선정하고 방문과 구매를 유도하며, 매출 증대를 위한 단기 판촉 행사에 주력한다.

2단계의 핵심 포인트는 고객 밀착 관리를 위한 고객과의 관계 강화로 '스킨십 이벤트'를 실시해야 한다.

◆ **3단계** : 마지막 3단계에서는 지금까지 형성된 고객을 "단골 고객화"하는 데 중점을 두어 정기적, 장기적으로 기획, 실시한다.

서비스를 활용한 사후 관리 등을 철저히 하여 고객과의 신뢰감과 친근감 형성에 주력하며, 단골 고객들로 하여금 다른 고객들에게 입소문을 내는 역할까지 하도록 유도한다.

이벤트 기획 포인트

첫째, 장기적인 관점에서 판매 전략을 수립하여 그 전략의 일환으로 실시하여야 하며, 지역 사회에 대한 공헌도 고려해야 한다.

둘째, 고객과의 접촉이 중요하다.

급변하는 시장 및 사회 변화에 따른 소비자의 동향을 고려하여 고객이 원하는 이벤트를 기획해야 한다. 특히 지역에 거주하고 있는 주민의 특성과 기호 파악이 중요하다.

셋째, 행사 전 철저한 준비를 한다.

철저한 조사와 분석은 이벤트를 성공시키기 위한 첫걸음으로 지역 특성, 상권 분석, 고객 특성, 구매 형태 등을 분석해야 한다.

넷째, 목표와 목적을 명확히 하며, 이를 매장의 전 임직원이 인식하도록 한다.

이벤트의 궁극적인 목적은 이익을 지속적으로 확대하는 데 있다 하지만 행사 자체로서의 과정도 충실히 수행해야 하므로 매장 임직원 모두가 행사의 내용을 인식함과 동시에 각자의 역할에 대해서도 명확히 이해함으로써 효율적인 행사의 운영이 이루어지게 한다.

다음은 이벤트 기획의 기본 지침과 성공 포인트 및 유의사항을 정리한 것이다. 참고삼아 이벤트를 기획해 보도록 하자.

기본 지침	성공 포인트
• 고객 제일주의 – 친절한 안내 및 서비스 • 철저한 약속 • 돌발사태의 신속한 해결 – 고객의 입장에서 정리 • 3일 간격의 해결 – 단점 보완 – 장점 극대화	• 상품에 대한 • 경품에 대한 • 매장에 대한 • 행사에 대한 – *기대감 충족* * 체크포인트에 대한 행사 준비 * 철저한 행사 고지 및 홍보 **유의사항 및 준비 사항** • 임직원의 명확한 업무 분담 • 이벤트 요령 습득(교육 철저) • 방문 고객 대상 공 평한 서비스 • 임직원 대상 콘테스트 (매출, 손익, 고객 정보) • 매장 내외 분위기 연출

이벤트 종류

문화 이벤트

문화 이벤트는 판매보다 매장 이미지를 높이기 위한 것으로 이익을 지역 상권 및 고객에게 환원하는 차원에서 실시하는 행사이다. 예를 들어 소년소녀 가장 돕기(장학금 지원), 노인정 방문, 유치원/초등학교 운동회 협찬, 미술학원과 공동으로 사생대회 등을 개최하는 것이다.

스포츠 이벤트

지역 상권 내 고객들의 관심도가 높은 스포츠(조기축구, 테니스, 베드민턴, 탁구, 게이트볼 등)와 관련하여 매장 판촉에 활용하거나 후원하는 것이다.

온라인 이벤트

인터넷(모바일)을 활용하여 행사를 시행하는 것으로 카카오톡, 페이스북, 블로그 또는 매장 홈페이지를 활용하여 신제품 홍보 및 판촉 행사에 대한 안내를 하는 것이다.

지역 활성화 이벤트

지역 주민들의 문화적 욕구를 충족시켜 주기 위한 각 지자체의 이벤트 행사가 활성화되고 있으므로 이를 활용하여 매장 홍보 및 판매 활성화를 시키도록 한다. 이를 위해서는 지역 이벤트에 대한 행사 후원 및 협찬, 행사장 내 홍보 및 판매 코너 설치 등이 있다.

고객과 즐겁게 만나는 이벤트 만들기

이벤트란 고객과의 커뮤니케이션을 통해 공감대를 만드는 판촉 수단으로 행사 참여 고객들에게 이야깃거리를 제공해 줌으로써 구전 효과를 거둘 수 있고 좋은 이미지를 전달할 수 있다. 특히 요즘처럼 감각적인 소비를 즐기는 고객들에게 볼거리, 즐길 거리, 화제거리를 제공할 수 있는 이벤트는 고객들의 감성을 충족시켜 즉각적인 또는 장기적인 구매를 촉진할 수 있는 수단이다.

따라서 단순히 물건을 파는 매장이 아닌 고객들과의 즐거운 만남을 위한 문화 공간으로 변화를 위해 이벤트를 적극 활용해야 한다. 이를 위해서는 이벤트를 어떻게 준비하고 실행하며 관리할 것인가에 대해 살펴보도록 한다.

이벤트 만들기

6하 원칙(5W 1H)에 의거 기본 사항 결정

- 이벤트 목표 설정
- 이벤트 대상/타깃 선정('누구'를 대상으로 '무엇 때문에' 실시할 것인가?)
- 이벤트 내용과 방법 결정 ('무엇'을 '어떻게' 할 것인가?)
- 이벤트 실시 시기와 장소 결정 ('언제', '어디서' 할 것인가?)

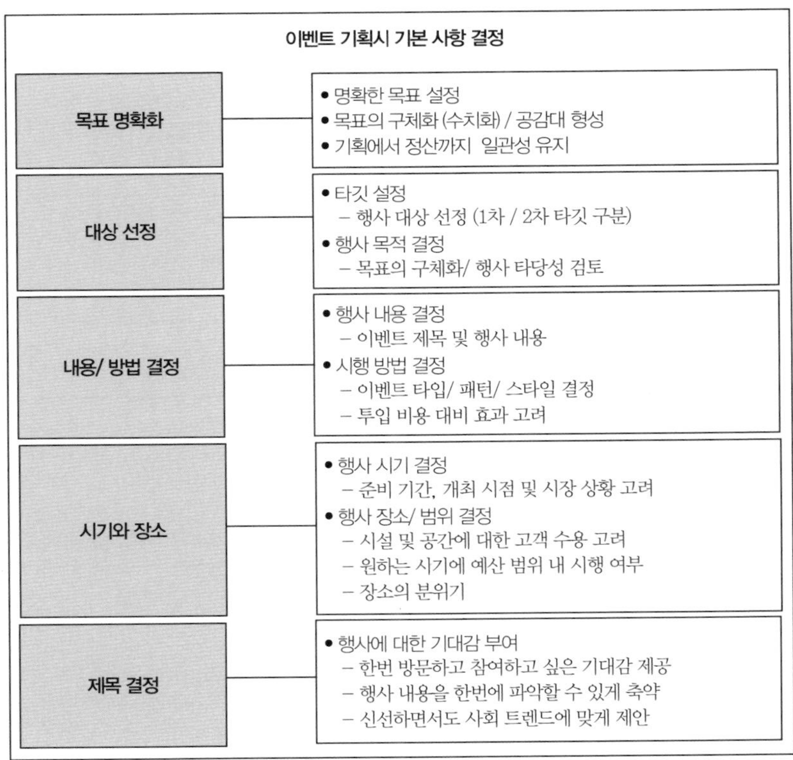

이벤트 기획시 기본 사항 결정
목표 명확화
• 명확한 목표 설정
• 목표의 구체화 (수치화) / 공감대 형성
• 기획에서 정산까지 일관성 유지
대상 선정
• 타깃 설정
– 행사 대상 선정 (1차 / 2차 타깃 구분)
• 행사 목적 결정
– 목표의 구체화/ 행사 타당성 검토
내용/ 방법 결정
• 행사 내용 결정
– 이벤트 제목 및 행사 내용
• 시행 방법 결정
– 이벤트 타입/ 패턴/ 스타일 결정
– 투입 비용 대비 효과 고려
시기와 장소
• 행사 시기 결정
– 준비 기간, 개최 시점 및 시장 상황 고려
• 행사 장소/ 범위 결정
– 시설 및 공간에 대한 고객 수용 고려
– 원하는 시기에 예산 범위 내 시행 여부
– 장소의 분위기
제목 결정
• 행사에 대한 기대감 부여
– 한번 방문하고 참여하고 싶은 기대감 제공
– 행사 내용을 한번에 파악할 수 있게 축약
– 신선하면서도 사회 트렌드에 맞게 제안

이벤트 5W 1H 결정시 체크리스트

구분	세부 내용
When (언제)	• 시기적 요인과 일치되는가? (유행성, 화제성 등) • 어떤 계절인가? (봄, 더위, 단풍, 추위 등) • 일정의 설정은 적절한가? • 유동 및 방문 고객 대비 요일은 적절한가?(평일, 휴일) • 준비 기간은 충분한가? • 행사 관련자 스케쥴 체크 (출연자, 게스트, 주최자 등) • 방문 예상 고객 현황 (직업 및 가정 형편에 따른 사정) • 지역 내 타행사와 상충되지 않는가? (고객 동원, 출연자 등) • 실시 기간의 설정은 적정한가? (휴가철, 명절)
Where (어디서 – 장소)	• 지역적인 문제는 없는가? • 장소는 매장 앞인가, 내부인가, 별도 장소인가? • 넓이, 안정성은 양호한가? • 교통편은 좋은가? • 날씨에 의한 영향 및 주차장에 문제는 없는가? • 관공서와 관계(경찰 소방서에 사전신고 등) 는 어떤가? • 무대, 음향, 조명, 전기에 문제는 없는가? • 본부, 대기실, 화장실 등의 규모는 적절한가?
Who (누가)	• 주최자는 누구인가? •실무 책임자, 이벤트 진행자, 사회자, 접수,, 배달 등
What (무엇을)	• 행사 목표는 명확한가, 행사 내용은 무엇인가? • 행사 시행가능 여부, 효과는 기대할 수 있는가? • 타 매장 대비 차별화된 내용이 있는가? • 장단점은 무엇이며 예산은 충분한가?
Why (왜)	• 행사의 대외의 명분이 있는가? • 행사 시행에 대한 타당성은 있는가?
How (어떻게)	• 기획 내용에 대해 행사 참여 인원이 잘 이해되고 있는가? • 스케쥴 및 인적 / 물적 준비 상태는 양호한가? • 행사 고지는 잘 되었는가? • 사은품, 기념품, 음료, 다과는 준비되었는가? • 긴급 상황 발생시 대책은 수립되었는가?

참신한 이벤트 아이디어 발상법

① 연간 스케줄 점검

일별, 월별, 계절별로 1년 동안의 여러 가지 사회문화적 이슈 및 유행, 트렌드를 파악하여 이벤트 행사를 기획한다. 특히 기념일(발렌타인데이, 화이트데이, 식목일, 단오, 칠월칠석, 광복절, 크리스마스 등), 생일, 지역 축제 등을 활용한다.

② 다양한 패턴으로부터의 발상

이벤트의 각 유형 하나하나를 골라 주어진 여건, 주변 상황, 요구되는 효과 등을 고려하여 아이디어 발굴. 이를 위해서는 평소 여러 가지 케이스를 분석, 연구하여 종류별로 유형화한다.

③ 다른 사례를 통한 재구성

이미 실시된 타 업종의 이벤트 사례를 기초로 하여 매장의 여건에 맞게 재구성한다.

타 행사의 아이디어를 그대로 모방하기보다 이를 선택적으로 수용하고 추가로 아이디어를 덧붙여 보다 업그레이드된 아이템을 도출한다.

④ 발상의 전환

역발상을 통해 매우 색다르고 차별화된 아이템을 이벤트 재료로 활용한다.

⑤ 스크랩 활용

온오프 신문기사 중 재미있고 독특한 기사를 스크랩하는 것을 습관화하여 스크랩을 하면서 떠오르는 아이디어를 간단하게 메모를 함으로써 이벤트 기획에서 아이디어로 활용한다.

⑥ 브레인 스토밍

테마가 주어진 상태에서 여러 사람이 모여 의견을 내면서 아이디어를 도출한다.

이벤트 효과 파악과 사후 점검

평가 기준 및 내용

평가기준	세부내용
참여 인원	• 행사 기간 중 참가한 인원 수(예상 참여고객 대비) • 설정한 인원의 참가 여부 • 1차 타깃과 2차 타깃의 구분
매출 금액 계산	• 행사 기간 중 판매된 금액 • 행사를 통한 순매출 증가분 • 투입 비용 대비 채산성 고려, 순이익 산출
행사 내용	• 스텝 및 참여자 등 모든 관계자의 접객 태도 및 반응 • 행사장 환경에 대한 주최 인원의 노력과 배려 • 대리점 내 즐거운 분위기 구성 • 이벤트 내용의 고객 반응도

이벤트 효과 평가표

구분	단계					평가 결과	기타
1. 기획 내용	A	B	C	D	E		
2. 행사 진행	A	B	C	D	E		
3. 고객유도	A	B	C	D	E		
4. 행사장 환경	A	B	C	D	E		
5. 행사 제품	A	B	C	D	E		
6. 행사 연출	A	B	C	D	E		
7. 행사 고지	A	B	C	D	E		
8. 임직원 참여도	A	B	C	D	E		
9. 고객 반응	A	B	C	D	E		

이벤트 보고서

◆ 행사명 :			◆ 일시 및 장소 :		
구분	방문 고객수 및 매출 성과			행사 목표	
	1일차	2일차	3일차	방문 고객	달성도
방문 고객수	명	명	명	명	%
매출액	원	원	원	명	%
객단가	원	원	원	명	%
주요 매출 상품					
상품명					
상품명					
상품명					
특기 사항					
문제점					
고객 반응					
고객 응대					

소요 비용	목표	원	결과	원	달성률	%

봄 성수기 고객 유치를 위한 이벤트 만들기

봄이 오면 겨우내 움츠리고 있던 고객들의 발걸음이 분주해지면서 매장을 찾는 고객들도 늘어나게 된다. 또한 입학, 결혼, 이사 등의 '새 출발 특수'와 더불어 매화, 진달래, 벚꽃 등이 아름답게 피어나 지역별로 다양한 축제 및 이벤트가 시행된다.

이처럼 봄이 되면 고객들의 움직임이 활발해지므로 고객의 방문을 촉진하기 위한 이벤트를 시행하도록 한다. 이벤트는 매장을 즐거운 곳으로 만드는 효과가 있다. 고객의 기호와 트렌드 변화에 맞추어 새로운 재미를 부여하는 이벤트를 만들어 보도록 한다.

매장 이벤트의 종류와 활용

매장에서 실시할 수 있는 이벤트는 다양하지만 매장의 특성과 상권 고객들의 성향을 고려하여 이벤트 방법을 결정하는 것이 좋다.

이벤트 실시의 결정은 이슈와 상권 고객의 특성, 경쟁 매장의 행사를 고려하여 이벤트의 여러 방법 중 한 가지만 사용하거나 몇 가지 방법을 믹스해 사용하도록 한다.

매장 이벤트 종류

① 판매 이벤트

매출을 확대하기 위한 이벤트에는 주말 경매, 타임 세일, 오픈기념 세일, 개업기념 세일, 선착순 판매, 기획제품 한정판매, 경품추첨 행사 등이 있다. (예. 개업 7주년 대박 세일, 제주 여행경품권, 매일 12시 세일 타임, 최고 ○○만 원 보상 판매, 생활용품 ○○대 ○만 원 한정 세일 등)

② 고객만족 이벤트

문화 관련 행사 및 고객만족 서비스를 통하여 매장의 좋은 이미지를 전달하고 지속적으로 관계를 갖기 위한 단골 고객 만들기 행사로 고객 초청 노래교실, 요리교실, 문화 행사 티켓 증정, 어린이 그림 그리기 대회, 주부 백일장 등이 있다. 즉 직접적인 판매를 유도하는 것이 아니라 매장의 이미지를 개선해 자연스러운 구매를 유도하기 위해 고객과의 원활한 커뮤니케이션(소통)을 만드는 행사이다. 이는 고객만족 이벤트라고도 말할 수 있다. 고객의 기호를 정확히 파악하고 즐거움과 동시에 만족감을 주는 무료 제공 서비스, 특별 우대(혜택) 제공 등의 방법도 있다. (예 : 주부 노래자랑, 주부 요리교실, 건강 교실, 영화 상영회, 클래식 연주회, 와인 강좌, 가정의 달 사생대회, 한가위 주부백일장 등의 행사와 커플(가족) 사진 무료 촬영 서비스, 방문 고객 무료 복사/팩스 서비스 등)

③ 체험 이벤트

신제품에 대한 홍보를 적극적으로 시행하기 위해 매장 내외에서 방문 고객들을 대상으로 제품을 직접 사용하고 경험하게 하는 이벤트이다. 자연스러운 고객 참여를 유도하기 위해 도우미, 삐에로, 캐릭터 등을 활용한다.

체험 이벤트에 참여한 고객들에게는 제품과 관련된 1천 원 미만의 기념품을 증정함으로써 신제품을 차별화되게 알리고 기억하게 하여 자연스럽게 향후 구매를 유도한다. (예 : 신제품 시식회, 시음회, 무료 체험단, 신제품 활용 강좌 등)

④ PR(홍보) 이벤트

고객들에게 매장의 차별화된 이미지를 전달하기 위해 매장의 이익을 지역에 환원하는 것이 PR 이벤트이다. 지역 내 주요 공익기관이나 자선단체, 복지시설, 독거노인, 소년/소녀 가장들을 대상으로 기부를 하거나 지역 시설 등에 협찬금의 지원 등을 통해 매장의 이미지를 끌어올릴 수 있는 방법이다. (예 : 독거노인 김장김치 무료 증정, 소년소녀 가장 장학금 증정, 불우이웃 사랑의 쌀 증정, 환경보호 청소 활동 등)

이밖에도 지역 매장 공동 고객 초청 이벤트, 오픈 이벤트, 아파트 입주 축하 이벤트, 계절 이벤트 (설날, 졸업, 입학, 봄, 장마, 바캉스, 독서, 추석, 크리스마스 등) 등 다양한 이벤트가 있으므로 상권과 고객에 맞게 재미있는 이벤트를 만들어 보도록 한다.

매장 이벤트 기획

고객에게 즐거움을 제공하고 원활한 소통을 통해 공감대를 형성하는 이벤트는 참여한 고객들에게 이야기거리를 제공해 줌으로써 구전 효과를 거둘 수 있는 장점이 있다.

성수기 매출 활성화를 위해 꼭 필요한 이벤트의 기본 계획은 다음과 같이 수립한다.

행사명

고객이 알기 쉽고 행사 내용을 잘 파악할 수 있도록 행사 제목을 정하며, 최근 유행어나 방송 프로그램명을 활용(패러디)하는 것이 효과적이다. (예 : 무한도전 대박 세일, 세일을 부탁해, 비정상 세일 회담, 슈퍼 세일이 돌아왔다, 진짜 세일 등)

행사 기간

행사 내용, 고객, 경쟁 매장 동향 등을 고려하여 결정한다. 할인 행사는 일주일 이내가 좋으며, 사은 및 경품 행사는 한 달 정도 시행해도 된다. 단 특정 기념일을 축하하는 판촉 행사는 기념일 전후로 3~5일 정도 실시한다.

타깃 선정

행사에 관련된 가망 고객을 선정한 후 고객의 특성을 파악하여 세부적인 초청 및 제안 계획을 세우도록 한다.

행사 내용

행사명, 타깃 고객, 행사 제품, 경쟁 동향 등을 고려하여 할인, 사은, 경품 추첨, 무이자 등의 판촉 아이템을 선정하여 결정한다. 고객에게 효과적으로 행사 내용을 전달하기 위해서는 행사명에 맞게 중요한 2~3가지의 주요 구매 포인트를 행사 내용으로 부각시키는 것이 좋다.

소요 비용

행사 기간 동안의 총매출, 이익률, 경비율 등을 감안, 효율적인 비용 지출 계획을 수립한다.

매장 이벤트 캘린더

매장 이벤트를 보다 효율적으로 운영하며, 경쟁 매장과 차별화된 행사를 미리 준비하고 실행할 수 있도록 매장 이벤트 캘린더를 만든다.

이벤트 캘린더는 먼저 사회 문화 이슈를 고려한 후 고객 성향, 경쟁 매장 동향 등을 감안하여 월별로 매장 이미지를 올리고 판매도 증진시킬 수 있는 이벤트로 구성한다.

다음은 '3~5월' 봄 성수기 이벤트 캘린더 작성 사례이다.

구분	3월	4월	5월
이슈	입학, 진학, 입사 봄, 결혼, 이사 화이트데이	결혼, 이사 식목일/한식, 황사 프로야구 개막	가정의 달 지역 축제 프로축구 개막
타깃 고객	새 출발 관련 고객 청소년 고객	결혼, 이사 고객	가족고객 (어린이/성년)
경쟁 동향 (전년 실적)	입학 축하 판촉 화이트데이 판촉	혼수/ 이사 판촉	가정의 달 기념일 판촉
주력상품	A	B	C
판매 이벤트	입학/진학 고객 우대 세일	결혼/ 이사고객 새 출발 축하세일 스포츠 경품 판촉	가정의 달 축하 선물용품 세일 신상품 경품 판촉
고객 만족 이벤트	새봄맞이 가정 방문 서비스	단골 고객 프로야구 티켓 증정	어린이날 풍선 어버이날 카네이션 증정 이벤트
체험이벤트	부모님 초청 신상품 체험회	단골고객 초청 신제품 설명회	신상품 무료 체험 이벤트
PR 이벤트	소년소녀가장 장학금 지원	새봄맞이 꽃씨 증정	불우이웃 사랑의 쌀 증정

여름철 재미있는 이벤트로 방문 고객 늘리기

여름철은 무더워지는 날씨와 장마로 매장을 찾는 고객이 줄어드는 시기이다. 물론 여름과 관련된 제품을 판매하는 매장은 손님이 더욱 늘겠지만 대체적으로 높은 기온과 잦은 비로 인해 평상시보다는 고객이 줄어든다.

그러므로 여름철에도 고객들이 매장을 방문하고 제품에 대한 판매도 활성화시키기 위해서는 무더위 속에서도 고객들이 즐겁게 매장을 방문하도록 하기 위한 재미있는 이벤트를 시행해야 한다.

이미 알아본 바와 같이 이벤트는 고객과 자연스럽게 만나고 친밀감을 높이기 위한 판촉 수단이다. 그러므로 고객의 입장에서 기획하고 고객들이 즐거움과 만족감을 가질 수 있도록 이벤트 내용을 구성해야 한다. 즉 행사에 참가한 고객들이 우리 매장을 잘 인식할 수 있도록 이벤트를 시행해야 한다.

다음은 매장에서 시행할 수 있는 간단한 이벤트 사례들이다. 이를 참고로 매장 상황 및 상권 특성, 고객 기호에 맞게 행사를 차별화하여 여름철 이벤트를 시행해보도록 한다.

경품 이벤트

다트 게임

판에 행사 제품(브랜드)명, 경품명, 제품 특징 등을 적은 후 고객이 다트 핀을 던져 맞춘 부분에 대한 경품을 증정하는 행사다. 짧은 시간 내에 많은 고객들이 참여할 수 있는 이벤트지만 다트 핀이 날카로워 위험할 수 있으므로 자석 다트를 활용하는 것이 안전하다.

포춘 쿠키

과자 속에 재미난 문구(또는 행운을 비는 글)와 경품 내용을 적은 종이를 넣은 포춘 쿠키를 가지고 방문 고객 또는 구매 고객들에게 증정한 후 과자를 깨트려 경품을 확인하는 이벤트이다.

얼음 부수기

대형 얼음 속에 경품 쪽지를 넣은 후 고객들이 나무망치를 이용해 얼음을 부숴 경품 쪽지를 확인하는 행사로 무더운 여름에 시행하면 매우 효과적인 이벤트이다. 매장 앞에서 시행하면 매장 앞을 지나가는 유동 고객들에게 재미와 볼거리를 제공할 수 있다.

풍선 터뜨리기

경품 추첨 방식 중 가장 쉽고 널리 사용하는 방법이다. 행운 경품을 적은 종이를 풍선 속에 집어 넣고 매장 입구에 놓은 후에 방문 고객 및 구매한 고객을 대상으로 직접 터뜨리게 하여 경품을 확인하는 방법이다. 방문 고객에게는 한 번, 구매 고객에게는 금액에 상응한 기회를 제공한다.

행운의 캔디

포장지에 경품권을 넣은 사탕을 방문 고객 및 구매 고객을 대상으로 하나씩 제공해 경품을 확인하는 방법이다.

이밖에 경품 응모권을 응모함에 받은 후 추첨을 하거나, 주사위를 던져 경품을 뽑는 방법도 있다.

행운 이벤트

행운의 숫자

고객들의 나이, 주민등록번호, 운전면허, 신용카드 등 고객들의 일상생활과 관련된 숫자를 대상으로 매장에서 지정한 행운의 숫자와 일치하는 고객에게 행운 경품 지급한다.

행운의 고객

고객 방문율과 구매율을 높이기 위해 ○○번째 방문 고객, ○○번째 구매 고객, ○○만 원 구매 고객 등 방문 고객 및 구매 고객을 대상으로 매장에서 미리 지정한 번호에 해당하는 고객에게 경품을 증정하는 행사이다. 정확한 방문/구매 고객수 산출이 가능하다.

신데렐라를 찾아라

여성(주부) 고객의 방문을 촉진시키기 위한 방법이다. 매장 내에 특별한 구두를 전시해 놓고 발이 맞는 고객에게 특별 기념품(또는 서비스(발 마사지, 네일아트))을 증정하는 행사이다. 좀 더 파격적으로 행사를 진행하려면 구매 고객 대상 행사를 운영하여 구두가 맞는 고객에게 바로 구두를 증정하면 깜짝 이벤트가 될 수 있다.

신발 사이즈는 보통 여성 크기(230~240밀리미터)보다 작거나 혹은 큰 것을 선택하여 운영한다.

기념일 축하

고객의 생일(고객의 자녀 포함), 결혼기념일 등과 관련하여 특별 기념품을 연중 진행하는 행사다. 고객의 기념일에 매장이 함께 축하하며 행운을 드리는 이벤트이다.

행운 복권

방문 고객 및 구매 고객을 대상으로 즉석복권이나 추첨식 복권을 지급하고 행사 마지막 날에 추첨하여 경품을 지급하거나 즉석에서 당첨 여부를 확인할 수 있도록 스크래치 방식 활용한다.

이밖에 선착순 판매, 한정 판매, 특정 고객 초청 행사, 사회 문화적 기념일 해당 고객 우대 행사 등을 통해 특별한 타깃 고객에게 행운을 주는 행사를 시행한다. 그리고 행운 이벤트는 반기별로 1~2회 정도를 시행하여 고객에게 행운을 주는 매장으로서의 이미지를 심도록 한다.

고객 참여 이벤트

노래(장기) 자랑

가장 많이 시행되는 고객 참여 행사로 매장 앞에 마이크, 앰프, 스피커를 설치하고 사전에 신청을 받은 고객들을 대상으로 레크레이션 강사(또는 임직원)가 행사를 진행해 장기 자랑 및 노래 자랑 이벤트를 시행한다. 8~10명을 대상으로 시행하는 것이 좋으며, 행사는 주말 오후 3~4시에 시행하여 많은 고객이 참여할 수 있도록 유도한다.

사생대회/백일장

주부, 자녀들을 대상으로 매장이나 제품(브랜드)을 주제로 미술 작품 또는 글쓰기(시, 수필 등) 콘테스트를 시행한다. 제출된 작품에 대해서는 매장 앞에 전시회를 하여 고객과 함께하는 이미지를 전달한다.

행사는 봄/가을이 시작되는 4, 9월이나 가정의 달 5월, 문화의 달 10월에 시행하는 것이 고객 반응이 좋다.

게임 대회

청소년들에게 관심이 많은 게임을 주제로 방학 기간 중 실시한다. 운영은 인근 PC방과 함께 공동으로 시행하는 것이 효과적이다.

이밖에 사진촬영 대회, 우리 동네 키즈짱 선발대회 등 제품과 타

것에 관련된 고객참여 이벤트를 시행하도록 한다.

공익 이벤트

바자회

지역 공익단체와 함께 불우이웃돕기, 소년소녀 가장 돕기, 독거노인 돕기 등의 주제를 가지고 고객, 매장 임직원이 함께 의류, 생활용품 등에 대한 바자회를 시행한다. 수익금에 대해서는 전액 해당 단체에 기증하도록 하며 연말연시에 시행하는 것이 좋다.

김장 나누기

11월 김장철에 지역 관공서, 부녀회 및 신청고객과 함께 매장 앞에서 김장 김치를 담근 후 독거노인, 소년소녀 가장에게 김장 김치를 전하는 행사이다.

건강 검진

지역 의료기관 또는 한의원과 연계하여 상권 내 노인, 어린이 등을 대상으로 무료 건강 검진 및 상담 코너를 운영한다.

무료 서비스

지역 서비스센터와 연계하여 APT, 상가 밀집지역을 대상으로 봄, 가을 무료 점검 서비스를 시행한다. 많은 고객의 참여와 우리 제품으로의 전환 구매를 유도하기 위해 타사 제품도 병행하여 체크 및 서비스를 한다.

이밖에 지역 환경보호 운동, 거리 청소 등과 더불어 지역 단체와 함께 다양한 공익 활동을 전개하여 차별화된 매장 이미지를 고객들에게 전달한다.

5단계

1등 매장을 만드는 고객 관리

고객의 매장 유인 전략

성공하는 매장, 지역 1등 매장이 되기 위해 많은 고객을 매장으로 유인하고 구매하도록 만들어야 하는 것은 당연하다. 이를 위해서는 제일 먼저 우리 매장의 고유 역량을 파악한 후 상권 내 고객 특성 및 기호에 맞추고, 경쟁 매장이 미치지 못하는 스윗 스팟Sweet spot을 만드는 것이 중요하다.

스윗 스팟이란 야구 배트 혹은 탁구 라켓 등에 공이 맞았을 때 가장 멀리 날아가는 부분을 의미하는 스포츠 용어이다. 경제학에서는 특정 제품이 그 제품의 소비자들이 구매할 의사가 생기는 가격대에서 가격을 형성하거나 그 제품을 제조하는 기업에 대한 소비자들의 선호도가 극대화되는 때를 의미한다. 즉 우리 매장이 가지고 있는 강점 중 고객 기호와 트렌드에 맞고 경쟁사와는 차별화 되는 부분을 찾아 강화함으로써 자연스럽게 고객들이 매장을 방문하는 계기를 만드는 것이다.

그렇다면 어떤 고객을 어떤 방법으로 설득하고 매장을 방문하도록 할 수 있을까? 지금도 수많은 매장들이 치열한 경쟁과 경기 침체를 극복하기 위해 한 명이라도 더 매장으로 유인하고자 다양한 프로모션을 전개하고 있지만 그런 노력에도 불구하고 고객들의 발걸음을 매장으로 이끌지 못하는 경우가 많다.

이유는 무엇일까? 가장 큰 이유는 정확하게 타깃 고객을 설정하지 못하고, 전체적인 고객을 대상으로 판촉 활동을 전개한다는 것이다 그리고 고객의 입장이 아닌 판매자의 입장에서 행사 내용을 결정하고 진행한다는 것이다. 즉 필요한 고객에게 원하는 것을 제공해야만 가망 고객이 매장에 관심을 가지고 방문을 하게 되는데, 불특정한 고객을 대상으로 매장의 입장만을 이야기함으로써 타깃 고객의 관심을 끌지 못하는 것이다.

이러한 문제를 극복하기 위해서는 첫째 시장에 맞춘 타깃 고객의 선정과 둘째, 고객 입장을 중심으로 하는 판매 제안이 절대적으로 필요하다.

다음은 최근 주목받는 타깃 고객과 고객을 매장으로 유인하기 위한 방법들을 제안하고자 한다. 지역 상권 현황 및 고객 성향을 고려하여 활용해보도록 한다.

주목할 고객, 베이비부머, 싱글족, G세대

가망 고객을 매장으로 효과적으로 유인하기 위해 주목받는 고객은 과연 누구이며, 어떠한 성향을 가지고 있는지, 어떻게 공략할 것인가를 계획하는 것이다. 주목할 고객은 베이비부머 세대, 싱글족(1인가구), G세대이다.

첫째, 베이비부머 세대는 1955년부터 1963년까지 출생한 1차 베이비부머 세대(714만 명)와 1968년부터 1974년까지 태어난 2차 베이비부머 세대(606만 명), 전체 인구의 26.4%를 차지하고 있다.

삼성경제연구소의 자료에 따르면 이들은 건강, 가족, 여가, 사회참여, 디지털 라이프에 주된 관심을 가지고 이에 대한 소비 활동을 활발하게 하는 세대이다. 따라서 이들을 대상으로 하는 맞춤 제품 및 판촉 내용을 제안하도록 한다.

베이비부머 고객은 여가(취미) 활동에 관심이 많고 SNS 활동을 활발히 하는 사람들이 많다. 스마트 제품 및 취미용 전문 제품에 대한 제안과 초청 판촉을 월별 이슈와 고객의 기념일(생일, 결혼기념일 등)에 맞추어 시행하도록 한다.

한국의 베이비부머 세대 분포

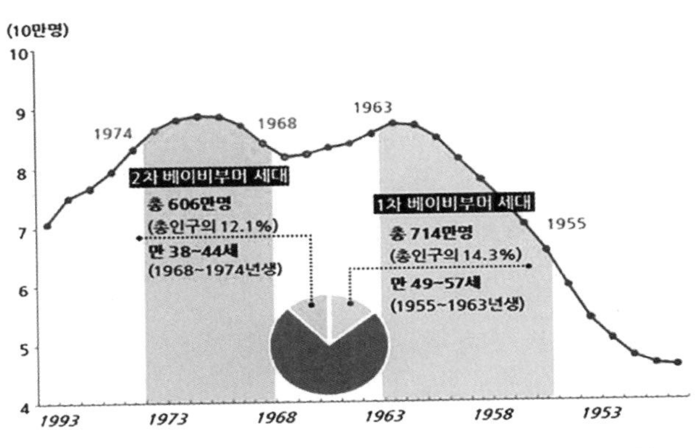

자료 : 통계청, KOSIS

둘째, 싱글족으로 불리는 1인가구이다.

1인가구는 2000년대 초반부터 급격히 성장해 현재 전체인구의 25%(450만 명)의 비중을 차지하고 있으며, 방송에 따르면 2030년에는 35%에 이를 것이라고 예상하고 있다.

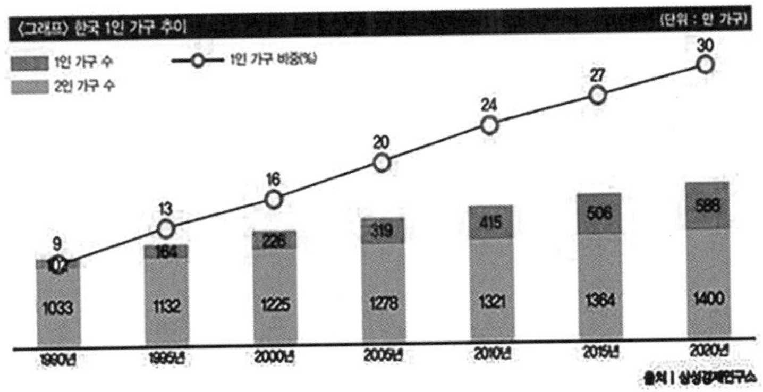

이들은 소비 시장에서 베이비부머 세대 다음으로 큰 수요 계층으로 현재 경제 트렌드를 바꾸고 있음에 주목해야 한다. 다인가구에 비하여 1인가구는 소형 제품을 선호하므로 1인용 소형 제품에 대한 제안을 부지런히 하고 주말에 초청 행사를 시행하도록 한다.

셋째, G세대이다.

G세대는 1988년 서울올림픽 이후에 태어난 세대로 인터넷과 스마트폰으로 자신만의 네트워크를 구축하고 자기표현에 매우 적극적이며, 세계를 무대로 활동하는 글로벌 세대를 말한다. 이들은 현재 직장 초년생인 20대 중후반으로 1주일에 평균 20시간 이상 인터넷을 하고, 스마트폰으로 모든 활동을 하고 있으며 영어학습과 해외 배낭여행, 아르바이트 등에 높은 관심을 가지고 있다. 따라서 이러한 G세대의 특성을 고려하여 이들이 갖고 싶어 하는 제품을 적극 제안하는 판촉을 이들이 관심 있는 기념일 이슈와 연계하여 시리즈로 전개하도록 한다. 특히, 이들은 정기적으로 제품을 구매하거나 업그레이드한다. 이런 점을 고려하여 구매를 한 후 일정 기간이 지나면 신제품을 지속적으로 안내한다. 또한 우대서비스를 선호하므로 조기구매 우대 판촉을 시행한다.

고객 유인 전략

SNS로 고객 유인

많은 매장들이 다양한 이벤트 및 판촉 행사를 통해서 고객을 사로잡는 데 심혈을 기울이고 있지만 매년 반복되는 비슷한 행사들로 인해 고객들은 신선한 매력을 느끼지 못하고 있다. 특히, 지속되는 경기 침체에 얼어붙은 소비 심리를 녹이고 구매로 이어지게 하기 위해서는 보다 신선하고 매력적인 방식으로 고객들을 만족시켜야 한다.

따라서 일방적인 판촉보다는 고객이 직접 참여하고 행동을 유발하는 양방향 소셜 마케팅을 우선적으로 전개한다.

대부분의 고객들이 스마트폰을 활용하는 점을 감안하여 매장 임직원들이 담당하는 고객들과 페이스북 친구를 맺거나 트위터 팔로잉을 통해 자연스럽게 행사를 안내하고 매장으로 초청하는 커뮤니케이션을 매주 1회 이상 지속적으로 시행한다. 특히 친구로 맺은 고객들에게는 1:1 메시지로 특별한 정보 및 구매 특전을 제공하는 점을 강조함으로써 많은 고객들이 페이스북과 트위터 등 SNS를 통해 친구를 맺도록 유도한다.

매장을 눈에 띄게 장식

매장의 쇼윈도 및 입구는 매장 앞으로 지나가는 유동 고객과 소통하는 최전방 창구이다. 그러므로 단순한 행사 안내 차원에서 한 걸음 더 나아가 입구 및 쇼윈도를 사회 문화 이슈와 이벤트, 트렌드를 반영하는 정보를 제공하는 곳으로 활용한다.

예를 들어 1월에는 새해를 감안하여 매장 입구에 커다란 복주머니를 디스플레이하거나 새해의 시작을 알리기 위해 쇼윈도에 대형 새해 숫자를 부착하는 것이다. 그리고 고객의 행복을 기원하기 위해 초대형 복福 자를 입구에 매달아 놓도록 한다.

2월에는 설날과 졸업 시즌이 있으므로 초순에는 전 임직원이 한복을 입고 매장 입구에서 아침, 점심, 저녁 인사를 드리는 퍼포먼스를 시행하고, 중순 이후부터는 학생 교복을 입고 고객을 맞이하거나 졸업식장으로 직접 찾아가 행사를 홍보하는 이벤트를 시행한다. 매 주말 판촉 행사를 알리는 전단도 모든 제품을 안내하는 것보다 주별로 고객에게 필요한 제품과 제안 제품으로 카테고리를 나눈 후 할인율이 높은 특가 모델, 사은품 증정 모델 등 딱 1개 상품씩만 게재하는 심플한 전단을 제작하도록 한다. 전단에는 고객의 참여를 유도하는 퀴즈, 경품 응모권, 설문조사 항목 등을 게재한다.

고객의 발걸음을 멈추도록 유도

고객의 발걸음을 매장으로 유도하기 위해서는 매장 내·외부에서 재미있는 이벤트가 정기적으로 이루어져야 한다.

고객 참여 이벤트로 신년과 설날에는 전통놀이(투호, 대형 윷놀이)를, 발렌타인데이, 화이트데이에는 프로포즈 이벤트를, 졸업 시즌에는 무료 메이크업 서비스, 결혼 시즌에는 커플 캐리커처 서비스 등 고객들이 좋아하고 쉽게 참여할 수 있는 이벤트 및 서비스를 제공한다. 그리고 10번째, 20번째, 30번째 매장을 방문하는 고객들에게 계절별, 월별로 꽃 화분을 증정하는 깜짝 서비스를 통해 재미와 감동을 줌으로써 자연스럽게 고객 발걸음을 매장으로 유도한다.

편안한 쇼핑을 유도

고객들에게 쇼핑에 대한 욕구를 불어넣고 발걸음을 매장으로 이끌었다면, 이제 마지막으로 만족을 느끼게 함으로써 구매로 연결시켜야 한다. 편리하고 쾌적한 쇼핑을 위해 주말 오후에 매장을 방문하는 고객들을 대상으로 호텔이나 허니문 여행지에서 제공하는 웰컴 드링크(주스 칵테일, 저알콜 스파클링 와인 등)를 제공하여 여유로운 분위기에서 매장을 둘러볼 수 있게 분위기를 조성한다. 그리고 매장 주요 코너에 상담 요청 버튼(일반 음식점의 호출 벨과 같은 형식)을 설치해 고객이 원할 경우에만 상담을 진행하는 재미있는 서비스도 제공해 고객의 흥미를 이끌어내도록 한다.

이처럼 고객의 쇼핑 특성을 파악하고 실제 쇼핑 과정에서 차별화된 만족을 느끼게 하기 위한 방법을 다양하게 제공해야 한다. 즉 주목받는 타깃 고객들에게 판매 행사에 대한 일방적인 전달 방식을 뛰어넘어 고객들의 참여와 흥미를 유발하는 쌍방향 판촉을 통해 많은 고객들이 매장을 방문하고 구매할 수 있도록 유도하는 것이다.

성공적인 영업을 위한 고객 확대 CRM 판촉

성공적인 영업으로 상권 내 1등점이 되기 위한 가장 중요한 요소는 무엇일까? 다양한 제품, 합리적인 가격, 편리한 구매 안내, 고객만족 서비스 및 이벤트 제공 등 여러 요소가 있겠지만 무엇보다 중요한 것은 매장을 방문하고 제품을 구매해 주는 고객이다. 매장 간의 가격, 서비스 경쟁이 더욱 치열해지는 상황에서 우위를 확보하기 위해 최우선적으로 필요한 것이 고객을 많이 확보하는 것이다. 즉 고객이 있어야 매장이 존재하므로 기존 고객에 대한 정비와 더불어 신규 고객의 창출에 주력해야 한다.

이를 위해서는 CRM(Customer Relationship Management : 고객 관계 관리)에 입각한 판촉 전략을 통해 방문율, 구매율 및 판촉의 효율성을 높여야 한다. 특히, 개인정보보호법에 따라 동의를 받은 고객에 한 해 판촉 행사 고지를 할 수 있으므로 고객 데이터를 정비해야 하며 동의 여부를 체크하여 판촉을 시행하도록 한다.

여기서는 기존 고객 강화 및 신규 고객 창출을 위한 CRM 판촉에 대해 살펴보도록 한다. 이를 참고하여 상권 현황 및 고객 성향을 감안해 차별화된 고객 창출 전략을 수립한다.

고객 분류 및 정의

CRM, 즉 고객 관계 관리를 잘 하기 위해서는 제일 먼저 고객에 대한 정의를 분명히 하고 각 단계별 고객 니즈Needs를 파악하는 것이 선행되어야 한다. 정확하게 고객의 기호와 사회 문화적 트렌드를 파악해야 고객과의 관계를 잘 유지함으로써 단골(우수) 고객으로 만들 수 있거나 가망 고객을 신규 고객으로 이끌어낼 수 있기 때문이다.

고객은 크게 잠재 고객, 가망 고객, 신규 고객, 기존 고객, 충성 고객으로 분류할 수 있다. 잠재 고객은 우리 매장과 제품(브랜드)에 대해 알고 있거나, 모르더라도 관심이 있는 고객을 말한다. 잠재 고객을 가망 고객으로 만들기 위해서는 매장과 제품을 알릴 수 있게 판촉을 시행해야 하고, 잠재 고객을 신규 고객으로 만들기 위해서는 어느 정도의 시간과 비용이 소요된다.

가망 고객은 우리 매장에 대해 알고 있으며 어느 정도 관심을 보이는 고객으로 고객 정보 등록 및 제품 구매를 통해 신규 고객이 될 가능성이 있는 고객이다.

신규 고객은 우리 매장과 처음 관계를 맺은 고객으로 향후 지속적인 거래 관계를 유지하기 위해 초기에 우리 매장에 대한 만족감을 최대화시키는 서비스를 제공하도록 한다. 이로 인해 신규 고객을 만들려면 많은 비용이 들게 된다.

기존 고객은 우리 매장과 지속적인 관계(제품 구매, 경품/이벤트 행사 참여, 지인 소개 등)를 유지하며 반복적인 구매를 하는 고객층을 말한다.

이전에는 신규 고객의 확보에 많은 노력을 기울였다면 CRM 판촉을 효율적으로 진행하기 위해서는 신규 고객보다는 비용이 적게 드는 기존 고객에 집중해야 한다. 보통 신규 고객을 유치하는 데는 7~8만 원 정도가 들어가고 기존 고객으로 유지하는 데는 1만 원 정도가 소요된다고 한다.

마지막으로 충성 고객은 용어 그대로 우리 매장에 가장 중요한 고객으로 단골, 우수, VIP 고객이라고 할 수 있다. 구매를 할 때 무조건 우리 매장을 선택하는 고객이다. 특히 충성 고객은 주위 사람들에게 우리 매장을 적극 홍보하는 메신저 역할을 하게 되므로 지속적인 서비스 제공 및 차별화된 관리를 통하여 입소문(구전)을 많이 일으키도록 유도하는 것이 좋다.

이상과 같은 고객 분류에 따라 고객별로 차별화된 접근을 통해 고객 단계를 업그레이드(잠재→가망→신규→기존→충성 고객) 시키기 위해 아래와 같은 다양한 영업 활동을 시행하여 단골 고객이 될 수 있도록 유도한다.

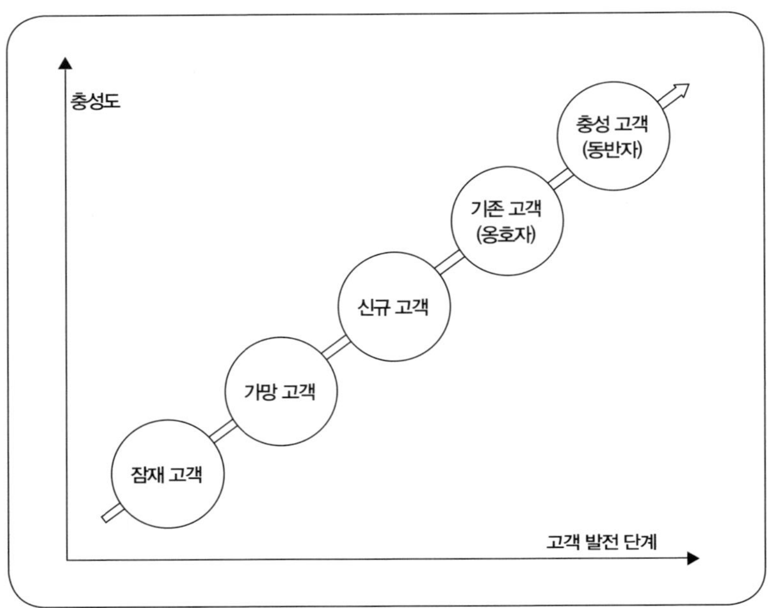

◆ 고객 업그레이드 관리 프로세스 사례

1단계 : 잠재(가망) 고객 대상 신제품 안내 및 초청

2단계 : 방문 고객을 대상으로 친절한 접객 및 서비스

3단계 : 상담 고객의 고객 정보 수집(회원(멤버십) 가입 유도)

4단계 : PC(전산) 등록

5단계 : 해피콜 및 재방문 유도

6단계 : 우대 특전 제공(초청 행사, 설명회, 특별 할인 등)

고객별 접근 방법 차별화

매장의 상권을 구성하는 고객은 잠재 고객부터 충성 고객까지 다

양하게 존재한다. 고객을 확보하기 위한 가격, 서비스, 판촉 경쟁이 날로 치열해지는 시점에서 고객별로 차별화된 접근을 통해 신규 고객을 늘리고 기존 고객, 충성 고객으로 하여금 입소문을 일으키게 함으로써 매장 판매를 극대화시키도록 한다.

다음은 고객별 접근 수단 및 방법이다.

구분	접근 수단	접근 방법
잠재 고객	전단, 현수막 무명 (無名) 엽서 (DM) 경품 응모 이벤트 회원 (멤버십) 가입	• 주력 상권, 틈새 상권을 대상으로 전단 배포 • 상권 내 아파트 지역 대상 무명 엽서 (DM) 발송 • 고객 정보 입수를 위한 점두 이벤트 / 설문 조사 / 경품 응모 행사 실시 • 회원 (멤버십) 가입 고객 경품 제공 이벤트 안내 – 상권 내 관련 업종과 연계하여 공동 행사 실시
신규 고객	SMS, LMS, MMS Short Message Service Long Message Service Multimedia Message Service TM DM 구매 시점 서비스	• 감성 SMS/LMS/MMS 발송 – 축하 (생일/ 결혼/ 출산), 감사 (신규/ 구매/ 방문), 안부 (새해, 명절 (설날, 추석), 월초),, 파이팅 (수능, 각종 시험 등) 이벤트 초대 등 – 계절, 이슈별 스토리텔링 형식으로 문구 작성 • 판촉 SMS/LMS/MMS 발송 – 월별 판촉 행사, 초청 행사, 신상품 출시 안내 등 • SMS/LMS/MMS를 실시한 후에는 TM 실시 • 초청 행사, 이벤트 초대 등 단골 고객화를 위해 고객별 우편 발송 • 신규 고객 + 1 특전 (사은품/서비스) 제공 • 구매 시점 특전 (추가할인/ 사은품 증정) 제공
기존 고객 충성 고객	SMS, LMS, MMS TM DM 구매 시점 우대 특전 정기적 서비스 제공 이벤트 초청	• 감성 SMS/LMS/MMS 발송 – 축하 (생일/ 결혼/ 출산), 감사 (신규/ 구매/ 방문), 안부 (새해, 명절(설날, 추석), 월초), 파이팅 (수능, 각종 시험 등) 이벤트 초대 등 – 계절, 이슈별 스토리텔링 형식으로 문구 작성 • 판촉 SMS/LMS/MMS 발송 – 월별 판촉행사, 초청 행사, 신상품 출시 안내 등 • SMS/ LMS/ MMS를 실시한 GN에는 TM 실시 • 초청 행사, 이벤트 초대 등 단골 고객화를 위해 고객별 우편 발송 • 우수고객 + 1 특전 (사은품/ 서비스) 제공 • 구매 시점 특전 (추가 할인, 사은품 증정 등) 제공 • 충성 고객 계절별/ 이슈 (명절,, 생일)별 감사품 증정 • 충성 고객 분기별 이벤트 초청

특수 고객 관리 및 판촉 방법

결혼, 이사, 졸업, 입학 등의 특수 및 VIP 고객과 같은 고객들은 일반 고객과는 다른 차별화된 고객 관리 및 판촉 방법이 필요하다. 아래와 같이 특수 고객에 대한 차별화된 관리와 우대 서비스를 통해 판매를 극대화시키도록 한다.

구분	관리 프로세스	공동	고객 서비스
결혼 고객	① 예정 고객 명단 입수 (D-40) ② 일자별 분류 후 접촉 일자 결정 (D-30) ③ 고객별 초청장 발송(D-30)	결혼 정보업체 예식장, 귀금속점, 여행사, 포토샵 부동산 중개소, 가구점	• 결혼 예정 커플 주말 방문시 특별 서비스 – 캐리커처(액자 포함), 네일아트 • 상담 고객 청첩장 무료 제작 – 우편발송용, 온라인 (모바일)용 • 결혼 축하 기념품 증정
이사 고객	① 예정 고객 명단 입수 (D-40) ② 일자별 분류 후 접촉 일자 결정 (D-30) ③ 고객별 초청장 발송(D-20)	부동산 중개소 이삿짐 센타 가구점	• 예정 고객 주말 방문시 특별 서비스 – 가족 무료 사진 촬영권 증정 • 상담 고객 무료 견적 및 기념품 증정 – 포장이사 할인권 • 이사 축하 기념품 증정
프리미엄 고객	① 고객 명단 정리(D-30) ② 고객 대상 초청장 발송(D-7)	유명 음식점 와인샵	• 프리미엄 제품 (300만 원) 구매 고객 프리미엄 사은품 증정 – 음식점 식사권, 고급 와인 • 방문 고객 와인 및 까나페 서비스

고객 확대를 위한 CRM 판촉 캘린더

다음은 1/4분기 CRM 판촉 캘린더 사례이다. 아래의 방법 중 매장별 상황에 맞추어 고객 접근 수단을 활용하도록 한다.

구분		1월	2월	3월
이슈		새해 첫날	졸업	입학/ 결혼/ 이사 정기 세일 K 리그 개막
품목		새해 신상품	졸업 축하 상품	새 출발 축하 패키지
타깃 고객		띠 고객	학생 고객	결혼 / 이사 고객
고객 접근 수단	DM	새해 만복기원	졸업 고객 축하	입학 / 결혼/ 이사 축하 정기 세일 안내
	LMS MMS	새해 신상품 판촉 내용 안내	졸업 축하 상품 판촉 내용 안내	결혼 / 이사 판촉 안내 정기세일 안내
	TM	새해인사 새해 판촉 안내	자녀 졸업 축하 졸업 행사 안내	혼수 / 이사 고객 주말 초청
	SMS	새해 인사	졸업 축하	새 봄 새 출발 세일
판촉물 (기념품)		복주머니 캘린더	미니 앨범 문구 세트	여행용 세면 세트 집들이 미니 공구세트

매출을 올리는 고객 밀착 관리 방법

발로 뛰는 영업을 통해 얻은 고객 정보가 실질적으로 판매에 도움이 될 수 있게 하기 위해서는 고객과의 긴밀한 관계 유지가 중요하다. 즉 매장을 방문한 고객의 목소리에 귀를 기울여야 하며, 신제품에 대한 새로운 수요를 만들어 내기 위해 고객 정보를 계속 수집해야 한다. 특히, 방문 고객이 많아지는 성수기에는 사전에 임직원을 대상으로 철저한 제품 교육을 실시하여 고객 접객력을 높임으로써 구매를 촉진시켜야 한다. 또한 찾아가는 서비스를 통해 새로운 고객을 발굴하고 다양한 판촉 행사를 통해 매장 방문율을 높여야 한다.

다음은 고객 밀착 관리 및 고객 정보 수집 방법이다. 이를 매장의 상황에 맞게 변화시켜 활용해봄으로써 성수기 매출을 최대화시킨다.

고객 등급 관리

목적

고객을 세분화하여 관리하기 위해 고객별로 등급을 매김으로써 판촉 행사를 할 때 차별화된 전략을 구사할 수 있고 단계적으로 고객을 관리할 수 있다.

등급 구분

제품 구입 금액, 구입 횟수, 구입일 등에 따라 고객별로 차별화된 등급을 부여하고 차등화된 고객 혜택(할인율, 사은품, 기념품, 이벤트 초대 등)을 제공한다.

고객 관리

체계화된 고객 관리를 위해서는 PC를 활용하여 고객 관리 시스템을 만들고 항목별로 고객을 나누어 차등화 되게 고객을 관리한다.

다음은 고객 등급 분류 사례이다.

구분	고객 분류	등급	분류 기준
고정 고객	VIP 고객	S	• 1년 동안 00만 원 이상 또는 3회 이상 구입 고객
	우수 고객	A	• 1년 동안 00만 원 이상 또는 2회 이상 구입 고객
	회원 고객	B	• 1년 동안 00만 원 이상 또는 2회 이상 구입 고객
부동 고객	신규 고객	C	• 금년에 처음 구입한 고객 또는 등록한 고객
	등록 고객	D	• 기록 등록 고객으로 과거 1년 내 구입 고객
	휴면 고객	E	• 기록 등록 고객으로 과거 1년 내 구입이 없는 고객

위와 같은 표를 기준으로 고객을 분류한 후 크게 고정 고객과 부

동 고객을 차별화하여 고객 혜택을 적용하고, 부동 고객에 대해서는 단골 고정 고객으로 만들기 위해 찾아가는 서비스, 기념품 제공 등 특별한 고객 관리를 시행해야 할 것이다.

고객의 소리 수집 및 반영

목적

고객의 의견을 기록함으로써 고객 기호를 파악하는 데 목적이 있다. 고객이 좋아하는 점은 더욱 강화해야 할 것이며, 지적된 문제점은 빠른 시일 내에 개선함으로써 고객의 입장에서 고객이 원하는 매장을 만들도록 한다.

고객 목소리 기록 양식

다음은 고객의 목소리를 기록하는 양식 사례이다. 이를 참고로 우리 매장에 맞는 양식을 만들어 고객 파악 및 관리에 활용하도록 한다.

항목	내용
1. 고객으로부터 칭찬받은 일, 고객이 기뻐하였던 일	
2. 고객으로부터 들어온 클레임	
3. 고객이 찾았으나 없었던 상품	
4. 고객의 질문에 대답하지 못했던 내용	
5. 질문이 가장 많았던 상품 및 내용	
6. 오늘의 문제점	

※ 위 양식은 매일 임직원들이 일기 형식으로 작성하여 매주 말에 임직원 조회를 통해 고객의 목소리를 리뷰를 해보고 다음 주 영업 활동에 잘된 점을 강화하고 부족한 부분을 보강함으로써 보다 나은 고객만족 매장으로 변신할 수 있다.

고객 정보 수집

구분	목적	내용
기념품 교환권 (쿠폰)	신규 고객 정보 입수	• 매장으로 방문을 유도하기 위해 전단 또는 이메일, SNS에 기념품 교환권을 동봉하며, 고객 정보를 입수키 위해 교환권에 고객의 성명, 전화 번호 기록을 유도
고입 고객 고객 카드	구입 고객 기본 정보 및 예상 구입 제품 파악	• 매장에서 고객의 상품 구입시 향후 서비스 및 이벤트 초대 등을 안내하며 고객 카드 작성 유도. 고객 카드에는 생일, 결혼 기념일, 자녀 수 등 가족 관련 사항과 보유 제품에 대해 파악
이벤트 참가권 (티켓)	신상품 가망 고객 발굴	• 신상품 런칭 및 판매 확대시, 이벤트에 참여한 고객 대상 경품 카드를 작성하게 함으로써 신상품에 대한 고객 반응을 체크. 참가권에는 현재 사용중인 상품의 사용 햇수 및 향후 구매 계획 등을 알아볼 수 있게 설문 작성 유도
고객 접점 정보 수집	고객 현황 파악을 통한 판촉 행사 초대	• 배달 사원 및 서비스 기사의 고객 가정 방문시 고객 카드를 만들어 향후 판촉 행사시 활용 • 정보 카드는 보유 제품 현황 및 향후 구매 계획 등을 살펴볼 수 있게 작성

※ 유의사항

2011년 3월 29일에 제정된 개인정보보호법에 따라 고객의 동의 없이 개인 정보를 활용할 수 없으므로 사전에 동의를 얻은 고객 정보(데이터베이스)만 활용한다. 특히 활용의 목적도 사전에 동의를 구할 때 명시한 부분에만 국한하여 활용토록 한다. 자세한 내용은 개인정보보호법을 참고하도록 한다.

스마트한 온오프 고객 관리를 통한 매장 영업 활성화

의식주에 집중하던 시대에서 이제는 디지털과 스마트한 세상으로 바뀌었다. 문화와 여가에 대한 관심이 나날이 높아지고 있다. 특히 스마트폰과 이와 관련된 기기들이 급속하게 보급됨에 따라 전 세계가 하나로 연결되고 스마트폰을 중심으로 사회 및 가정생활이 움직이게 되었다.

요즘은 스마트폰 하나로 모든 것을 해결하는 사람들이 많아지면서 쇼핑, 구매, 서비스, 배달 등 많은 부분을 스마트폰에 의존함으로써 매장을 찾는 고객들이 줄고 있는 추세다. 이와 같은 문제를 해결하기 위해서는 역발상의 관점에서 스마트폰을 활용해야 한다. 즉 사회 문화 트렌드의 변화에 맞추어 스마트한 고객 관리를 해야 하며, 스마트폰을 통해 고객들에게 매장의 존재를 인식시키고 제품을 구매하도록 유도해야 한다.

스마트폰을 통해 매장을 알리고 소통하기

고객들로 하여금 자연스럽게 매장을 방문하게 하고 구매를 유도하기 위해서는 평상시에 좋은 관계를 유지해야만 한다. 평소에 고객 관리를 효과적으로 하기 위해서는 온라인(또는 유선)으로 고객들과 소통을 하며 오프라인으로 1:1 관리를 하는 것이 좋다.

1차적으로 고객과 우리 매장의 좋은 관계를 만들기 위해서는 고객의 입장에서 덜 부담스러운 온라인으로 고객 관리를 실시한다. 즉 고객과 언제든지 소통할 수 있는 SNS를 활용하여 스마트한 고객 관리를 하는 것이다.

고객과의 원활한 커뮤니케이션을 위해 고객들이 가장 많이 활용하는 페이스북과 블로그를 활용한다. 페이스북은 전세계 15억 명, 우리나라에서도 1500만 명 이상이 사용하는 세계 최고 SNS로, 요즘 작은 매장에서부터 대기업에 이르기까지 고객과의 직간접적인 커뮤니케이션 수단으로 가장 많이 활용되고 있다.

페이스북을 통한 고객과의 소통은 건강, 여가, 교육 등의 고객들 특히, 주부들의 관심 사항과 트렌드 등의 정보를 제공하는 것으로 시작한다. 그리고 블로그는 기업의 제품, 서비스, 판촉 행사를 보다 자세히 알리고 댓글을 통해 고객과의 1:1 커뮤니케이션을 할 수 있다.

SNS를 고객과의 커뮤니케이션 수단으로 활용하기 위해서는 우선 가장 많이 사용하는 페이스북을 사용한다. 페이스북은 처음 만난 고객과 간단하게 소통을 할 수 있는 SNS로 이벤트(좋아요, 공유, 태그 등), 정보 제공, 쿠폰 발행 등의 방법을 통해 자연스럽게 매장을 알릴 수 있다.

페이스북을 통해 어느 정도 고객과의 소통이 이루어지면 보다 자세한 정보를 제공하는 블로그로 고객을 초대한다. 이를 위해 블로그와 페이스북이 서로 연동되게 만들어 놓는다. 정보의 게재는 고객의 입장을 고려하여 페이스북은 하루에 1회, 블로그는 주 1~2회 정도 정보를 게재하는 것이 좋다.

정보를 게재하는 시간은 고객들이 스마트폰을 가장 많이 보는 시간으로 한다. 스마트폰으로 SNS를 가장 많이 보는 시간대는 오전 9시에서 11시, 오후 10시에서 11시 사이이다.

이 시간대에 맞추어 게시물(이벤트, 신제품 정보, 판촉 행사 안내 등)을 사전에 올리고 고객과 커뮤니케이션(댓글에 대한 답글 게재)을 하도록 한다. 그리고 구매를 원하는 고객이 있으면 1:1 메시지로 구매 방법을 안내한다.

오프라인으로 스마트하게 고객과 만나며 소통하기

고객과 관계 맺기
관심사항 소통하기

세부 정보 공개
이벤트, 제품, 판촉 행사

주말 매장 초대
특별 서비스 및 구매 유도

페이스북, 블로그 등 SNS를 통해 고객과 소통을 하게 되면 자연스럽게 매장으로 초청하는 단계로 넘어가게 된다. 초청 행사는 주말에 실시하도록 한다. 초청 방법은 아래의 도표를 참고하며 이슈, 이벤트별로 시기를 고려하여 시행하도록 한다.

구분	시기	내용
이벤트 초대	새해 / 추석 발렌타인데이 / 화이트데이 가정의 달 / 문화의 달 빼빼로데이 / 크리스마스 매장 오픈 / 확장/ 이전 기념	• 행사 콘셉트 (이벤트, 이슈, 제품)에 맞추어 매장 연출 및 행사 내용 차별화 구성 • 행사별 초청 고객 선정 및 초청 (예) 새해 축하 VIP 회원 대상 클로징 세일 • 행사에 맞는 경품 (기념품, 사은품 등) 증정 예) SNS 고객 신상품 예약 특전, 우선 구매 기회 제공 • 행사 타깃 고객별 서비스 차별화 제공
이수 연계 행사	졸업/ 입학 / 입사 결혼 / 이사 / 출산 김장 / 수능 / 송년	
신상품 설명회	주요 상품 출시 시점	

초청한 고객들과는 지속적인 소통이 필요하며 이를 우리 매장만의 스토리로 만들어 구전 효과를 거두도록 한다. 고객과의 이야기는 고객의 입장에서 관심 있는 사항을 우선적으로 하며, 제품 사용 정보는 해피콜, 서비스센터 접수 사항 등을 체크하여 제품에 대한 고객의 반응을 구체적으로 나눈다.

이상과 같이 고객과 스마트하게 커뮤니케이션을 하면서 지속적으로 고객을 관리하기 위해서는 다음과 같은 단계를 유지하며 결과를 피드백 하여 발전시켜 나가도록 한다.

- ◆ 1단계 : 고객 관심사 정보 제공
- ◆ 2단계 : SNS를 통한 이벤트 초대
- ◆ 3단계 : 참여 감사 및 경품 수령을 위한 매장 방문 유도
- ◆ 4단계 : 방문 고객 대상 경품 제공 및 차별화된 서비스 제공
- ◆ 5단계 : 자연스러운 구매 유도
- ◆ 6단계 : 구매 고객 대상 해피콜(고객 의견에 대해 즉시 피드백) 및 지속적인 온오프 소통

페이스북과 블로그 활용하기

최근 트렌드를 이끄는 키워드 중의 하나는 '소셜 네트워크 서비스 Social Network Service'이다. 우리는 매일 아침 간밤의 카톡 메시지를 확인하고 지인들과 인사를 나누며, 출근길에 페이스북에 들어가고, 블로그를 통해 시장조사를 한다. 페이스북, 카카오톡, 트위터, 유튜브, 블로그 등 다양한 SNS를 통해 고객들과 커뮤니케이션 하는 것이 대세이다.

26억 뷰를 넘으며 유튜브 최고의 조회수를 기록한 '강남스타일'에서 최근 주목받고 있는 1인 미디어 MCN Multi Channel Network에 이르기까지 SNS를 활용한 다양한 비즈니스가 진행되고 있으며, 각 기업과 매장들은 이런 엄청난 SNS 파워를 활용한 마케팅을 활발하게 전개하고

있다. 특히 스마트폰 보급률이 88%를 넘기면서 모바일을 중심으로 한 SNS 활동은 더욱 가속화되고 있다.

SNS 종류와 활용 전략

SNS는 누구나 쉽게 만들고 활용할 수 있는 저비용 고효율 소셜 미디어이다. 소셜 미디어 마케팅은 SNS 도구를 활용하여 다른 사람과의 경험을 공유하고 확장해서 자연스럽게 회사와 브랜드를 알려가는 것이다. 따라서 모든 매장 임직원들이 소셜 미디어를 만들어 고객들에게 매장을 알리고 판촉 행사를 알림으로써, SNS로 관계를 맺은 고객 한정 특전을 제공해 실질적인 구매를 불러일으키도록 한다.

매장에서 할 수 있는 SNS의 종류는 페이스북, 트위터, 블로그, 카페 등이 있다. 단기간 내 많은 고객들에게 효율적으로 소셜 마케팅을 전개하기 위해서는 고객들이 가장 많이 사용하고 있는 페이스북과 블로그에 집중하여 시행하는 것이 좋다.

페이스북

현재 전 세계적으로 15억 명이 넘는 사람들이 사용하는 페이스북은 SNS의 황제라 할 수 있다. 페이스북은 개방성을 강조하며 개인을 중심으로 친구들과의 네트워크와 상호 커뮤니케이션을 통하여 수많은 정보와 이야기가 자연스럽게 흐르게 하는 세계 최대 소셜 미디어 플랫폼이다. 특히 페이스북은 잠재 고객과의 네트워크를 통해 가망 고객을 발견하고 영업을 전개할 수 있는 소셜 미디어이다.

그러므로 전 임직원들이 페이스북 프로필을 만들어 담당하는 고객들과 친구를 맺고, 매장 이름으로는 페이지를 만들어 매장 및 판촉 행사 안내, 신제품 및 이벤트 정보 제공 등 다양한 커뮤니케이션을 전개하여 고객 관계를 강화하도록 한다.

① 임직원별 프로필 만들기

페이스북 사이트에 들어가 '가입하기'에 자신의 정보를 기입하고 단계별로 프로필 사진을 올리고 순서대로 하면 간단하게 작성이 완료된다.

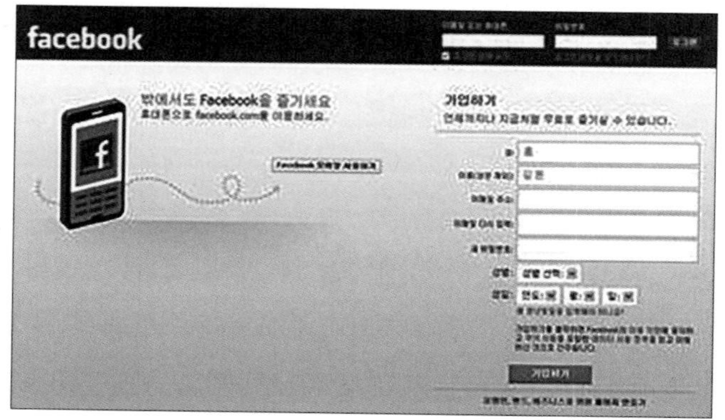

카카오톡처럼 자연스럽게 친구를 찾고 싶으면 추가로 개인 정보에 경력, 학력 등을 적어 넣으면 알아서 친구를 추천하여 찾아 준다. 고객과는 '친구요청'을 통해 상대방이 승인을 하면 친구가 되며 친구가 된 후에는 고객에게 다양한 소식(기념일 축하 인사, 날씨, 절기, 이벤트, 판촉 행사 등)을 전하며 친밀하게 고객 관리를 할 수 있다. 만약에 비공개로 고객에게 1:1 메시지를 전하고 싶으면 페이스북 로고 옆 '메시지'를 활용하여 실시간으로 대화할 수 있다.

고객을 그룹으로 관리하고 싶다면 페이스북 로고 밑에 있는 '그룹 만들기'를 활용한다. 그룹은 성별, 연령대별, 거주 지역별, 취미(동호회)

별, 제품별로 만들면 좋을 것이다.

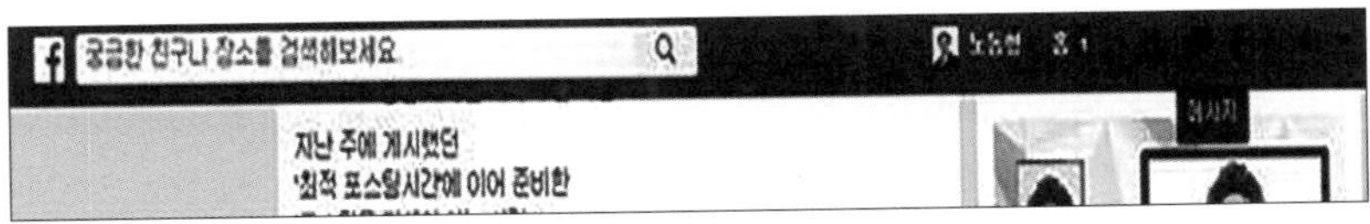

② 매장 페이지 만들기

개인이 아니라 매장을 페이스북 친구들에게 홍보하기 위해서는 '페이지'를 만들어야 한다. 페이지는 개인의 프로필과는 달리 무제한 팬(친구)을 확보할 수 있으며, '좋아요'만 클릭함으로써 친구가 될 수 있다.

다음은 '페이지'를 만드는 순서이다.

가. 페이스북 로그인

나. 페이스북 우측 하단에 '페이지 만들기'클릭

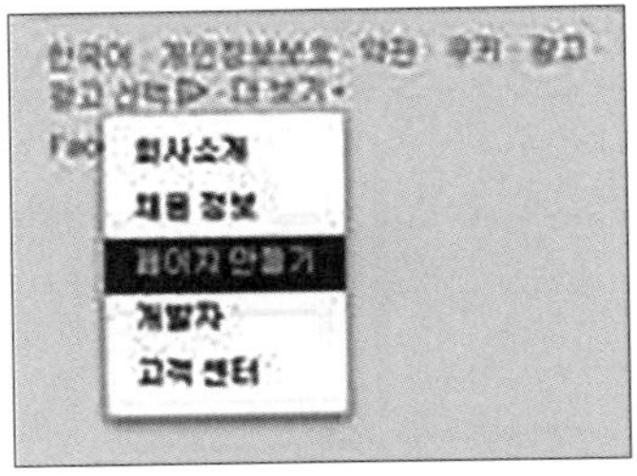

다. 만들고자 하는 페이스북 페이지 클릭 후 빈칸을 채워 넣고 '시작하기' 클릭

④ 단계별 진행 : 프로필 사진 → 팬 모으기 → 기본 정보 기입

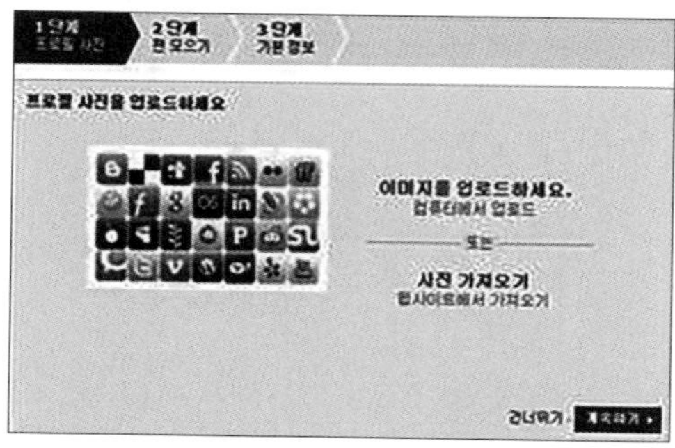

⑤ 작성한 페이지 '좋아요' 클릭, 우측상단 '페이스북 관리' 클릭 후 좌측의 메뉴들을 이용해서 페이스북 페이지 완성

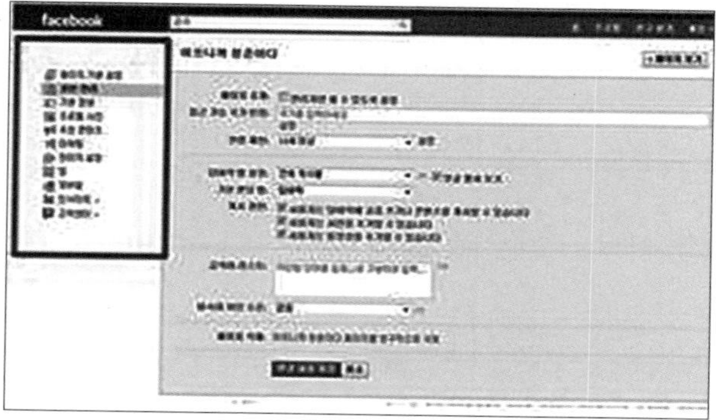

이상과 같은 방법으로 우리 매장의 페이지를 만든 후에는 친구들을 초대하는 다양한 이벤트 를통하여 '좋아요'를 누르게 함으로써 친구 숫자를 늘리도록 한다.

페이지 이벤트로는 덧글 남기기, 내용 공유하기 등이 있다. 지속적으로 매장 페이지로 친구(고객)들을 유도하기 위해서는 매일 다양한 카테고리의 글을 올리는 것이 중요하다.

올리는 글은 신제품, 판촉 행사, 경품 이벤트, 임직원 소개 등과 더불어 날씨, 절기 등 일반 정보와 유머, 아름다운 사진, 재미있는 동영상 등 다양한 볼거리로 구성한다.

블로그

블로그는 '웹상에 기록하는 일기'이다. 즉 웹web에서의 'b'와 '항해일지 또는 여행일기'를 뜻하는 '로그log'의 합성어이다.

소셜 미디어를 대표하는 블로그는 텍스트를 기반으로 멀티미디어 콘텐츠를 담을 수 있는 미디어 채널로 타 웹 사이트와 링크가 가능한 이미지, 비디오, 음악 등의 문서들을 통합하는 온라인 공간이어서 고객들에게 매장을 자연스럽게 알리는 데 매우 효과적이다. 블로그는 네이버, 다음 등 포털 사이트에 회원으로 가입한 후 블로그에 들어가 매장 이름으로 블로그 계정을 만들면 된다.

블로그를 만들 때 중요한 점은 많은 고객들이 방문할 수 있도록 게재할 내용을 고객의 기호와 니즈에 맞추는 것, 즉 고객이 원하는 정보를 제공하는 것이다. 블로그의 게시물은 매장의 일원화된 커뮤니케이션을 위해 페이스북의 게시물(매장 정보, 신제품, 판촉 행사, 임직원 소개 등)과 같은 내용으로 게재하는 것이 편리하고 좋다.

매장 블로그의 구성은 다른 매장의 블로그를 벤치마킹하는 것이 좋다. 그리고 카테고리를 작성할 때는 고객의 기호를 고려하여 원활한 정보 제공 및 교류를 할 수 있도록 항목을 구성하는 것이 좋다.

카테고리는 블로그의 게시물 항목으로 매장 정보(위치, 임직원, 매장 소개, 판촉 행사, 이벤트 등), 제품 정보(품목별 세부 분류), 고객의 관심 사항(단골 고객 특전, 재미있는 활용 가이드, 유익한 생활 정보 등)으로 구성한다.

블로그를 만든 후에는 고객 방문율을 높이는 것이 매우 중요하다. 즉 매장의 블로그를 잠재 고객들에게 많이 노출시키기 위해서는 주요 검색 사이트의 검색 엔진이 좋아하는 내용을 포스팅(블로그에 글을 직접 작성)하거나 스크랩을 하는 것이다.

이를 위해서는 게재하는 글의 제목과 본문에 고객이 좋아하는 키워드를 넣고, 본문에 이미지 동영상을 많이 넣으며 주요 키워드에는 해시태그(#)를 거는 것이 좋다. 그리고 배너와 위젯, 메모장 등을 활용하여 다방면으로 홍보하면 검색률을 높일 수 있다.

블로그를 통해 고객에게 정보를 제공하고 구매에 대한 욕구를 불러일으키기 위해서는 매일 1회 이상 글을 지속적으로 게재하는 것이 중요하다. 블로그를 더욱 활성화시키기 위해서는 방문자수가 많은 '파워 블로그'를 벤치마킹하는 것이 좋다. 즉 파워블로거의 카테고리 구성, 게시물의 내용 등을 살펴보고, 이를 참고하여 매장 블로그의 주제와 메뉴에 맞게 내용을 구성하도록 한다.

유의할 점은 다른 블로그에서 글이나 이미지, 동영상 등을 가져올 때는 덧글로 감사의 말을 전하도록 하며 공유의 양해를 구하거나 스크랩 글에 출처를 분명히 밝혀 저작권 관련 부분에 문제가 없도록 특별히 유념해야 한다. 이밖에도 고객의 목소리를 듣기 위해서는 트위터를 활용하는 것도 좋으며, 잠재, 가망 고객을 확보하기 위해서는 카페를 이용하는 방법도 좋다.

부록

분기별 판촉 가이드

1/4분기(1~3월) 판촉 가이드

새해 1등 매장을 만드는 새해 및 봄 판촉 전략

새해의 영업을 여는 1/4분기는 한 해 영업의 성공을 결정짓는다. 1등 매장으로 나아가기 위해 스타트를 잘 해야 하는 시기이다. 첫 단추를 잘 꿰어야 모든 일이 잘 풀리듯이 새해 첫 영업을 잘 시작하기 위해서는 다른 경쟁 매장보다 한 발 앞서 먼저 생각하고 실천해야 한다. 즉 연초부터 시장 선점 영업 활동을 해야만 1등 매장이 될 수 있다.

그럼 어떻게 새해 시장 선점을 위한 영업 활동을 시작해야 할까?

제일 먼저, 시장 환경과 매장의 장단점을 분석한 후 영업 활동 방향을 결정한다. 그리고 1/4분기의 월별 이슈 및 새해 트렌드를 활용하여 지역 내 타 매장과 차별화된 판촉을 시행하도록 한다. 1/4분기 주요 이슈는 신년(신정, ○띠의 해), 겨울방학, 설날, 졸업, 발렌타인데이(2. 14), 화이트데이(3. 14), 입학, 입사, 봄, 결혼, 이사 등이 있다.

이처럼 1/4분기는 새해, 입학, 봄, 결혼 등 새 출발과 관련된 빅 이슈가 있으므로 이를 효과적으로 공략하기 위해 이슈별로 타깃 고객을 선정한 후 고객이 원하는 맞춤형 제안 판촉을 시행한다.

그리고 1/4분기에는 새해를 맞아 다양한 신제품이 출시되므로 이를 월별 판촉 행사와 믹스하여 판매 확대를 도모하도록 한다. 즉 1월에는 새해(신정), ○띠의 해를 키워드로 새해 신제품 판촉을 시행하고, 2월은 졸업 및 설날 특수 공략을 위한 자녀들과 부모님 효도 제품 중심의 선물 판촉을 제안하고, 3월에는 새 봄을 테마로 입학, 입사, 결혼, 이사 등 새 출발 특수를 공략하는 생동감 있는 판촉을 전개하도록 한다.

구분			1월	2월	3월
사회 문화 이슈			새해/ 신정 (1) **00의 해 (0000년)** 겨울방학	입춘(4)/ **졸업시즌** **설날** 발렌타인데이 (14)	입학/ 입사/ 삼일절(1) 정월대보름/ 화이트데이 (14) **결혼/ 이사 시즌**
판촉 주제			**201*년 OO의 해 새해 축하 판촉**	**졸업 축하 세일 설날맞이 선물축제**	**새봄 새출발 행복 대축제**
초청 고객			신상품 가망 고객	졸업 고객 / VIP 고객	입학/ 결혼/ 이사 고객
삼품 이벤트			201*년 신상품 제안	졸업 축하 선물 제안 설날 효도 선물 제안	새 봄 새 출발 상품 제안
고객이벤트			OO띠 고객 우대 서비스 201*년 출산 고객 우대	졸업 고객 우대 서비스 설날 윷놀이	새 출발 고객 우대 서비스 새봄맞이 가정방문 서비스
매장 연출			201*년 새해 축하 코너	졸업 축하 코너 설날 선물 특선 코너	입학/ 입사/ 결혼/ 이사 새 출발 축하 코너
판촉물			새해 미니 다이어리	복주머니 / 윷놀이세트	미니 화분/ 청소세트
우리 매장 계획	주중 판촉				
	주말 판촉	1주			
		2주			
		3주			
		4주			

※ '우리 매장' 부분은 각 매장에서 해당 월에 할 일을 직접 적어서 실행하면 된다.
- 주중 판촉 : 주중 방문 고객 확대를 위한 이벤트 및 서비스
- 주말 판촉 : 주차별로 주말 방문, 구매 고객을 위한 판촉 행사 (이벤트, 서비스 포함)

1월 판촉 가이드 : 새해 축하 판촉을 통한 활기찬 새해 영업 전개

새해를 시작하는 1월은 ○띠 해(**년)이다. 1월에는 신정, 겨울방학 등의 이슈가 있으며, 새해 신제품 출시 축하 판촉 행사가 시행되는

달이다.

한 해 영업의 승패는 1월에 결정된다고 해도 과언이 아니므로 1월 영업에 총력을 기울여야 한다. 이를 위해 새해(신정), ○띠, 새해 첫날, 겨울방학 등을 키워드로 새해 판촉을 시행하여 고객들에게 활기찬 매장의 이미지를 전하도록 한다.

1월 판촉을 성공적으로 실행하기 위해서는 주차별 행사 계획을 체계적으로 잘 구성하고 전 임직원들이 이를 잘 숙지해야 한다. 이를 위해 새해 첫날 시무식을 한 이후에는 바로 1월 판촉 계획을 공유하며 원활한 행사 준비 및 추진을 위한 업무 분장을 시행할 것을 제안한다.

1월 첫째 주에는 새해를 축하하며 복을 나누는 행사를 진행한다. 주중(월~금)에는 방문하는 고객 중 선착순 ○○명(새해 숫자. 예를 들면 2017년은 17명)에게 2017년의 복을 드리는 기념품(복주머니, 다이어리, 캘린더 등)을 증정하며, 주말에는 주요 제품 1+% 할인, 구매 고객 1+천 원 현금 캐시백 등 2017년의 시작을 축하하는 판촉 행사를 시행한다.

그리고 첫째 주에는 VIP 고객을 직접 방문하거나 전화를 통해 새해 건강과 행복을 기원하는 메시지와 기념품을 전하도록 한다.

둘째 주에는 ○띠 고객(1월 생일, 1월 출생 예정, 1월 결혼(예정) 등)들에게 새해 축하 특별 기념품 증정 및 특별 우대(추가 할인)하는 주말 판촉을 시행한다.

셋째 주에는 신제품 판촉 행사에 주력하도록 한다.

이를 위해 1~2째 주에는 신제품 가망 고객을 사전에 선정한다.

신제품 판촉은 가망 고객을 매장으로 초청하여 구매에 대한 특전을 구체적으로 안내하는 형식으로 진행하며, VIP 고객을 대상으로는 특별 혜택을 제공하는 우대행사로 시행한다.

그리고 마지막 4주차에는 2월에 있을 졸업과 설날 특수를 선제적으로 공략하기 위한 판촉을 계획한다. 특히 설날 선물 특수(지역 관공서, 기업, 학교 등)에 대해서는 담당자들에게 사전에 임직원 선물 제품을 제안한다.

2월 판촉 가이드 :
졸업 시즌 특수 공략 및 설날 선물 판촉 제안을 통한 매출 극대화

2월은 졸업과 설날특수가 있고, 발렌타인데이(14일)와 각 학교의 봄방학이 있으며, 절기로는 봄의 시작을 알리는 입춘(4일)이 있는 달이다. 그런데 2월은 다른 달에 비해 영업일수가 적은데다 설날 연휴까지 있어 실질 영업시간이 더욱 줄어들게 되므로 매장의 모든 자원과 힘을 졸업과 설날특수 공략에 집중한다. 이를 위해 초순에는 졸업 시즌 특수 공략을 위해 상권 내 초중고 및 대학교 졸업식에 맞춘 판촉에 집중하고, 중순에는 설날 선물 특수를 흡수하기 위해 가망 고객 초청 판촉을 시행하며, 하순에는 3월 입학, 입사, 결혼, 이사 등 새출발 특수를 사전에 공략하기 위한 '미리 구매 특전 판촉' 등을 계획에 맞추어 순차적으로 시행하도록 한다.

1단계로 졸업 판촉을 성공적으로 실행하기 위해서는 대상 고객 정보를 입수하고, 이들이 갖고 싶은 제품과 구매 조건을 정확히 제안하는 것이 필요하다. 이를 위해 매장 관할 상권 내에 있는 유치원, 초등학교부터 대학교까지의 졸업생 명단과 졸업 일정을 최우선적으로 확보하고 이를 활용하여 해당 고객들에게 판촉 행사를 SNS, TM,

SMS, 이메일, 방문 등을 통해 적극적으로 홍보 (판촉 행사 동의를 받은 고객에 한하여)하도록 한다. 특히 매장 인근 학교 및 학원가 등을 직접 방문하여 판촉 행사 안내 및 기념품 교환권, 할인 쿠폰이 들어 있는 행사 전단을 배포하도록 한다. 그리고 졸업식 당일에는 학교 앞에서 부모님을 대상으로 전단을 배포하며 주말 방문을 권유하도록 한다.

졸업생 우대 특별 판촉은 2월 한 달 간으로 하며, 행사 내용은 졸업생 대상 특별 우대 판매를 중심으로 패키지 구매시 +1 특전, 방문 고객 대상 새해 미니 다이어리(또는 캘린더) 증정, 구매 고객 졸업 축하 사은품 증정 등으로 행사 내용을 구성한다.

2단계로 설날 이슈를 효과적으로 공략하기 위해서는 2월 초에 매장 및 주변 지역에 현수막 (예 : "새해 복 많이 받으시고 고향길 잘 다녀오십시오")을 부착하여 가망 고객들에게 매장을 자연스럽게 알리도록 한다. 특히 매장 인근 주요 인구 밀집 지역에는 직접 임직원들이 방문하여 새해 인사와 더불어 행사 전단을 배포하고, 주말에는 윷놀이, 투호 등의 민속놀이나, 가훈 써주기 등의 이벤트를 통해 많은 고객들의 매장 방문을 유도한다. 그리고 지역 관공서 및 주요 회사의 설날 선물 특수를 공략하기 위해 주요 임직원들이 대상 회사에 직접 방문하여 특판 수요를 흡수하도록 한다.

3단계로 설날 연휴 이후에는 3월의 특수를 공략하기 위한 미리 구매 특전 판촉을 시행하고 계절적으로 봄이 오는 시기이므로 매장 내·외부를 청소하고 따스한 봄 분위기로 매장을 장식하도록 한다.

3월 판촉 가이드 :
새 봄 새 출발 특수 공략 판촉을 통한 봄 성수기 판매 활성화

3월은 봄이 시작되면서 방문 고객이 늘어나 성수기로 진입하는 시기이다. 봄 성수기가 시작되는 3월의 판매를 활성화하기 위해서는 입학, 입사, 결혼, 이사 등 새 출발 관련 특수에 대한 집중 공략과 더불어 삼일절, 정월대보름, 경칩, 화이트데이, 춘분 등의 이벤트 및 절기 이슈를 통해 틈새 수요를 공략하는 것이 좋다.

새 출발 특수를 효과적으로 공략하기 위해서는 2월부터 타깃별(입학, 입사, 결혼, 이사) 고객에 대한 정보를 미리 입수하고 주차별로 초청 고객을 정한 후에 최소 행사 일주일 전에 초대장을 발송하도록 한다.

새 출발 축하 판촉 행사는 3월 1일부터 31일까지 한 달 동안 시행하며, 행사 내용은 대상 고객 특별 할인, 추가 사은품 증정, 할부 무이자, 방문 고객 봄 여행 경품권 증정 등으로 구성한다.

행사 제품으로는 입학/입사 고객에게는 노트북과 스마트폰, 결혼/이사고객에게는 새 출발 축하 특선 패키지를 금액대별로 제안한다.

3월 판촉은 입학/입사와 결혼/이사로 2원화하여 2단계로 진행하는 것이 좋다. 1단계는 3월 1일부터 중순까지 입학, 입사 고객을 대상으로, 2단계는 3월 중순부터 4월 말까지 결혼, 이사고객을 공략하기 위한 행사로 운영한다. 특별히 2단계 결혼, 이사 판촉은 연중 최대 특수이므로 특별 판촉 기간으로 선포하고 매장의 모든 자원을 집중하도록 한다.

새 출발 판촉에서 좋은 결과를 얻기 위해서는 타깃 고객들의 매장 방문과 구매율을 높이는 것이 중요하므로 행사를 적기에 알리고, 고객들의 이목을 끌기 위해 지역 내 관련 매장과 연계한 재미있는 공동 판촉을 시행하는 것이 좋다. 특히 결혼, 이사 관련 패키지 제품을 구매하는 고객들은 한 번에 구매를 결정하지 않고 온오프라인의 매장 방문과 검색을 통해 결정하게 되므로 상담 고객들에게 우리 매장에 대해 깊게 인식시킬 수 있는 특별 서비스 (파티형 설명회, 방문 견적 서비스, 상담 고객 특전 등)를 제공하도록 한다.

또한 3월은 1/4분기의 마지막 달로 3월 말에 연초에 계획한 분기 실적을 정리하며 2/4분기 매출 극대화를 위한 월별, 이슈별, 고객별 판매 계획을 수립하도록 한다.

2/4분기(4~6월) 판촉 가이드

결혼·이사 특수 공략 및 성수기 전략 제품 판매 확대

2/4분기는 봄 성수기에서 여름으로 진입하는 시기로 봄과 여름 제품에 대한 판촉을 2/4분기 이슈 및 이벤트와 연계하여 시행한다.

2/4분기 이슈로는 4월부터 5월까지 결혼, 이사 수요가 폭발적으로 일어나고, 5월은 가정의 달로 어린이날, 어버이날, 성년의 날, 부부의 날 등 다양한 기념일이 있다. 6월은 보훈의 달로 현충일이 있으며 여름이 시작되는 달이다. 그러므로 우리 매장에서는 월별 이슈 및 여름과 연계하여 2/4분기 판촉 계획을 수립하고 주차별로 차별화된 영업 활동을 전개하여 많은 고객들의 매장 방문을 유도한다.

2/4분기 판촉을 잘 수행하기 위해서는 먼저 다음의 판촉 캘린더

를 바탕으로 매장 내 전 임직원이 협의하여 상권과 고객에 맞는 판촉 계획을 수립하고 시행하면 된다. 즉 4월은 새롭게 출시된 봄, 여름 제품을 패키지화하여 결혼, 이사 특수를 흡수하고, 5월은 가정의 달을 주제로 어린이날, 어버이날, 성년의 날, 부부의 날 등 기념일 선물 특수를 공략하며, 6월은 시원한 여름을 주제로 여름 제품 판매에 집중한다.

이를 위해 가망 고객을 사전 공략하기 위한 유동 인구 밀집 지역을 대상으로 하는 홍보, 가망 고객의 주말 초청, VIP(단골) 고객 우대 판촉 등을 단계적으로 시행함으로써 경쟁 매장보다 한 발 앞서 수요를 공략하도록 해야 한다.

4~6월 판촉 캘린더

구분		4월	5월	6월
이슈		**결혼 / 이사** 식목일, 황사/ 봄축제 프로야구 / 축구 시즌 오픈	**가정의 달** (어린이/ 어버이/ 성년/ 부부) 지역/ 대학 축제	**보훈의 달/** 현충일 / 6.25 **장마/ 여름/ 상반기 결산** 정보통신의 달
판촉 주제		새봄 우수고객 초청 행사	가정의 달 기념일 축하세일	여름상품 쿨세일
판촉 내용		새봄 새 출발 결혼 이사 고객 축하 페스티벌 봄 새상품 특별 세일	기념일별 해당 고객 우대 세일 봄 상품 인기 모델 세일	여름 상품 가망 고객 초청 행사 보훈 가족 우대 판촉 상반기 결산 감사세일
초청 고객		결혼 / 이사 고객 VIP 고객	어린이 / 가족 / 부부 / 성년 여름 상품 가망고객	상반기 우수 고객 보훈고객
제품 이벤트		고객 초청 신상품 제안	VIP고객 초청 여름상품 제안	
고객 이벤트	혼수 / 이사 상담고객 서비스 주말 방문 고객 기념품 증정		기념일 축하 서비스 가정의 달 사생대회	여름맞이 쿨 이벤트 우수 고객 감사품 발송
매장 연출	새봄 결혼 / 이사 축하코너		가정의달 축하 선물 코너	여름 상품 특선 코너
판촉물	미니공구 세트 미니 휴지통		어린이날 (장난감) 어버이날 (카네이션)	스포츠 물병 우산

<table>
<tr><td rowspan="5">우리 매장 계획</td><td colspan="2">주중 판촉</td><td></td><td></td><td></td></tr>
<tr><td rowspan="4">주말 판촉</td><td>1주</td><td></td><td></td><td></td></tr>
<tr><td>2주</td><td></td><td></td><td></td></tr>
<tr><td>3주</td><td></td><td></td><td></td></tr>
<tr><td>4주</td><td></td><td></td><td></td></tr>
</table>

4월 판촉 가이드 :
신제품 판매 확대를 위한 단골(우수) 고객 주말 초청 행사

4월은 결혼, 이사 수요가 최고조에 이르고 따스해진 날씨로 인해 매장을 방문하는 고객들이 많아지는 달이다. 그러므로 봄 이슈와 신제품 출시의 2가지 주제를 가지고 새봄 새 출발 특수를 공략하면 좋을 것이다. 먼저 결혼, 이사 특수 공략은 새롭게 출시된 신제품을 활용하여 주말에 가망 고객을 매장으로 초청하여 특별 판매 행사를 시행한다.

둘째, 봄 신제품 출시 판촉 행사는 단골(우수) 고객을 대상으로 구매 특전을 안내하는 SMS를 보내고, 매장 방문시에 특별 기념품을 제공한다. 그리고 4월은 프로축구와 프로야구 시즌이 시작되고 기온이 상승함에 따라 캠핑을 하거나 유원지, 놀이공원 등 야외로 나가는 고객들이 많은 시기이므로 주중과는 차별화되게 재미있는 이벤트와 서비스를 제공하는 주말 고객 초청 행사를 시행함으로써 보다 많은 고객들이 매장을 방문할 수 있도록 유도한다.

주말 판촉을 성공적으로 운영하기 위해서는 4월 첫째 주부터 넷째 주까지 주차별로 초청 고객, 행사 제품 및 금액별 구매 고객 특전(추가 할인, +1 사은품 등), 이벤트 및 방문 고객 서비스 등을 차별화되게 정한 후 시행하는 것이 좋다.

이밖에 4월은 향토예비군의 날, 식목일, 보건의 날, 장애인의 날, 과학의 날, 통신의 날, 법의 날 등 다채로운 기념일이 있으므로 각 기념일별로 해당 고객 대상, 특별 우대 행사를 시행하여 틈새 수요를 창출한다. 그리고 4월 하순에는 5월 1일 근로자의 날 선물 특수를 공략하기 위해 상권 내 관공서, 회사를 대상으로 수요(임직원수, 선호 물품, 선물단가 등)를 조사한 후 이에 맞는 제품을 제안한다.

5월 판촉 가이드 :
가정의 달 기념일별 타깃 판촉 및 여름 시장 선점 판촉

5월은 가정의 달이다. 어린이날, 어버이날, 스승의 날, 성년의 날, 부부의 날 등 다양한 기념일이 있어 선물 수요가 많이 발생하는 달이며, 지역별로 다양한 문화 행사가 시행되고, 학교에서는 축제가 열리는 시기이기도 한다. 그리고 결혼, 이사에 대한 수요가 지속적으로 발생하고, 중순 이후부터는 기온이 점차 높아져 여름 제품에 대한 시장 선점을 위해 가망 고객을 대상으로 여름 제품 미리 장만 우대 판촉을 시행해야 하는 달이다.

이처럼 많은 이슈와 이벤트가 있는 5월은 최고의 매출을 거둘 수 있는 절호의 기회이므로 기념일, 축제, 문화 행사, 여름 등의 이슈를 잘 활용하여 고객들에게 재미있는 판촉 행사를 제공하도록 한다. 첫째, 가정의 달 기념일별 해당 고객 우대 판촉, 둘째, 결혼, 이사 고객 축하 판촉, 셋째, 여름 제품 미리 장만 판촉 등을 시행해 보기를 바란다.

다음은 각 특수를 공략, 선점하기 위한 제안들이므로 이를 참고한 후 차별화된 판촉 행사로 업그레이드하여 시행하면 좋을 것이다.

첫째, 가정의 달 기념일별 특수를 공략하기 위한 방안이다. 각 기념일별 특수를 효과적으로 공략하기 위해서는 우선 기념일별 해당 고객을 선정한 후 이들이 선호하는 제품을 제안하거나 우대하는 것이다. 예를 들어 어린이날 축하 판촉은 행사 일주일 전에 유치원, 초등학교에 다니는 자녀가 있는 고객을 대상으로 축하 행사를 SMS, SNS(페이스북, 카카오톡 등)를 통해 안내 한다. 행사 제품으로는 어린이들이 좋아하며 학습에도 도움이 되는 제품 대상으로 특별 구매 조건(할인, 사은품 증정)을 제안하며, 행사 당일 매장을 방문하는 어린이 고객들에게는 장난감, 스포츠용품(미니 축구공, 야구공) 등을 선착순으로 증정하여 방문을 유도한다.

이와 같은 형식으로 어버이날, 성년의 날, 부부의 날 등 기념일 고객에 맞게 제품 및 판촉 행사를 구성하며, 행사 홍보는 기념일을 기준으로 D-7일 전에 SMS, SNS를 통해 안내하고, 행사 기간은 기념일 전후 2~3일간으로 한다.

둘째, 혼수, 이사 특수가 지속적으로 발생하게 되므로 이를 공략하기 위해 주말 고객 초청 행사를 시행할 것을 제안한다. 혼수, 이사 고객은 패키지로 구매하게 되므로, 금액대별 사은품, 추가 포인트 증정 등의 특전과 금융 정책(할부 무이자)을 쉽게 설명하여 경제적이고 편리한 구매를 할 수 있도록 유도한다. 혼수 이사 판촉의 성공적 운영을 위해서는 상권 내 관련 매장(예식장, 여행사, 인테리어숍, 가구점, 귀금속점, 부동산 중개소, 이사 센터 등)과 함께 공동으로 행사를 운영한다.

셋째, 여름 시장을 선점하기 위해 여름 제품에 대한 미리 장만 특별 할인 행사와 가망 고객을 확보하기 위한 관련 매장 연계 판촉 행사를 실시한다. 여름 제품 수요를 선점하기 위해서는 가망 고객을 최우선적으로 정확히 파악하고 이들에게 맞는 구매 조건(할인, 사은품, 경품 행사 등)을 제안하는 것이 중요한다. 이를 위해 5월 중순 이후 주말부터 가망 고객을 매장으로 초청하여 여름 제품에 대한 설명회 및 미리 구매 특전을 안내하도록 한다.

6월 판촉 가이드 : 여름 제품 판매 극대화 판촉

6월은 여름이 시작됨에 따라 여름 제품에 대한 수요가 급격히 늘어나는 달이다. 그리고 보훈의 달로 현충일(6일), 6.25 사변일(25일)이 있으며 하순경부터 장마가 시작된다. 특히 6월은 상반기를 마무리하는 시기로 여름 제품을 중심으로 주력판매 제품을 대상으로 '상반기 결산 세일'을 실시함으로써 연초에 계획하였던 상반기 목표를 초과 달성하도록 한다.

이를 위해 6월 판촉은 첫째 여름 제품 판매에 집중하며, 둘째 보훈의 달이므로 보훈 가족 우대 판촉으로 틈새 수요를 창출하고, 셋째, 상반기 결산 판촉 행사를 통해 상반기 매출을 극대화시키도록 한다.

6월 판촉의 성공적 운영을 위해서는 사전에 여름 제품에 대한 가망 고객 및 주력제품에 대한 고객 정보를 입수하고 주차별로 타깃에 맞는 초청 행사를 실시해야 한다.

첫째 주는 현충일이 있으므로 보훈 가족 초청 행사를 실시한다. 보훈 가족을 대상으로 여름 제품 및 상반기 히트 제품을 대상으로 특별 구매 특전을 제공하고 나라를 위해 수고하고 희생하신 것에 감사하는 의미에서 정성껏 마련한 특별 감사품을 증정해드리도록 한다. 특히 6월 한 달 동안은 매장 입구에 보훈 가족과 순국선열에 감사하는 현수막을 거치한다.

둘째 주부터 7월말까지는 여름 제품 판매 극대화 위해 가망 고객 초청 행사를 실시한다. 방문율을 높이기 위해 미니 선풍기, 스포츠 물통 등 여름 판촉물을 선착순으로 증정하고, 구매 고객에게는 여름 관련 사은품(물놀이 시설 이용권, 바캉스용품, 캠핑용품 등)을 지급하며, 행사 기간 중 방문 /상담하는 고객을 대상으로 여름 휴가비를 지원하는 경품 판촉을 시행한다.

셋째 주 이후에는 상반기를 결산하는 우수 고객 초청 감사 세일을 시행한다. 초청 고객은 1~6월 매장 방문 및 구매 고객을 대상으로 하며, 행사 품목은 상반기 중 가장 많이 팔린 제품을 선정하여 특별 할인을 시행하도록 한다. 그리고 우수 고객의 방문시에는 매장에서 특별히 마련한 우수 고객 감사 기념품을 증정하여 하반기에도 지속적인 구매를 유도함과 동시에 구전 효과를 일으키도록 유도한다.

3/4분기(7~9월) 판촉 가이드

여름 제품 판매 최대화 및 가을 성수기 특수 조기 공략

3/4분기는 여름방학과 휴가, 개학, 추석 등의 다양한 이슈와 더불어 무더위와 열대야로 여름 제품 및 새 출발 제품의 판매가 최대화되는 시기로 매출이 가장 높아지는 매우 중요한 시기이다. 그러므로 여름 제품 판매를 최대한 올리기 위해 매장을 중심으로 고객과 경쟁 매

장을 면밀히 분석해 3/4분기 판매 전략을 수립하고 이를 토대로 월별 이슈 및 상권 내 이벤트, 행사를 활용하여 월별, 주별 판촉 행사를 기획해야 한다. 즉 3/4분기의 주요 이벤트를 차별화된 이슈로 변형하여 보다 많은 고객들이 방문할 수 있도록 매장 환경을 마련하고 고객만족 서비스를 제공하도록 해야 한다.

7월에는 무더운 여름을 주제로 여름 제품 판매 극대화에 집중하면서 여름방학를 활용하여 틈새 수요를 공략하고, 8월에는 휴가, 바캉스를 재미있고 시원하게 보내기 위한 제안 판촉과 가을 성수기 특수(결혼/이사)를 사전에 흡수하기 위한 미리 장만 판촉을 실시하며, 9월에는 새학기, 결혼, 이사 등 새 출발 축하 판촉을 중심으로 추석 특수를 공략하는 한가위 선물 판촉을 시행한다.

3/4분기는 여름에서 가을로 계절이 바뀌는 시기이므로 7~8월에는 시원한 매장 연출을, 8월 말에는 풍성한 가을 분위기를 연출함으로써 고객들이 자연스럽게 방문하고 편안하게 구매할 수 있도록 유도한다.

3/4분기 판촉을 효율적으로 시행하기 위해 다음의 판촉 캘린더를 살펴보고 임직원과 함께 협의하여 우리 매장만의 캘린더를 만들도록 한다.

3/4분기 판촉 캘린더

구분			4월	5월	6월
이슈			**결혼/ 이사** 식목일, 황사/ 봄축제 프로야구/ 축구 시즌 오픈	**가정의 달** (어린이/ 어버이 / 성년/ 부부) 지역 / 대학 축제	**보훈의 달 /** 현충일 / 6.25 **장마/ 여름 / 상반기 결산** 정보통신의 달
판촉 주제			새 봄 우수 고객 초청 행사	가정의 달 기념일 축하 세일	여름 상품 쿨 세일
판촉 내용			새 봄 새 출발 결혼 이사고객 축하 페스티발 봄 신상품 특별 세일	기념일별 해당 고객 우대 세일 봄 상품 인기 모델 세일	여름 상품 가망 고객 초청 행사 보훈 가족 우대 판촉 상반기 결산 감사 세일
초청 고객			결혼/ 이사 고객 VIP 고객	어린이 / 가족 / 부부 / 성년 여름 상품 가망 고객	상반기 우수 고객 보훈 고객
제품 이벤트			고객 초청 신상품 제안	VIP고객 초청 여름 상품 제안	
고객 이벤트			혼수/ 이사 상담 고객 서비스 주말 방문 고객 기념품 증정	기념일 축하 서비스 가정의 달 사생대회	여름맞이 쿨 이벤트 우수 고객 감사품 발송
매장 연출			새봄 결혼/ 이사 축하 코너	가정의 달 축하 선물 코너	여름 상품 특선 코너
판촉물			미니공구 세트 미니 휴지통	어린이날 (장난감) 어버이날 (카네이션)	스포츠 물병 우산
우리 매장 계획	주중 판촉				
	주말 판촉	1주			
		2주			
		3주			
		4주			

7월 판촉 가이드 :
여름 제품 판매 최대화 및 여름방학 틈새 수요 공략

7월은 장마가 끝나고 초복, 대서 · 중복 등 무더위와 열대야가 시작되는 시기이다. 7월 판촉 이슈는 무더위와 열대야, 여름방학이다. 특히 열대야로 인해 여름 제품에 대한 수요가 폭발적으로 늘어나는 시기이므로 무더위와 열대야 탈출을 주제로 여름 제품 판매를 극대화시키는 판촉 행사를 시행하도록 한다.

그러므로 7월부터 8월 말까지를 여름 제품 특별 판촉 기간으로 설정하고 가망 고객(수험생 고객, 신혼, 출산 고객, 여름 제품 서비스 고객 등)을 선정한 후 찾아가는 홍보 활동 및 주말 초청 행사를 실시한다.

자연스럽게 매장 방문 및 구매를 유도하기 위해 매장 입구에는 여름 제품을 집중적으로 전시, 실연하고 파라솔과 비치 의자를 설치하여 시원한 쉼터를 제공한다. 방문 고객들에게는 시원한 생수, 음료, 아이스크림 등을 무료로 제공하고 쉬시는 동안 판촉 행사를 설명하도록 한다.

판촉 행사는 평일에는 방문 고객을 대상으로, 주말에는 가망 고객 초청 행사를 이원화하여 시행한다. 초청 행사는 무더운 한낮을 피해 8시 이후 저녁에 실시하며, 기분 좋은 구매를 유도하기 위해 시원한 맥주(또는 주스)와 다과를 준비한다. 여름 제품 판촉 행사를 보다 많은 고객들에게 알리고 성공적으로 운영하기 위해서는 여름 관련 매장(스포츠용품, 아웃도어용품, 물놀이용품 등)과 연계하여 시행하면 더욱 좋다.

7월 중순 이후부터는 상권 내 학교들이 여름방학을 하게 되므로 "재미있고 보람찬 여름방학 보내기"를 주제로 특별 판촉 행사를 시행한다. 행사를 홍보하기 위해서는 학생들이 많이 모이는 학원가, 패스트푸드점, 편의점, 커피숍 등과 공동으로 판촉 행사를 시행하며, 각 장소에 안내 전단 및 음료수(또는 아이스크림) 교환 쿠폰을 비치하여 자연스러운 방문을 유도한다.

8월 판촉 가이드 :

여름 제품 완전 판매 및 가을 성수기 특수 미리 공략

8월은 바캉스, 여름휴가, 광복절, 개학, 입추, 말복, 칠석, 처서 등의 이슈가 있다. 그러므로 바캉스, 여름휴가를 테마로 여름 제품 특수를 공략하고 하순에는 가을 성수기 새 출발 특수(개학, 결혼, 이사) 및 추석 선물 수요를 사전에 흡수하기 위한 판촉을 전개하여 여름 제품을 완전 판매함과 동시에 틈새 수요를 창출하여 8월 매출을 최대화시키도록 한다. 즉 8월은 계절적으로 무더운 여름을 지나 가을을 준비하는 시기로 여름 제품에 대한 완전 판매와 더불어 결혼, 이사, 2학기 등의 새 출발 특수를 사전에 공략하기 위해 2단계 판촉을 전개한다.

1단계는 1일부터 15일 광복절까지 바캉스와 여름휴가를 시원하고 실용적으로 보내기 위한 여름 제품 제안 판촉을 시행한다. 1단계 판촉을 성공적으로 운영하기 위해서는 주말 초청 행사에 집중하며, 주중에는 SMS, 이메일, 카카오톡, 카카오스토리, 페이스북 메시지, 밴드 등을 통해 판촉 행사를 적극적으로 홍보한다. 주말 판촉에 보다 많은 고객들의 참여 유도를 위해 방문 고객에게 시원한 기념품 (쿨 스카프, 쿨 토시 등)을 증정하는 경품 판촉과 여름휴가를 주제로 한 사진 콘테스트 등도 병행한다.

2단계 판촉은 16일부터 31일까지 개학 (2학기), 결혼, 이사 등 8월말부터 발생할 가을 성수기 특수를 사전에 공략하기 위한 미리 장만 판촉을 시행한다. 개학 /새학기 미리 장만 판촉은 새 기용품에 대한 할인을, 결혼, 이사 제품 미리 장만 판촉은 새 출발 축하 제품에 대한 금액대별 차등화된 할인 및 우대 특전을 제안한다.

미리 장만 판촉을 성공적으로 실행하기 위해서는 결혼, 이사 등 이슈별 타깃에 대한 정확한 선정이 무엇보다 중요하며, 타깃 고객이 정해지면 개별적인 접촉 및 고객별 차별화된 서비스 제안으로 구매율을 높이도록 한다. 이를 위해 8월초부터 각 이슈별 고객을 파악하고 고객에게 맞는 홍보, 판촉 계획을 수립하도록 한다.

9월 판촉 가이드 : 2학기·결혼·이사 새 출발 특수 및 추석 선물 수요 공략

9월은 새학기 시작, 결혼·이사 시즌, 추석 연휴 등의 이슈가 있다. 새 출발 이슈와 더불어 추석으로 가을이 시작되는 9월은 하반기 성수기로 진입하는 시기이므로 특수를 효과적으로 공략하고 흡수하기 위한 이슈별 판촉 행사를 시행하는 것이 좋다. 이를 위해 1일부터 20일까지는 가을맞이 새 출발 축하 판촉을 1단계로 시행하고, 21일부터 추석 연휴까지 한가위 판촉을 2단계로 시행한다.(추석은 연도별로 달라지므로 연휴의 시기를 고려하여 시행일자는 별도로 조정)

1단계 판촉은 1일부터 6일까지 2학기 시작을 축하 판촉을 실시하며 부모님 초청 행사를 통해 구매율을 높이도록 한다. 그리고 매장의 이미지를 높이기 위해 구매 고객 중 ○명을 추첨하여 장학금을 지원하는 행사를 병행한다.

7일부터 20일까지는 결혼, 이사 고객 특별 우대 판촉을 시행한다. 대상은 9월부터 12월까지 결혼, 이사를 하는 고객으로 하며, 무료 상담 및 견적 서비스, 방문 고객 커플 기념품(서비스) 증정 등의 고객만족 이벤트를 통해 방문율 및 구매율을 높인다.

판촉 행사는 8월에 파악한 결혼, 이사 고객을 시기별로 정리하여 주말에 순차적으로 초청하는 판촉을 시행한다. 결혼, 이사 관련 제품 구매는 잘 아시다시피 여러 곳을 돌아보고 비교하여 구매하는 성향이 있고, 구매 시점 서비스 및 향후 서비스를 고려하여 구매를 결정하게 된다. 그러므로 매장에서는 사전 설명회 구매 특전, 차별화된 서비스 제공 등을 친절히 안내한다.

2단계 한가위 판촉은 추석 연휴가 4일 간 시행되므로 새 출발 축하 판촉을 끝내고 추석 전날까지 알차게 실시한다. 추석 판촉은 귀향 고객을 대상으로 부모님께는 효도 제품을 자녀, 조카들에게는 선물 제품을 제안한다. 특히 추석에는 상권 내 각 회사들에서 임직원들에게 선물을 주게 되므로 B2B 특수를 잘 공략하기 위해 8월부터 회사들의 선물 규모 및 선호 제품을 파악한 후 직접 방문하여 제안하는 찾아가는 영업을 전개한다.

9월은 3/4분기를 마감하고 4/4분기를 계획하는 달이므로 한 해의 마지막 분기를 알차게 마무리하여 연간 목표를 초과달성할 수 있도록 전 임직원이 모여 1~8월 실적을 분석하고 4/4분기 영업 전략을 수립하도록 한다.

4/4분기 판촉 가이드

수능·김장 및 연말 특수 공략 판촉을 통한 연초 목표 초과 달성

4/4분기는 한 해의 영업을 마무리하는 시기로 1차적으로 연초 계획한 목표의 초과달성을 위해 총력을 기울여야 하며, 2차적으로는 연

말에는 다가올 새해의 영업 환경 및 트렌드, 고객 기호의 변화에 맞추어 차별화된 새해 영업을 준비해야 한다. 이에 4/4분기의 월별 이슈와 주력제품을 활용한 월별 특수 공략 판촉을 시행하여 판매를 극대화시키도록 한다.

4/4분기 주요 이슈는 결혼/이사 시즌(10~11월), 문화의 달(10월), 김장 시즌(11월), 대입 수능시험(11월), 크리스마스, 겨울방학, 송년회 등 빅 이슈들이 있으므로 이를 전략적으로 활용하여 주요 제품별 타깃을 효과적으로 공략하도록 한다.

4/4분기 영업을 성공적으로 전개하기 위해서는 우선 월별 영업 목표 설정 및 이를 달성하기 위한 판촉 계획을 수립하는 것이 중요하다. 월별로 판촉 계획을 수립할 때는 세 가지에 포인트를 두어야 한다.

첫째, 월별 이슈와 관련된 주력 판매 품목 및 타깃 고객을 선정한다. 즉 이슈별로 목표 고객 설정 및 고객별 객단가를 예상하여 목표 매출액을 정한다.

둘째, 타깃 고객들이 매장을 방문하도록 차별화된 홍보 및 방문 요소(방문 고객 기념품 증정, 특별 서비스 제공 등)를 마련한다.

셋째, 가망 고객의 매장 방문시 구매율을 극대화시키기 위한 구매 고객 대상 특별한 서비스를 준비하는 것이다.

이상과 같은 전략으로 4/4분기 월별 판촉은 다음과 같이 전개하도록 한다.

10월은 결혼, 이사 특수 집중 공략 판촉을, 11월에는 입동 전후에 김장이 집중됨을 감안하여 김장 관련 가망 고객 초청행사를 시행하고, 중순에는 대입 수능시험을 치른 수험생을 대상으로 특별 세일을 실시하고, 12월은 크리스마스, 겨울방학, 송년 등의 연말 이벤트를 활용한 한 해 결산 우수 고객 감사 세일을 실시함으로써 연초 목표를 초과 달성하도록 한다.

그리고 4/4분기는 가을에서 겨울로 계절이 바뀌고 한 해의 영업을 마무리하며 새해 영업을 준비하는 기간이므로 계절감을 살린 매장 연출과 더불어 새해를 잘 맞이하기 위해 매장 내·외부 환경 정비를 실시한다. 특히 연말에는 새해를 활기차게 맞고 신나는 영업, 이기는 영업을 전개하기 위해 영업 전략 수립 워크숍을 가져 앞서가는 1등 매장의 입지를 확고히 하도록 한다.

4/4분기 판촉 캘린더

구분			10월	11월	12월
사회 문화 이슈			**문화의 달 / 결혼/이사** 축제/ 운동회/ 수학여행 부산 국제 영화제	**김장 시즌** **대입 수능** **빼빼로데이**	**크리스마스 / 송년** 겨울 방학 연말 보너스
판촉 주제			문화의 달 대축제	수험 생 특별 우대 판촉	우수 고객 초청 결산 세일
초청 고객			결혼 / 이사 고객	김장 / 수능고객	VIP고객
제품 이벤트			결혼 / 이사 고객 초청 신상품 제안	맛있는 김장 담그기 겨울 상품 미리 제안	히트 상품 아듀 세일
고객 이벤트			결혼/ 이사 고객 특별 우대 서비스	수능 고객 특별 우대	VIP 고객 초청 송년 파티 VIP 고객 감사품 증정
매장 연출					크리스마스 선물 코너
판촉물			결혼 / 이사 새 출발 축하 패키지 코너	겨울 상품 제안 코너	새해 달력 / 다이어리
우리 매장 계획	주중 판촉		결혼 / 이사 축하 액자 영화티켓 / 문화상품권	김치통	
	주말 판촉	1주			
		2주			
		3주			
		4주			

10월 판촉 가이드 : 결혼 이사 및 문화의 달 특수 공략

10월은 4/4분기를 시작하는 달로 결혼, 이사 수요가 최고조에 이르는 시기임과 동시에 문화의 달로 상권 내 관공서와 기업에서 다양한 축제와 문화행사가 시행되는 달이다. 따라서 결혼, 이사 및 문화의 달 이슈를 활용한 타깃 고객 공략 판촉에 집중하며, 추가 매출을 일으키기 위해 10월의 다양한 기념일을 활용함과 동시에 서서히 기온이 낮아짐에 따라 겨울 제품에 대한 판촉을 앞서 시행한다. 즉 10월에는 지역의 다양한 문화행사와 연계하여 이벤트 초대, 극장 /공연 이용권 증정 등 감성적인 판촉을 전개함으로써 고객의 마음을 자연스럽게 구매로 연결시키도록 한다.

10월에는 국군의 날(1), 노인의 날(2), 개천절(3), 재향군인의 날(8), 경찰의 날(21) 등 다양한 기념일이 있으므로 해당 고객을 우대하는 행사를 통해 자연스럽게 구매를 유도한다. 다음은 10월 판촉을 성공적으로 전개하기 위한 2단계 공략법이다.

1단계는 10월 첫주부터 3주차에 결혼 /이사 수요가 최고조에 이르는 것을 감안하여 결혼, 이사 새 출발 축하 판촉을 시행한다. 이를 위해 미리 확보한 결혼, 이사 예정 고객을 대상으로 DM, TM, SMS 등을 발송하여 초청 고객 특별 우대 세일 행사를 실시한다. 특히 구매를 촉진시키기 위해 매장을 방문, 상담하는 고객들에게 커플 캐리커처 서비스, 네일아트, 커플 사진 촬영 등 타깃 고객들이 선호하는 특별 서비스를 제공하여 기분 좋은 구매를 유도한다.

3단계로 10월 4주차에는 김장 특수를 선점하기 위해 가망 고객을 대상으로 11월 전에 미리 구매할 경우, 특전을 제공하는 미리 장만 우대행사를 실시하고, 11월에 있을 수능시험 수험생을 대상으로 수능 대박을 기원하는 감동적인 깜짝 이벤트(고득점 기원 엽서 및 수능 대박 SMS 발송, 고득점 기원 기념품 증정 등)를 통해 10월 매출 극대화 및 11월 판매 활성화를 위한 기반을 마련한다.

그리고 10월은 가을에서 겨울로 계절이 변하게 되므로 매장을 따스하게 연출함으로써 방문 고객들에게 편안한 쇼핑 분위기를 제공한다.

11월 판촉 가이드 : 김장 및 수능, 빼빼로데이 특수 공략

11월은 김장, 수능시험, 빼빼로데이의 매우 큰 이슈가 있는 달이다. 그리고 다양한 기념일(학생의 날(3), 소방의 날(9), 농업인의 날(11), 순국선열의 날(17), 무역의 날(30) 등)이 있고, 프로축구 K리그 결승전과 프로농구 경기가 본격적으로 열리게 되어 스포츠 이벤트에 대한 관심도 높은 시기이다. 따라서 김장, 수능, 스포츠 이벤트, 기념일 등의 이슈와 관련된 타깃을 공략하는 판촉 행사를 활기차게 시행함으로써 11월 매출을 최대한 끌어올리도록 한다. 즉 11월 판촉은 김장 관련 제품 세일, 수능 수험생 우대 세일, 프로 스포츠 연계 특별 판매, 기념일 해당 고객 우대 판매 행사를 시행한다.

11월 1주차에는 김장이 입동(11.7)을 전후로 이루어지는 것을 감안하여 김장 관련 가망 고객의 구매 유도를 위해 타깃 고객들이 선호하는 이벤트, 서비스, 경품으로 이루어진 '맛있는 김치 장터'를 운영한다. 특히 지역 내 농협(또는 하나로마트)과 공동 판촉 행사(김장용품 특별 판매, 김치냉장고 구매 고객 우대 등)를 시행하면 좋다.

2주차에는 수능 수험생을 효과적으로 공략하기 위한 판촉을 시험을 전후로 시행한다. 수능 수험생을 효과적으로 공략하기 위해서는 시험 전에 수능 고득점 기원 메시지를 발송하고, 시험 당일에는 매장 인근 시험장을 아침 일찍 방문하여 수험생들에게 건강차를 서비스하고, 시험이 끝난 후에는 시험장 앞에서 수험생 특별 우대 판촉 행사 전단을 배포하며, 수능시험 점수가 발표되고 대입 전형이 시작되는 월말까지 본격적으로 수험생 공략 판촉을 시행한다.

K리그와 프로농구와 연계해 다양한 스포츠 콘텐츠를 신나고 박진감 있게 즐길 수 있는 제품을 특별한 가격에 구입할 수 있는 익사이팅한 세일을 주말에 시행한다. 주말 판촉의 매출 효과를 높이기 위해 주중에는 구입이 예상되는 가망 고객을 대상으로 SMS/MMS를 발송한 후 TM을 적극적으로 실시해 주말 방문율을 높이도록 한다. 그리고 매장을 방문한 고객들에게는 축구, 농구와 관련된 기념품(미니볼, 티셔츠, 모자 등)을 증정하고 구매 고객에게는 스포츠용품 또는 관람권을 증정하도록 한다. 특히 지역 내 초중고 운동부나 스포츠클럽 회원에게는 특별 우대 행사를 시행하면 매출을 더욱 높일 수 있다.

기념일 판촉은 해당 기념일을 중심으로 1~2일 간 고객 대상 우대 판촉(감사품 증정 및 추가 할인) 기념일의 특성에 맞추어 차별적으로 시행한다.

12월 판촉 가이드 :
한 해 결산 우수 고객 감사 판촉을 통한 연말 특수 공략

12월은 한 해를 마감하는 달로 크리스마스, 겨울방학, 송년회, 연말 보너스 등의 이슈가 있다. 특히 12월은 한 해 동안 매장을 방문해 제품을 구매한 고객들에 대한 감사의 인사와 마음을 전해야 하는 시기이다. 이에 12월의 이슈와 감사의 마음을 합하여 '우수 고객 감사 송년 판촉'을 시행한다.

송년 판촉 행사를 의미 있고 효과적으로 운영하기 위해서는 우선적으로 한 해 동안 매장을 방문하고 구매한 고객의 명단을 정리해야 한다. 선정된 고객을 대상으로는 12월 초에 감사의 인사와 송년 파티에 초청하는 우편물을 각 가정으로 발송한다.

12월 판촉 행사는 송년의 분위기를 살려 와인 및 다과를 제공하는 파티 형식으로 진행하며 대상 고객은 매주 말 초청 고객을 달리하여 2~3회로 진행하는 좋을 것이다.

예를 들어 첫째 주말에는 VIP 고객을 대상으로 감사품 증정 및 신제품을 소개하는 행사를, 둘째 주말에는 우수(단골) 고객에 한정하여 히트 제품에 대한 특별 판매하는 클로징 세일을, 셋째 주말에는 한 해 동안 결혼, 이사한 고객을 초청하여 경품 추첨 및 기부 행사를 실시하는 것이다.

송년 판촉의 내용은 초청 고객들에게 감사의 마음을 전하는 것이 주가 되어야 한다. 이를 위해 행사 중간에 산타클로스로 분장한 임직원이 등장하여 고객들에게 선물을 증정하는 깜짝 이벤트를 시행하도록 한다. 그리고 12월은 한 해를 마무리하고 새해를 준비하는 달로 마지막 주에는 전 임직원이 한 장소에 모여 한 해 동안의 영업 활동 결과를 리뷰하고 신년 전략 수립을 위한 워크숍을 갖는다.

워크숍은 월별 영업 실적과 판촉 활동을 살펴보며 잘한 점과 부족했던 점을 살펴보고 평가하며, 이를 통해 더욱 발전된 새해 영업을 추진하기 위한 전략을 수립하도록 한다. 특히 이 워크숍에서는 새해 1/4분기 판촉 계획을 구체적으로 수립하여 새해 시장을 선점할 수 있는 기반을 구축한다.

전략 워크숍이 끝난 후에는 장소를 옮겨 한 해 동안 수고한 임직원에 대한 시상과 더불어 감사의 선물을 전하며 음식을 나누는 송년회를 가짐으로써 결속력을 높이도록 한다.

부록 2

판촉 캘린더 작성법

우리는 하루가 다르게 급변하는 시대를 살고 있다. 따라서 시시각각으로 변화는 사회 문화적 환경을 고려하고, 미래의 변화 방향을 예측해 남들보다 한 발 빠르게 경쟁력을 갖춰야 한다. 즉 '일찍 일어난 새가 먹이를 먹을 수 있다'라는 말처럼 미리 앞날을 내다보고, 남이 하기 전에 먼저 앞질러 시행함으로써 목표를 이루는 "선견先見, 선수先手, 선제先制, 선점先占"의 전략을 구사해야 한다.

기업에서는 보통 10년 앞을 내다보고 중장기 전략을 세우고, 이를 위한 세부 실천 전략으로 연간 전략을 수립하게 되므로 트렌드와 고객 기호의 변화에 맞추어 판촉 캘린더를 만들어야 경쟁 우위에 설 수 있다.

연간 캘린더 작성법

연간 캘린더는 연간 마케팅 전략을 토대로 1년 12달을 월별로 어떻게 수행해 나갈 것인가를 계획하는 전략 캘린더이다. 이는 차년도 경영(매출) 계획이 수립되는 시점인 10월 이후에 목표를 달성하기 위해 판촉을 어떻게 운영할 것인가를 계획하는 것으로, 11월경에 다음 해의 이슈 및 시장의 동향 및 경쟁 대상의 전략을 고려하여 작성하게 된다.

작성 포인트는 차년도에 예상되는 주요 정책의 변화 및 사회 문화적 이슈, 이벤트를 고려하여 월별로 제품과 어떻게 믹스하여 이미지를 높이고, 판매를 활성화시킬 수 있으며, 이를 위해 유통 인프라는 어떻게 구성할 것인지를 고민하여 연간 판촉 캘린더를 만들어야 한다.

이를 위해 주요 경제연구소의 경제전망 보고서, 해외 트렌드 분석 리포트, 증권사에서 발표한 경제 리포트를 참고해 다음 해의 판촉 규모를 설정하고, TV, 신문 등 주요 매체 및 주요 단체(사회문화, 스포츠, 공연 등)에 대한 홈페이지를 살펴봄으로써 이슈를 발췌해내도록 한다.

이렇게 작성된 연간 판촉 캘린더는 단기간에 즉흥적으로 기획되고 실행되는 판촉 활동에 비해 연간 플랜에 따라 체계적이고 단계적으로 실행함으로써 판촉의 고객 전달도 및 매출 기여도가 훨씬 높게 나타나게 된다.

연간 캘린더를 작성하기 위해서는 우선 이슈 캘린더를 작성하여 판촉 전략 방향을 설정하고, 실적 캘린더를 만들어 과거의 동향을 분석하며, 각종 리포트 및 자료를 바탕으로 대상별 캘린더를 만들도록 한다.

이슈 캘린더는 관심 분야 및 타깃을 고려하여 제작한다. 이슈에 대한 자료는 각 분야의 주요 홈페이지나 페이스북, 연말, 연초에 신문 및 경제 관련 잡지, 경제연구소 리포트 등을 참고하여 수집한다.

분기 캘린더 작성법

급변하는 경쟁 환경과 점점 세분화되어 가는 고객의 기호에 맞춰 판촉을 시행하기 위해서는 연간 단위로 작성된 판촉 캘린더만으로는 부족한 점이 많다. 즉 연간 캘린더는 연간 영업 활동 및 판촉에 대한 흐름(콘셉트)을 정하기 위해 만들어지는 것으로 매월 새롭게 발생하는 이슈, 이벤트 및 개별 고객 기호에 탄력적으로 맞추기 위해서는 분기 및 월별로 추진할 판촉 캘린더를 만들어야 한다.

분기 캘린더는 연간 캘린더와 같은 방식으로 월별 이슈에 따른 추진 테마 설정 및 이를 위한 세부적인 판촉 방향을 설정하는 것으로 각 분기 시작 또는 계절이 시작되기 D-2개월 전에 작성하여 시장을 선점하도록 한다.

구분	작성 시기
분기 캘린더	11월 (1분기), 2월 (2분기), 5월 (3분기), 8월 (4분기)
계절 캘린더	봄 (1월), 여름 (4월), 가을 (7월), 9월 (겨울)

분기 캘린더를 작성할 때 유의할 포인트는 월별 이슈에 맞추어 어떠한 주제를 가지고 어떤 제품을 주력으로 하며, 타깃 고객을 확보하기 위해서는 어떤 매장과 공동 마케팅을 실시하고, 고객 정보는 어떻게 수집하며 어떤 부분을 활용할 것인지, 매장은 어떻게 꾸미고 행사를 어떤 방법으로 홍보할 것인지 등 매월 판촉을 활성화시키기 위한 주변 요소들까지도 캘린더에 제시해야 한다는 점이다.

월별 캘린더 작성법

월별 캘린더는 시장의 변화에 따라 판촉 활동을 능동적으로 운영하기 위해 작성한다. 작성 시기는 D-2개월 전에 수립해야 하며, 월별 이슈와 고객 및 경쟁 동향에 맞추어 각 판촉을 어떻게 할 것인가를 반영하도록 한다.

다음은 연간 판촉 캘린더 사례이다. 이를 참고하여 연간, 분기별, 월별 캘린더를 만들어 활용하도록 한다.

◆ 2016년 상반기 ○○매장 판촉 캘린더

구분		1월	2월	3월	4월	5월	6월
이슈	사회	새해 (신정) 원숭이의 해 (병신년 / 붉은 원숭이띠) 겨울 방학	입춘(4) 설날 (7~10) 졸업 발렌타인데이 (14) 정월대보름 (22)	결혼 / 이사시즌 입학 / 입사 / 삼일 절(1) 화이트데이 (14)	봄, 식목일 (5) 황사 프로야구 / 축구 오픈 20대 국회의원 선거 (13)	가정의 달 (어린이 / 어버 이 / 성년) 지역 / 대학축 제	보훈의 달, 현충일 (6) 장마, 여름 시작 6.25 한국 전쟁
	매장						
	제품						
공동 판촉	관련 업체 공동 마케팅						
고객 관리	DB 수집						
	DB 활용						
매장 연출	외부						
	내부						
판촉 주제							
판촉 내용							
매장 홍보 이벤트 판촉							

◆ 2016 하반기 하반기 ㅇㅇ매장 판촉 캘린더

구분		7월	8월	9월	10월	11월
이슈	사회	여름 방학 무더위 / 열대야 제헌절 / 초복(17)	브라질 올림픽 (5~21) 광복절 (15 / 71주년)/ 개학 입추(7)	결혼/ 이사 시즌 추석 (14~16) 가을축제	문화의 달 단풍 축제 프로 농구 가을 운동회 할로윈데이(31)	창립 기념일 김장 시즌 대입 수능시험 (10)
	매장					
	제품					
공동 판촉	관련 업체 공동 마케팅					
고객 관리	DB수집					
	DB활용					
매장 연출	외부					
	내부					
판촉 주제						
판촉 내용						
매장 홍보 이벤트 판촉						

1등 매장을 만드는 미라클 기획

지은이 노동형
발행일 2016년 5월 4일
펴낸이 양근모
발행처 **도서출판 청년정신** ◆ **등록** 1997년 12월 26일 제 10—1531호
주 소 경기도 파주시 문발로 115 세종출판벤처타운 408호
전 화 031)955—4923 ◆ **팩스** 031)955—4928
이메일 pricker@empas.com